LA DOCE

A EXPLOSIVA HISTÓRIA DA TORCIDA ORGANIZADA MAIS TEMIDA DO MUNDO

Gustavo Grabia

Tradução
Renato Rezende

3ª impressão

© Gustavo Grabia
Esta edição foi publicada com a autorização da Editorial Sudamericana.
Todos os direitos reservados.

Diretor editorial
Marcelo Duarte

Diretora comercial
Patth Pachas

Diretora de projetos especiais
Tatiana Fulas

Coordenadora editorial
Vanessa Sayuri Sawada

Assistentes editoriais
Camila Martins
Henrique Torres

Diagramação
Negrito Produção Editorial

Preparação
Beatriz de Freitas Moreira

Revisão
Telma Baeza Gonçalves Dias
Juliana de Araujo Rodrigues
Gustavo Longhi de Carvalho

Impressão
Corprint

CIP – BRASIL. CATALOGAÇÃO NA FONTE
SINDICATO NACIONAL DOS EDITORES DE LIVROS, RJ

Grabia, Gustavo
La Doce: a explosiva história da torcida organizada mais temida do mundo/ [Gustavo Grabia]; [tradução de Renato Rezende]. – São Paulo: Panda Books, 2012. 208 pp.

Tradução de: La Doce: la verdadera historia de la barra brava de Boca
Inclui bibliografia
ISBN: 978-85-7888-204-4

1. Futebol – Torcedores – Argentina. 2. Futebol – Torcedores – História. 3. Club Atlético Boca Juniors – Argentina – História. I. Título.

12-0301   CDD: 796.334098211
                                      CDU: 796.332(821.11)

2022
Todos os direitos reservados à Panda Books.
Um selo da Editora Original Ltda.
Rua Henrique Schaumann, 286, cj. 41
05413-010 – São Paulo – SP
Tel./Fax: (11) 3088-8444
edoriginal@pandabooks.com.br
www.pandabooks.com.br
Visite nosso Facebook, Instagram e Twitter.

Nenhuma parte desta publicação poderá ser reproduzida por qualquer meio ou forma sem a prévia autorização da Editora Original Ltda. A violação dos direitos autorais é crime estabelecido na Lei nº 9.610/98 e punido pelo artigo 184 do Código Penal.

SUMÁRIO

Torcida organizada, por Mauro Cezar Pereira 5
Introdução 11

1. Por que La Doce? 13
2. A barra de Barritta 33
3. O reinado de Di Zeo 77
4. Tropeço + tropeço + tropeço = queda 119
5. A sucessão 139
6. Tudo volta 179
Esta história continuará... 187

Agradecimentos 189
Referências bibliográficas 191

TORCIDA ORGANIZADA

Ruim com ela, pior sem ela. Mas, com tanta violência,
algo precisa ser feito.

Demonizar as torcidas organizadas é o "esporte" de nove entre dez jornalistas esportivos brasileiros sempre que elas protagonizam tumultos. Não por acaso, elas são alvo dessas críticas, é claro. Mas reduzir a atuação de tais grupos a brigas e confusões é um equívoco. O velho erro da generalização. As mesmas TVs e jornais que censuram os grupos também veiculam com destaque fotos e imagens dos belos espetáculos feitos pelos torcedores. Espetáculos que têm fundamental colaboração das mesmas facções, que, como tudo na vida, têm seu lado bom e ruim. O problema é que essa parte, digamos, podre, em alguns casos invade o território da criminalidade, e isso repercute mais do que qualquer show nas arquibancadas. O lado ruim ofusca o bom.

O fenômeno das torcidas organizadas surgiu no país há mais de setenta anos, no final da década de 1930, com a reunião de torcedores do São Paulo. No começo dos anos 1940, apareceria a faixa "Avante Flamengo". Começava a se configurar ali a Charanga de Jaime de Carvalho. Em comum nesses grupos de torcedores pioneiros no futebol brasileiro, havia o intuito de incentivar seus times, de fazer a festa nas arquibancadas. Festas animadas por bandinhas. Era o início e a primeira grande contribuição à beleza do cenário de um jogo, dada pelos fãs agrupados e com um líder. Estádio de futebol não é teatro, embora nele não seja proibido se comportar como na ópera, em silêncio. Mas quando quem vai ao jogo age apenas como plateia, tudo fica insosso, sem graça. Muitas vezes, as organizadas são um antídoto contra a monotonia.

Tendo como embrião o Grêmio São-Paulino da Mooca, a Torcida Uniformizada do São Paulo (Tusp) surgiu em 1939, seguida pela Charanga do Flamengo, de 1942. A expressão que hoje identifica todas as facções apareceria em 1944 com a criação da Torcida Organizada do Vasco (TOV). Foi a primeira de uma série com a mesma denominação no Rio de Janeiro. Logo vieram as Torcidas Organizadas do Fluminense (1946), do Bangu (1952) e do Botafogo (1957). Em 1967, com o intuito de participar da política do Flamengo, apareceria no Maracanã uma faixa com a inscrição "Poder Jovem". Tal grupo, posteriormente, seria o primeiro a adotar o nome Torcida Jovem (TJF). No mesmo ano, apareceria a Jovem Flu, de curta existência.

Objetivos parecidos tinham os que, em 1969, fundaram a Gaviões da Fiel, obviamente insatisfeitos com o jejum de títulos do Corinthians, que já durava 14 anos. No mesmo ano, apareceriam as Torcidas Jovens do Botafogo (TJB), do Santos e da Ponte Preta. Em Minas, veio a Dragões da FAO (Força Atleticana de Ocupação) e em Porto Alegre a Camisa 12, do Internacional. Já 1970 marcou a estreia da Jovem do Cruzeiro, enquanto os jogadores de outro ex--Palestra Itália ganhavam o incentivo da Torcida Uniformizada do Palmeiras (TUP). No mesmo ano viriam a Força Jovem do Vasco, a Força Flu e a Young Flu. A corintiana Camisa 12 é de 1971, como a Inferno Rubro, do América (RJ). No ano seguinte, a Leões da Fabulosa começou a apoiar a Portuguesa, e os são-paulinos fundaram a Torcida Tricolor Independente. Seu crescimento, pouco a pouco, praticamente decretou a extinção da pioneira Tusp, em 1995.

Mas grande parte dessas facções do período 1967-1972 até hoje é expressiva e numerosa. Contudo, outras torcidas importantes surgiriam na segunda metade da década de 1970 e nos anos 1980. É o caso da Raça Rubro-Negra, que inovou nas arquibancadas torcendo de pé por todo o tempo. Criada em 1977, não demorou a se tornar a maior organizada do Flamengo. Naquele mesmo ano, em Minas Gerais, apareceria a Máfia Azul, a mais importante facção do Cruzeiro, além da Koelhomania, do América; no Paraná, foram criados Os Fanáticos e Império Alviverde, as principais de Atlético e Coritiba; e no Rio Grande do Sul surgiu a Jovem do Grêmio e a Super Fico (Força Independente Colorada). Em Belo Horizonte, a Galoucura, há tempos a principal facção do Atlético, só apareceria em 1984.

O futebol estabelece rivalidades. Lados antagônicos podem despertar o ódio, que leva ao desentendimento e, muitas vezes, a brigas. Se todo ser humano tem um lado violento, em geral contido, existem aqueles que, de alguma forma, despertam essa característica quando encorajados. Fazer parte de um grupo é o que acende o pavio e os leva à ação. Não é raro encontrar nas organizadas pessoas de comportamento pacato que se transformam, ficam extremamente agressivas quando integradas a elas. Isso explica, em parte, a atração que facções brigonas despertam em seus novos integrantes. É assim desde o final dos anos 1960, situação que se acentuaria com o tempo. A conclusão: torcida que não briga não cresce.

No final dos anos 1970, início dos 1980, para muitos a torcida do Palmeiras tinha a (má) fama de sempre apanhar. Assim, componentes de três facções – Império Verde, Inferno Verde e Grêmio Alviverde – se uniram para criar a Mancha Verde. Esse conceito traduz a frase utilizada para definir a razão da existência do grupo: "Sentia-se a necessidade de se organizar uma nova e sólida representação para a torcida palmeirense nas arquibancadas". Não por acaso, em pouco tempo, a Mancha passou a ser vista e comentada como a mais violenta do país. Era uma espécie de busca por respeito. Claro, ela cresceu, a TUP ficou menor, e uma das consequências disso foram brigas entre os dois grupos. Algo que também faz parte da tumultuada relação entre a Raça Rubro-Negra e a Jovem do Flamengo, por exemplo.

Lideranças não falam abertamente, não costumam assumir que o perfil violento serve até como instrumento de marketing para atrair novos componentes. O fato é que nas últimas três, quatro décadas, as facções absolutamente pacíficas ficaram praticamente restritas a pequenos grupos. Exceções são raras. Nesse contexto, o argumento mais comum apresentado pelas organizações que brigam é o de que não procuram confusão, apenas se defendem. Oficialmente pode até ser, pois não existe controle sobre os incontáveis subgrupos que têm prazer em brigar e fazem questão do enfrentamento com os inimigos para enaltecer poderio e coragem. Por isso, muitos deles se autointitulam "o mais temido", "o terror" (dos rivais) etc.

Se a união faz a força, quando acontece entre torcidas organizadas ela significa muito. A parceria entre Força Jovem do Vasco e Mancha Verde é tão intensa que se tornou comum a mescla de camisas e o aparecimento de bandeiras de um time no jogo do outro. Os grupos se ajudam, recepcionam os amigos em viagens às suas cidades, os hospedam nas sedes, fazem churrasco, torcem juntos contra os demais e, claro, brigam. Lutam unidos como fazem TJF e Independente do São Paulo que, por sua vez, é rival da Raça, também do Flamengo. Sim, a união é entre esta e aquela facção, não entre a torcida deste e a daquele time. Hoje, alianças interestaduais se estendem de norte a sul do país, com histórico de amizade e violência.

Outra tendência é a "argentinização", caso da Geral do Grêmio, criada em 2001, e que sucedeu o movimento Alma Castelhana. Não é exatamente uma organizada, mas um grupo inspirado nos *hinchas* de Argentina, Uruguai e demais países de língua espanhola da América Latina. Cantam, saltam, agitam os braços da mesma forma que os torcedores das nações vizinhas e comemoram gols com avalanches, como na Bombonera. O comportamento dos integrantes tem forte viés regionalista, com a exibição de trapos (faixas de pano) enaltecendo não só o clube, mas também sua história e seus ídolos, como a República Rio-Grandense. Barras (faixas verticais) com as cores do Estado são comuns tanto no Estádio Olímpico, como no Beira-Rio. Lá, a Guarda Popular Colorada, de 2003, fruto da fusão de dois outros grupos, adota comportamento semelhante, exceto nas festas pelos gols do Internacional – sem avalanche.

O fenômeno tomou de tal forma o Rio Grande do Sul que os clubes do interior também têm suas barras, como a Loucos da Papada, do Juventude. A influência portenha se espalha pelo país. De diferentes formas, as torcidas passaram a ocupar as arquibancadas seguindo a inspiração argentina. Caso da Camorra 1914 (Palmeiras), Legião Tricolor (Fluminense), Movimento 105 Minutos (Atlético Mineiro), Guerreiros do Almirante (Vasco), Movimento São-Paulinos, Loucos pelo Botafogo, Nação 12 (Flamengo), Squadra Azul (Cruzeiro), Povão Coxa Branca (Coritiba), entre outras. A Geral do Grêmio já sofreu um racha que provocou o surgimento da Velha Escola. O mesmo ocorre do lado rival, com o nascimento da Popular do Inter ou Os de Sempre.

As maiores barras dos grandes gaúchos são, há algum tempo, bem mais numerosas do que as organizadas. E a violência faz parte de seus currículos. Não que a influência vizinha faça desses torcedores mais encrenqueiros com a inspiração dos barras bravas argentinos. Digamos que nem é preciso. O perfil agressivo de alguns componentes registra apenas uma sequência daquilo que já se observava quando as torcidas nos moldes brasileiros ainda dominavam o Sul do país.

A Geral do Grêmio protagonizou um episódio de enorme repercussão quando foram incendiados banheiros químicos do estádio do Internacional, o Beira-Rio, durante a disputa de um Gre-Nal, em 2006. Do lado colorado, um ex-líder da Guarda Popular teve a prisão preventiva decretada no início de 2012 e foi considerado foragido. As acusações? Tentativa de homicídio, formação de quadrilha, promover tumulto, praticar ou incitar a violência. Isso não é exatamente algo novo, pelo contrário; muito antes da "argentinização" tais problemas já eram rotineiros.

Tanto que os tempos das brigas sem armas de fogo ficaram nos anos 1970. A década seguinte teve os primeiros registros de conflitos com revólveres. Nas viagens para acompanhar o time, mais amplas e frequentes desde o final da década de 1960, carros fazendo escolta com integrantes armados ou emboscadas aos ônibus visitantes se tornaram frequentes. Tudo isso fez com que a sociedade passasse a ver as organizadas quase que totalmente como grupos de marginais, nocivos ao futebol.

Não se pode condenar tais reações de quem constata confusões, brigas, feridos e mortos em decorrência dos confrontos. Mas é ingenuidade pensar que proibi-las pura e simplesmente resolveria tal questão. Após a violenta batalha entre são-paulinos e palmeirenses transmitida ao vivo pela televisão ao final de uma partida de juniores no Pacaembu em 1995, quando um torcedor morreu, a Justiça colocou as facções na ilegalidade. Banidas, na teoria, continuaram frequentando os estádios, nos mesmos locais, sem faixas, camisas e bandeiras que identificassem seus componentes. Mas eram as mesmas pessoas, os mesmos grupos. Tal clandestinidade concedia as facilidades do anonimato. Tempos depois, elas retornaram, com novos nomes, como escolas de samba, mas são os grupos de sempre.

Mesmo nos tempos em que não mais existiam oficialmente, as facções continuaram influentes, respeitadas. E há décadas é assim. Se no final dos anos 1960 a Gaviões surgiu para participar da vida do Corinthians, como faz até hoje, nos anos 1980, a Torcida Jovem do Flamengo tornou-se a primeira organizada do país a lançar um candidato à presidência do clube. Betinho não venceu, mas ficava claro que o grupo não estava disposto a ficar fora da política flamenguista. Não por acaso, o atual presidente do Conselho Fiscal do clube é um ex-líder da TJF, Leonardo Ribeiro, o Capitão Leo. Tal alcunha vem dos tempos em que, à frente da Jovem-Fla, ele participou da criação dos "pelotões" nos quais até hoje se divide a torcida autointitulada O Exército Rubro-Negro.

Temidas pela maioria dos jogadores e dirigentes, as organizadas são capazes de eleger vereadores e deputados. Quando querem, em geral conseguem ser recebidas por cartolas, técnicos e atletas, especialmente se resolverem cobrar mais empenho nos momentos ruins do time. Poucos são os presidentes de clubes corajosos o bastante para, por exemplo, cortar o fornecimento de ingressos gratuitos para as facções, que tradicionalmente têm uma quota. Esse tipo de medida gera protestos, abre espaço para que oposicionistas se aproximem das torcidas e ganhem apoio na disputa pelo poder, especialmente quando as eleições se aproximam.

Mas torcida organizada não é só violência, tampouco surgiram com esse objetivo. Como nos calorosos *recibimientos* das *hinchadas* argentinas quando seus times pisam o gramado, a entrada em campo se tornou um esperado espetáculo no Brasil. Entre os anos 1960 e 1970, num tempo em que milhares de torcedores iam ao estádio com bandeiras em punho, o show se tornou ainda mais bonito quando as facções se multiplicaram. E passaram a investir naquele momento. E tome papel picado e rolos despencando pelas arquibancadas, fogos e cânticos inovadores. Elas se inseriram no evento, fazem parte do show. É preciso aproveitar esse lado, incentivá-lo, e também reprimir as brigas, os crimes, os brigões e os criminosos.

Violência em torcidas organizadas é caso de polícia, de segurança pública. Belas festas e apoio ao time em campo é coisa do futebol. Ao estilo brasileiro ou à moda argentina, o bom é fazer os torcedores ficarem reunidos. Separar a parte podre, isolá-la, eliminá-la é o desafio. Futebol sem torcida é futebol sem festa. E futebol sem festa não é futebol.

Mauro Cezar Pereira
Comentarista dos canais ESPN

INTRODUÇÃO
O estranho caso do chapéu preto

Em 2 de novembro de 1924, a Argentina foi jogar a final do Campeonato Sul-Americano de Futebol contra o Uruguai, em Montevidéu, e precisava vencer para conquistar o título. O 0 X 0 acabou beneficiando os charruas uruguaios, que conquistaram a sua quarta Copa América. Na saída do estádio houve uma briga com os torcedores argentinos; ela aconteceu nas imediações do Hotel Colón, na esquina da Mitre com a Rolón, na Cidade Velha, onde estava hospedada a Seleção Argentina. Como a Copa havia sido no Uruguai, os argentinos comemoravam que o atual campeão olímpico não podia vencê-los, já que um mês antes, em Buenos Aires, a partida havia terminado em 2 X 1 para a alviceleste. Um grupo de uruguaios começou a zombar dos argentinos por estarem comemorando o segundo lugar na competição e os ânimos se acirraram. A briga deixou um morto por arma de fogo: Pedro Demby, um uruguaio de 22 anos, crime que segue impune há 87 anos.

Por que esse fato é importante?

De acordo com estudo realizado pelo especialista Amílcar Romero, esse foi o primeiro crime de violência comprovável no futebol envolvendo um torcedor argentino. O que tem a ver com a La Doce? Simples: quem terminou acusado pelo crime foi José Lázaro Rodríguez, conhecido como Petiso, um famoso torcedor do Boca e líder número dois da barra (torcida organizada) liderada por José Stella, mais conhecido como Pepino, el Camorrista, "um protegido do goleiro do Boca, Américo Tesorieri, que desde criança sempre ficava atrás do gol do seu ídolo, e o qual os boquenses adotaram como mascote"[1]. Petiso e Pepino, que se hospedaram no Hotel Colón, foram vistos liderando a barra argentina, que havia chegado em duas viagens do navio *Vapor de La Carrera*, que fazia a rota entre Buenos Aires e Montevidéu. Ambos usavam chapéu preto, e uma das pistas que os incriminaram foi justamente o chapéu que, segundo declarações de testemunhas, havia sido usado por quem fez os

---

1. ROMERO, Amílcar. *Muerte en la cancha*. Buenos Aires: Editorial Nueva América, 1986.

disparos. Esse chapéu apareceu jogado a menos de quarenta metros do corpo de Demby e tinha a etiqueta da loja onde havia sido comprado: Casa Grande y Marelli, Almirante Brown, 870, no coração da autodenominada República Independiente de La Boca. Mas como acontece hoje, a política da Argentina não se mostrou disposta a investigar crimes de futebol. "Lamentamos muito o incidente sangrento que manchou o digno e prestigioso signo da cultura e o nobre espírito esportivo. Stop", escreveu Vicente Gallo, ministro do Interior da Argentina, para o seu colega uruguaio por meio de um telegrama. Isso é tudo o que foi feito oficialmente para resolver o caso. Corria o ano de 1924 e a violência no futebol, originada por um integrante da barra brava do Boca, cobrava sua primeira vítima.

A polícia uruguaia, no entanto, não se contentou com essa resposta. De acordo com Oscar Barnade e Waldemar Iglesias, em *Mitos y creencias del fútbol argentino*[2], o chefe da força policial Juan Carlos Gómez Folle procurava diariamente nos jornais argentinos algo que o trouxesse mais perto da verdade. E a resposta foi encontrada pouco depois. Na edição do dia 4 de novembro de 1924 apareceu no jornal *Crítica* uma foto de um jantar no restaurante El Trapo, que pertencia ao goleiro Américo Tesorieri e era frequentado por vários jogadores e simpatizantes. Com essa foto, e depoimento de testemunhas, Gómez Folle foi capaz de identificar Petiso Rodríguez, que três semanas depois acabou detido e enviado para a prisão de Devoto. Hoje, 87 anos mais tarde, compreendem-se muito melhor as palavras que Rafael Di Zeo, o atual chefe da torcida La Doce, levanta como bandeira: "Vocês acham que mesmo eu estando preso a violência vai acabar? Vocês acham que se colocarem todos nós em uma praça e nos matarem a violência vai acabar? Não, não vai acabar nunca. Você sabe por quê? Porque esta é uma escola. É herança, herança e herança. Vem desde 1931, quando os do River já partiam para cima da La Doce. E continuará para sempre. Porque o futebol é assim. A violência não é gerada por nós, apenas acontece. Está aí, no futebol. A polícia monta uma operação de segurança para que nada aconteça. Mas quando ela falha e as duas barras se encontram, isso acontece. E nunca vai acabar".

---

2. BARNADE, Oscar & IGLESIAS, Waldemar. *Mitos y creencias del fútbol argentino*. Buenos Aires: Ediciones Al Arco, 2007.

1
POR QUE LA DOCE?

A história da barra brava do Boca é, vista em perspectiva, a história da violência no futebol. Porque eles são os torcedores que começaram a saga sangrenta de mortes em torno de uma bola, e são também os que institucionalizaram, desde meados da década de 1960, a ideia de que se pode viver dessa violência, desse terror, aplicando-os com as cores de um clube. A torcida do Boca Juniors – autointitulada "a metade mais um", por ser o time mais popular do país (frase que imortalizou o ex-presidente do clube Alberto J. Armando, em uma entrevista para a revista *El Gráfico* após ganharem o título de 1964) – apresenta em seu braço armado, La Doce, um modelo de organização inusitado. É a torcida que tem mais contatos políticos, que trabalhou tanto para o justicialismo como para o radicalismo, e chegou a participar de operações políticas montadas pela Side, antiga Secretaria de Inteligência do Estado. É a única torcida do mundo que criou uma fundação legal para a lavagem de dinheiro proveniente da extorsão de políticos, empresários e desportistas, bem como o financiamento sem escrúpulos pela revenda de bilhetes, a gestão de ônibus para levar os torcedores ao interior, o estacionamento nas ruas de La Boca cada vez que havia uma partida, e o *merchandising*. Isso sem contar a porcentagem arrecadada pelas concessões feitas a barracas de alimentos e bebidas no estádio. Esses atos foram comprovados pela Justiça em duas ocasiões: primeiro quando mandou que fosse fechada a Fundação Jogador Número 12, em 24 de novembro de 1994, porque, de acordo com o parecer, ela era "um veículo para a lavagem de fundos ilegais, feitos sob a aparência de doações" e, mais tarde, quando processou a cúpula da barra, em 16 de maio de 1997, por conspiração.

A barra do Boca é como uma hidra de mil cabeças: não é suficiente cortar apenas uma delas para acabar com a sua história. Isso foi demonstrado em uma manhã nublada de maio de 1997, em um acontecimento inédito na luta contra a violência no futebol. José Barritta, conhecido como el Abuelo e chefe da La Doce, e mais nove membros da torcida foram condenados a até vinte anos de prisão por conspiração e pelos crimes contra os torcedores do River, Ángel Delgado e Walter Vallejos, que aconteceram no dia 30 de abril de 1994, depois de um clássico jogado no estádio La Bombonera (Alberto J. Armando). Após alguns meses, os que eram parte da segunda geração, liderados por Di Zeo, tomaram o poder e reproduziram fielmente o modelo. Eles acabaram presos em 2007 e foram mandados para a cadeia de Ezeiza com pena de até quatro anos e seis meses de detenção por coação grave. Em 2010 ficaram livres, mas não puderam voltar para a barra e ainda têm de enfrentar um julgamento por associação ilegal. Enquanto isso, Mauro Martín, parte da segunda geração até então, tomou as rédeas da torcida. Porque, como disse Di Zeo, "É herança, herança e herança". Isso é que é a La Doce, isso é que é a violência. E esta é a sua história.

A origem de uma torcida

A lenda começa em 1º de abril de 1905. Naquela tarde, reuniram-se na praça Solís, no bairro de La Boca, cinco filhos de genoveses, os imigrantes italianos que haviam ocupado o bairro. Dois eram irmãos, os Farenga. Os outros três se chamavam Sana, Baglietto e Scarpatti. O mito diz que naquela manhã eles haviam perdido novamente uma partida representando o antigo clube Independencia Sud. E, fartos, eles se comprometeram em formar uma equipe própria e nomeá-la com o nome do bairro. Em 48 horas o Boca Juniors foi instituído, o mesmo clube que 18 dias depois estreou contra a Asociación de Football Mariano Moreno, em um campo que na realidade era um terreno baldio na Dársena Sur (Doca do Sul). O resultado os favoreceu em 4 X 0. Gradualmente, com a força das vitórias sobre os rivais vizinhos, o Boca foi ficando famoso na área. Conta-se que na época se jogava com uma camisa que hoje deixaria pálidos os rostos dos membros ferozes da La Doce: ela era de cor rosa. O responsável pelo uniforme pressionou a mudança de cores. E ocorreu a aparição do que poderia ser chamado o primeiro fã do Boca: Juan Brichetto foi quem teve a ideia de pegar as cores da bandeira do primeiro navio que passasse pelo porto. O navio era sueco, portanto vêm daí as cores azul e dourada. Brichetto era o chefe da banda Los Farristas, a *murga** de La Boca, bairro destino da onda de imigrantes europeus que se instalavam nos cortiços

---

* As *murgas* são manifestações populares em Montevidéu e Buenos Aires, semelhante aos blocos de rua do Rio de Janeiro, em celebração do carnaval. Também pode denominar um grupo ou um bando. (N.T.)

da área. De participar da *murga* a torcer pelo Boca era um passo rápido, e em 1906, ano em que Brichetto presidiu o clube, o Boca já levava cerca de trezentos fãs para o pasto de Pedro de Mendonza y Caboto, que servia de estádio. A comemoração do primeiro título, a Liga Villalobos, foi ótima: muita comida, bebida, música da *murga* e o sentimento de pertencer a um grupo, que seria a semente da maior torcida da Argentina e de onde surgiria depois seu braço armado, La Doce.

O futebol provocou, provoca e provocará paixões extremas. Mas a violência oculta dos torcedores não pode ser confundida com a violência organizada que tira proveito dessa paixão. Folheando os jornais daquela época, o primeiro incidente de que os torcedores do Boca participaram aconteceu em 1908, numa partida contra o Racing Club, no campo do Quilmes, pela semifinal da segunda divisão. A partida resultou em 1 X 0 a favor da Academia (Racing), mas na verdade a partida nunca terminou. Segundo o jornal *The Standard*, o árbitro Rodrigo Campbell suspendeu o jogo um minuto antes do tempo normal, em consequência das ameaças feitas pelos torcedores do Boca Juniors. De acordo com Martín Caparrós em seu livro *Boquita*[3], quando saía do campo o juiz teve de ser protegido pela polícia, que havia sido chamada para manter a ordem.

O Boca Juniors já era conhecido como o time mais agressivo do sul da cidade, onde se reuniam os trabalhadores, que aos poucos foram dominando o mundo da bola, deixando para trás a elite inglesa que, nas mãos do Alumni, ainda dominava o esporte. O bairro começava a se dividir em dois. De um lado estava o Boca, que jogava na segunda divisão, e de outro o River Plate, que jogava na primeira. Em 1911, o jornal *La Mañana* fez uma pesquisa para saber qual dos dois times teria mais torcedores em La Boca. De 84.364 votos, o Boca recebeu 55.050. Em 1932, com o começo do profissionalismo, a revista *El Gráfico*, em sua edição 703, fez nova votação envolvendo todos os times argentinos que competiam na primeira e na segunda divisão. A pesquisa consagrou o Boca como o time mais popular da Argentina, com 150.125 votos, quase 30 mil votos a mais que o River, seu adversário direto.

Nos dez anos entre 1915 e 1925, a torcida do Boca começou a formar sua identidade definitiva, liderada por Pepino, el Camorrero, que começou como mascote e, ao longo dos anos, havia se tornado um torcedor caracterizado,

---

3. CAPARRÓS, Martín. *Boquita*. Buenos Aires: Editorial Planeta, 2005.

longe da torcida organizada de hoje, mas com alguns elementos semelhantes: briguento, liderava os cantos dos torcedores do Boca e fazia o clima esquentar cada vez que o árbitro marcava uma falta que considerava injusta. Seu destino, claro, teve um ponto-chave e escuro, em 2 de novembro de 1924 quando Pedro Demby foi assassinado em Montevidéu. Mas como a autoria do crime foi atribuída a Petiso Rodríguez, Pepino, el Camorrero, continuou vendo o Boca, como aconteceu mais tarde com Quique, el Carnicero; el Abuelo e Rafael Di Zeo.

Em fevereiro de 1925, o Boca organizou a primeira turnê europeia de um time de futebol argentino. A delegação foi composta por 17 jogadores, dois dirigentes, um jornalista do jornal *Crítica* e um torcedor, Victoriano Caffarena, el Toto, protetor de La Boca, mas ao mesmo tempo fanático pelos jogadores.

A bordo do navio que levava a equipe para a Europa, como uma recompensa por seu apoio contínuo, os jogadores deram a ele o título de o Jogador Número 12. Embora ninguém soubesse ainda, nasceu no mar o nome da barra brava do Boca, porém Toto estava longe de personificar os torcedores violentos que viriam mais tarde. Na verdade, nessa turnê europeia Caffarena tornou-se também massagista e agente do time. O grau de amizade que surgiu com os jogadores foi tão grande que Caffarena acabou sendo padrinho de Carmelo Cerotti, filho de Antonio, o atacante que marcou o primeiro gol do Boca naquela turnê, contra o Celta de Vigo. Quando voltou, seu nome tornou-se popular. Então, por iniciativa própria, Toto encarregou Ítalo Goyeneche e Fernández Blanco de compor o hino do Boca, que foi tocado pela primeira vez em 1926, em sua casa. Essa proximidade com o clube também fez com que em cada jogo, em casa e fora dela, os jogadores reservassem um lugar para ele no vestiário.

Victoriano Caffarena viveu por e para o Boca. Recebeu seu prêmio durante o primeiro mandato de Alberto J. Armando, quando em pleno estádio La Bombonera foi realizada uma homenagem aos membros da famosa turnê de 1925. Cada jogador recebeu uma placa e a última foi para ele, Victoriano Caffarena, com uma legenda imortal incluída: foi nomeado oficialmente o Jogador Número 12 do Boca Juniors.

Quando La Doce se tornou substantivo

O futebol, que em 1925 já estava se tornando um fenômeno popular, explodiu com a chegada do profissionalismo. E a imprensa acompanhou esse marco. Na vanguarda do movimento estavam Natalio Botana e seu jornal *Crítica*, que escolheu Pablo Rojas Paz – escritor e jornalista da província de Tucumán que, junto com Jorge Luis Borges, fundou a segunda fase da revista *Proa* – para cobrir os jogos do Boca. Paz não gostava muito de futebol, mas se comoveu com a primeira imagem do La Bombonera, com o sentimento extraordinário que o esporte gerava nos torcedores. Antes da primeira reunião, ele foi recebido pelos dirigentes e levado ao vestiário para conhecer o time. Um deles foi Victoriano Caffarena. Para o cronista, a história do Jogador Número 12 parecia uma metáfora brilhante do que o futebol produzia nos simpatizantes xeneizes, e decidiu estendê-la para todos os torcedores: o título de uma de suas matérias foi "O Jogador Número 12". Assim se imortalizou um nome que quarenta anos mais tarde se mancharia com sangue e perderia todo o seu poder poético, ao associar-se diretamente à violência.

O profissionalismo trouxe também a "nova onda" dos incidentes nos estádios. Em uma escala muito menor que na atualidade, desde 1931 os incidentes estavam crescendo e, em 1939, as primeiras mortes em um estádio nacional foram registradas. Isso aconteceu no campo do time Lanús e as vítimas foram dois torcedores do Boca: Luis López, de 41 anos, e Oscar Munitoli, um garoto de apenas nove anos.

Até então, quando o profissionalismo estava arrancando, Borocotó já havia feito para a revista *El Gráfico* um perfil caracterizando o torcedor do Boca. Intitulado "O Furioso", apresentava-o como "aquele que insulta os jogadores quando perdem e os defende a ponto de arriscar sua vida quando ganham". E continuou: "É um torcedor presente em todos os aspectos, mas no Boca, é mais exigente, mais acostumado com as vitórias. Para ele, ou você é do Boca ou é inimigo. Não há meio-termo. É um torcedor fervoroso, alguém que faz mal ao Boca por querer fazer o bem".

A descrição de Borocotó era puramente individual, mas mostrava a origem do que viria adiante. Roberto Arlt, em uma das suas matérias no jornal *El Mundo*, descreveu a genealogia definitiva da barra e sua forma: "É necessário que os torcedores de um time se associem para se defender dos chutes dos outros torcedores que são como esquadrões de bandidos que usam bandoleiras, pessoas perversas, torcidas que como expedições punitivas semeiam o terror nos estádios com a artilharia de suas garrafas e as incessantes bombas de laranjas. Essas barras são responsáveis por atear fogo aos bancos e invadir o campo para vencer o time oposto. Em determinados bairros formaram máfias, algo como uma facção criminosa, com suas instituições, suas brigas à mão armada e seus distintivos monumentais que lhe dão nome, prestígio e honra". Arlt não chegou a prever o que aconteceria a partir da década de 1960, quando as barras decidiram viver junto aos clubes (com a La Doce como campeã), mas trinta anos antes escreveu uma definição de violência tão precisa quanto a frase que ergue, a cada passo, Rafael Di Zeo: "É herança e herança". E a La Doce, claro, leva inscrita em seu interior essa marca permanente.

A violência que crescia atingiu o seu primeiro pico em 1939. Em 14 de maio daquele ano, Lanús (em casa) e Boca se enfrentaram. Até lá, o time xeneize era claramente o mais popular do país e os torcedores consideravam cada jogo uma final. Era o Boca contra todos. Naquela tarde, a barra brava do Lanús decidiu que eles poderiam perder no campo, mas não nas arquibancadas. Assim, emboscaram os torcedores do Boca nas ruas do bairro antes do jogo do Torneio de Reservas. A confusão seguiu estádio adentro, com o epicentro no final da partida.

Torcedores do Lanús entraram no campo para pegar os jogadores do Boca e os fanáticos xeneizes tentaram entrar para defendê-los. A polícia decidiu atuar. Mas em vez de conter os torcedores do Lanús que já estavam no gramado, a polícia foi para cima da arquibancada do Boca, que acabou pulando para o campo. Isso causou a fúria dos boquenses e dali para uma ação mais violenta das tropas de Buenos Aires foi apenas um passo. Os policiais Luis Estrella e Salvador Pizzi tomaram essa ação para si.

A matéria do dia seguinte no jornal *La Razón* foi eloquente: "Os dois foram os policiais mais exaltados. O primeiro sacou seu revólver e o descarregou nos torcedores em massa que estavam nas arquibancadas. Dada a gravidade do ocorrido, vimos o policial responsável pelos disparos retirar o distintivo do seu uniforme para não ser identificado. Por isso, anotamos o número do distintivo: 4.414". A fúria criminal de Estrella deixou quatro feridos e dois mortos: Luis López, um trabalhador espanhol que chegara ao país havia bastante tempo e era sócio do Boca, e Oscar Munitoli, um menino de nove anos. Uma investigação foi iniciada e, apesar do artigo do jornal *La Razón*, não houve nenhuma condenação. Impunidade e violência: um coquetel explosivo fez a sua aparição no futebol argentino. Um coquetel que, com honrosas exceções, continua forte ainda hoje.

Desde aquele fatídico 1939 até o final dos anos 1950, a torcida do Boca foi ganhando em número e em atos violentos, mas sem causar vítimas fatais. Na década de 1950, sua identificação com o justicialismo sob o golpe da Revolução Libertadora e a subsequente proibição da política argentina de Juan Domingo Perón, incluindo o exílio, determinaram que parte da violência acumulada pela nova situação social explodisse nos campos e formaram o que poderia ser definido como um "protótipo de barra brava": a ideia de uma organização forte que, copiando o modelo das unidades básicas, tivesse estrutura piramidal capaz de obter benefícios a partir do seu trabalho por e para quem governasse os destinos da instituição. Esse "protótipo de barra brava" no Boca teve nome e sobrenome: a Barra de Cocusa, por causa do apelido de seu líder enigmático, que começou a ocupar o centro da arquibancada e a organizar, junto com Jorge Corea e o Negro Bombón, o grupo de incentivo e pressão azul e ouro. Nesse contexto de crescente agitação social, o La Bombonera foi fechado por vários dias após graves incidentes em uma partida contra o Racing em 1958. A Asociación del Fútbol Argentino (AFA) decidiu mandar o Boca atuar como mandante no campo em San Lorenzo. O Boca jogou contra o Huracán na rodada 17 do torneio da primeira divisão e houve protestos na saída da partida, que provocaram a imediata repressão da Guarda de Infantaria. A mídia da época descreve a briga como uma batalha entre dois grupos organizados, deixando claro que a torcida do Boca não era apenas uma multidão agindo espontaneamente, mas que havia um grupo compacto que a liderava. Faltava pouco para que esse mesmo grupo decidisse conseguir privilégios em troca de trabalhar como o braço armado dos dirigentes e dar ajuda moral ao time.

A aparição do Número 12

Os jornalistas Ariel Scher e Héctor Palomino descrevem em seu livro *Fútbol, pasión de multitudes e de elites*[4] o começo do fenômeno em meados dos anos 1960: "As barras bravas tinham se transformado naqueles anos em grupos de fácil diferenciação na multidão de torcedores presentes, multi-

---

4. SCHER, Ariel & PALOMINO, Héctor. *Fútbol, pasión de multitudes e de elites*. Buenos Aires: Cisea, 1988.

dão que por sua vez reconhecia essa diferença. As barras bravas apareceram como grupos consolidados e relacionados a alguns dirigentes dos respectivos clubes. Com esse apoio, poder e capacidade de agir aumentaram rapidamente, crescendo junto com o número de incidentes violentos nos estádios de futebol."

Basta dar uma olhada no número de mortes no futebol – passou de 12 em seus primeiros 25 anos de profissionalismo para mais de duzentas atualmente – e há de se convir que o surgimento das torcidas organizadas, sustentadas pelos dirigentes dos clubes e partidos políticos, foi o aspecto chave no crescimento da violência. Nesse contexto, surge La Doce. Não é por acaso que o então presidente do clube, Alberto Jacinto Armando, fez da La Doce o seu abrigo. Armando era um *self-made man*, que de aprendiz na Ford conseguiu se tornar um homem rico. O dirigente boquense, cujo apelido era Puma, reproduziu no clube o modelo de governo que ele havia sugado no justicialismo – durante o segundo mandato de Perón na presidência ele providenciava carros para a Polícia Federal quando presidiu o Boca no período de 1954-1955, deixando sua função para trás depois que o golpe militar derrubou o general. Ele sabia que se tivesse um grupo de pressão ao seu lado seu poder se fortaleceria e seu cargo seria eterno, como assim aconteceu. Armando foi o dirigente que passou o maior período à frente do Boca: 23 anos, sendo 21 deles consecutivos, entre 1959 e 1980.

O Boca já era então um país separado, gigante, capaz de mover multidões. O grupo anarquista que liderava os cânticos viu, na nova forma que Armando se aproximava, a possibilidade de entrar no mundo institucional do clube como um grupo de pressão, com os benefícios econômicos como retorno. O visionário nessa área foi Enrique Ocampo, que substituiu Cocusa como referência da La Doce e quem, no final da década de 1960, mudaria seu nome para um apelido mais direto: Quique, el Carnicero. Um nativo de La Boca, fanático da azul e ouro. Com a ideia de que o poder da barra deveria ser concentrado em poucas mãos, Quique organizou a La Doce igual a um exército prussiano, ou seja, obediência a seu general e à delegação de poder com apenas três tenentes: Carlos Varani, el Capitán; el Viejo Carrascosa e el Alemán. Também faziam parte dessa corte o gordo Upa e o uruguaio Chupamiel. Até então, o primeiro círculo da La Doce tinha vinte membros e todos eram homens do bairro, a maioria entre vinte e trinta anos. "Quique não aceitava gente nova", diria Rafael Di Zeo anos depois, um pouco decepcionado porque, quando tentou entrar no grupo aos 14 anos, foi barrado por el Carnicero.

Estava claro para Ocampo que o negócio consistia em ganhar respeito à força de punhos contra as barras rivais, e mostrar como sua influência nas arquibancadas poderia beneficiar ou prejudicar o poder político atual. A primeira aparição da La Doce, segundo os torcedores mais antigos, não foi contra o River como muitos supõem, mas sim contra o Vélez, no antigo estádio Amalfitani. A primeira apresentação da torcida foi em um terreno baldio situado na esquina da Juan B. Justo com a Alcaraz. Naquela tarde, com a apreensão de três bandeiras, La Doce começava, como braço armado, um movimento que jamais seria detido.

Luis María Bortnik era o secretário-geral do Boca, o braço direito de Armando, o homem que sabia em que telhas quentes os jogadores e torcedores estavam pisando no bairro. Se ele foi acudido por Quique Ocampo quando este ganhou a primeira batalha e então foi apresentado à sociedade, ou se foi sugerido a Bortnik para deixá-lo a seu lado, é algo que permanecerá no mundo do segredo. Quando ele deixou a profissão na barra e começou a ganhar a vida vendendo a sua história e o *merchandising* do Boca em seu negócio chamado La Glorieta de Quique, em frente ao La Bombonera, Ocampo – mostrando-se pouco afeito a contar as aventuras de seus dias como chefe da barra, o que basicamente teve um final triste por causa de el Abuelo – deu a sua versão de como as coisas aconteceram dizendo que foi o próprio Bortnik quem o procurou a pedido de Alberto J. Armando. Diferente é a versão narrada pelo ex-dirigente do Boca. Entrevistado por Gustavo Veiga para o livro *Donde manda la patota*[5], Bortnik disse:

> – A barra começa a influenciar em 1962, 1963. Os pedidos para as viagens começaram com a Copa Libertadores [competição que começou a ser disputada em 1960 e da qual o Boca foi vice-campeão em 1963, em sua primeira participação]. Eu lembro que conseguíamos os ingressos para eles, mas nunca pagamos os traslados. Embora não se viajasse muito, os dirigentes viam que a torcida era necessária. Não pela violência, mas pelo apoio que contagiava os jogadores. Houve vezes em que o Boca não jogava bem nos primeiros tempos e essas pesso-

---

5. VEIGA, Gustavo. *Donde manda la patota*. Buenos Aires: Agora, 1998.

as começavam a gritar. No final, eles contagiavam os outros e o time deu a volta por cima em muitas partidas.

– *Como era a ligação com esse grupo?*

– Eu os reunia no clube. Na mesa onde o comitê executivo se reunia. Quando eles tinham um problema ou estavam com raiva porque pensavam que um jogador estava ruim ou que o treinador não servia, eles eram recebidos no clube e conversávamos. Isso foi quando Armando governava, mas como ele nunca vinha à sede, eles recorriam a mim.

Portão 12

Com a permissão dos dirigentes, Quique tornou-se o primeiro chefe da La Doce. Foi o precursor do que hoje é conhecido como barra brava, que entendeu que a violência servia para gerar negócios. Seus seguidores quase que diariamente se instalavam com ele na propriedade de La Candela, na Grande Buenos Aires, e lá se armava a rede de relacionamentos com jogadores e treinadores. Entre eles estava Juan Carlos "Toto" Lorenzo, o que melhor compreendeu a importância de contar com a barra. Ele deixava a torcida assistir aos treinos e lhes explicava por que um jogador jogava e outro não. Era uma relação de conveniência: a barra não ficava contra ele e o treinador colaborava monetariamente e convencia a equipe a ajudar os "meninos". O relacionamento chegou a tal ponto que, quando Toto Lorenzo deixou de ser o treinador do Boca em 1979, no centro do campo houve uma troca de homenagens: Quique deu-lhe uma placa quadrada, feita de prata, em que estava escrito "O Jogador Número 12, a Toto Lorenzo, por tudo o que fez pelo Boca", enquanto Toto deu outra placa a Quique. Era o brilhante broche de uma relação selada a fogo. A esse respeito, e sobre a inicial formação da barra, Antonio Rattín comentou: "Havia um pequeno grupo que vinha aos treinos e sempre nos incentivava. Foram os mesmos que depois, nos dias de jogos, lideravam os cantos da arquibancada. Era sempre bom tê-los lá, gritando, porque nos momentos difíceis eles nos incentivavam a seguir correndo. No La Bombonera eu me lembro de ter visto os rostos dos rivais, pálidos, quando todo o estádio começava a cantar. Quem ganhava as partidas eram os jogadores, mas a torcida do Boca sempre fez a sua parte. Mas cuidado, aquele grupo não tem nada a ver com o que hoje é conhecido como barra brava. Não havia extorsão, não pressionavam ninguém do clube. Podiam pedir alguma colaboração para acompanhar o time no campo, ou para comprar ingressos para aqueles que não tinham. E se alguém quisesse, colaborava. Não havia obrigação, mas a maioria sabia que a torcida, que seguia o time em toda parte, fazia um grande esforço e não tinha nada demais querer colaborar para tê-los sempre ali, onde jogávamos, nos encorajando".

Graças a essa relação com os jogadores e os técnicos, e ao suporte institucional da direção do clube, o poder de Quique não parou de crescer. E houve um acontecimento que, para muitos, marcou de modo definitivo a relação posterior das barras com o Estado, representado pela Polícia Federal. Há muitas versões sobre o que aconteceu naquele domingo, 23 de junho de 1968, no estádio Monumental. River e Boca se enfrentavam pelo Interzonal na 17ª rodada do Metropolitano, em uma partida chata de 0 X 0, sem muitas emoções. Os torcedores do Boca começaram a deixar o estádio. A maior parte deles estava saindo pelo portão 12, pelas escadas que atualmente conduzem do setor L da arquibancada Centenario à rua. Naquela época, o portão dava direto na rua. Ninguém pôde explicar exatamente por quê as portas da entrada não foram totalmente abertas nos 15 minutos do segundo tempo, como acontecia em todas as partidas. A versão que contam os atuais chefes da La Doce, citando os antigos líderes da barra, diz que a Polícia Federal obrigou os encarregados a deixá-las meio fechadas, porque a ideia era identificar e capturar os membros mais importantes da barra, para dominá-los de acordo com o poder dos uniformizados e das necessidades políticas da época.

O poder da La Doce aumentava e os confrontos violentos punham em xeque a Polícia Federal, que toda segunda-feira via as matérias esportivas que falavam do aumento da violência no futebol, sem que a polícia pudesse controlá-la. Além disso, a identificação da La Doce com o justicialismo e com Perón era uma pedra no sapato do presidente Juan Carlos Onganía.

A cada domingo, o poder político via como o líder proibido reaparecia com força total na voz dos torcedores. A decapitação da barra, eles diziam, acabaria com essa prática, pois eles supunham que aquilo não era uma expressão espontânea das pessoas, mas sim um movimento organizado, com a barra brava como a ponta do *iceberg*. Assim, a tragédia estava ao alcance das mãos, e isso aconteceu. Naquela tarde, 71 torcedores morreram e 74 ficaram feridos. A idade média das vítimas era de 19 anos e, por isso, o ocorrido foi encaminhado a um juiz de menores, Oscar Hermelo. Suas investigações o levaram, dois meses depois da tragédia, a emitir prisões preventivas a Américo

Di Vietro e a Marcelino Cabrera, administrador e encarregado do River, e uma multa de 200 milhões de pesos aplicada a ambos e ao clube. Foi uma armadilha mortal, e as explicações posteriores dos dirigentes do River e da Polícia Federal não satisfizeram ninguém, exceto os membros da Sala IV do Tribunal de Apelações, à qual os acusados e o clube haviam recorrido.

As portas estavam abertas; esta foi a explicação oficial, apoiada pelo ministro do Interior Guillermo Borda. A polícia culpou os torcedores, acusando-os de causar tumultos, e afirmou que quando a guarda agiu para dispersá-los, eles tentaram subir novamente pelo portão e fizeram uma barreira que serviu como um natural prelúdio da tragédia. A Sala IV, formada pelos juízes Raúl Munilla Lacasa, Jorge Quiroga e Ventura Esteves, absolveu os réus e retirou a multa. Os três juízes consideraram que as provas demonstravam que, antes de terminar a partida, todos os obstáculos haviam sido removidos. Os familiares, representados pelos advogados Marcos Hardy e Carmen Palumbo, recorreram da decisão. Mas os mais importantes magistrados da Argentina deixaram o tempo passar. A um ano da tragédia, as pessoas que entraram com o recurso desistiram dele. Enquanto isso, a AFA ofereceu uma indenização aos familiares para evitar qualquer problema judicial. Finalmente, não houve culpados. Mas a polícia entendeu naquele dia que a torcida organizada era uma associação de poder e que era conveniente tê-la como aliada. A última etapa do negócio começava então a funcionar de vez.

A década do primeiro negócio

Quique, fã do Boca, tornou-se um empresário autônomo da violência. Sua primeira medida foi ampliar o seu círculo de seguidores, mas sempre mantendo-o em um nível administrável. Em 1973, Quique, el Carnicero, tinha um grupo de ataque com quarenta membros que o obedeciam cegamente, mas começaram a exigir algo mais do que serem apenas membros VIP da torcida do Boca. Já não era suficiente ter camisas assinadas pelos jogadores para mostrar com orgulho no bairro. Já não bastava comer churrasco todo mês com Toto Lorenzo em La Candela. Era necessário muito mais. O primeiro passo foi entrar gratuitamente no campo de forma institucional. Os quarenta membros da barra já não pagavam ingresso por ordem de Luis María Bortnik. Mas Quique percebeu que o primeiro financiamento da barra poderia vir desse benefício. Exigir bilhetes e entrar de graça. Resultado: a revenda de ingressos começou a se desenvolver como um negócio. Para isso, o chefe chegou a um acordo com o clube.

"Quique liderava o grupo mais importante da torcida. Sua gente poderia arruinar ou levantar uma partida. Assim, sempre que eles tinham algum pedido, eu os atendia com muito gosto", lembra Bortnik na entrevista para o livro de Veiga. A primeira solicitação de Quique se estenderia depois como prática habitual de todas as barras. O pedido de ingressos para acalmar as feras, sob o pretexto de que eles não tinham nenhum dinheiro. Pedido que também foi atendido. "Ele vinha, falava comigo, eu o escutava e tratava de consertar as coisas. Até que um dia chegamos a um acordo. Eles precisavam de cinquenta ingressos. Nós demos e resolvemos o problema", disse o falecido ex-dirigente.

Não foi uma boa maneira de resolver a questão. A entrega de ingressos gratuitos e a revenda deles aumentou o poder de Quique no bairro e no clube. Assim ele começou a frequentar as reuniões da comissão de diretoria e até mesmo a fazer requisições incomuns, como entrar nos assuntos futebolísticos e econômicos da instituição. "Ele tinha relação forte com o estádio. Ele vinha e me dizia: 'Isso é errado, tem de mudar aquilo', e conversávamos, porque sempre se apresentava muito educadamente. Chegou a trazer um contador porque alguma facção política da oposição nos acusava de estar administrando mal o dinheiro do clube. Então eu mostrava os livros a eles para que pudessem ver que não havia nenhuma irregularidade. Era uma relação cordial", admitiu Bortnik.

A relação cordial era também mantida pelo pagamento mensal que Alberto J. Armando dava a Quique para que a barra não se descontrolasse: el Puma sabia que a melhor maneira de manter o seu poder intacto era não ter aos domingos um estádio cantando contra ele. Quique, além de ingressos e dinheiro, também conseguiu outro benefício para seus meninos: almoço de graça nos dias de jogo e o pedágio para que os comerciantes do La Bombonera pudessem vender seus petiscos e refrigerantes sem problema.

Em meados da década de 1970 a barra já dava dinheiro. Mas Quique sabia que, se abrisse a torneira, isso poderia ser perigoso para o seu poder político e econômico. Manteve firme o seu grupo, no qual estavam o seu segundo homem, Carlos Varani, conhecido como el Capitán; Roberto Ferreyra Silvera, conhecido como Pechuga – outro peso-pesado na hora das decisões –, e uma tropa de choque formada pelo gordo Upa, el Alemán, Carrascosa e o bando de meninos de La Boca, San Martín e Ballester, que eram liderados por

Eduardo Regueiro, conhecido como el Chueco, e Julio Ambronosi, conhecido como Chacarita. Criou inclusive um setor que, em meados da década, começou a se localizar no lado direito da torcida, na diagonal, onde se encontram hoje os camarotes do reformado La Bombonera: o bando do Oeste, com sede em Lugano, Villa Martelli, Ciudadela, Morón e El Palomar, liderado por um homem de San Justo chamado José Barritta, que frequentava o segundo andar da arquibancada havia quatro anos. A história e a lenda concordam que 1975 foi o ano que marcou a entrada de Barritta – el Abuelo – na La Doce. Seis anos mais tarde ele viria a ser o número um.

A verdade é que os truques de Quique e de seu grupo para manter-se no poder reproduziam o estilo de violência de agressores e gangues. "Quando deixei de ir ao camarote com o meu velho e comecei a ir na geral com os meus amigos de Lugano, queríamos entrar na barra. Mas com Quique era impossível. Ele era muito calado, terrível, e se ele visse que você estava tentando entrar no círculo dele, ele mandava você sair. E se você insistisse, eles te agarravam, arrastavam pelos corredores do La Bombonera e queimavam com cigarros", disse Rafael Di Zeo sobre a época do reinado de Quique. Um desses confrontos internos terminou com a vida de um homem inocente. Em 17 de outubro de 1976, durante o Metropolitano daquele ano, o Boca jogava contra o Independiente na sua casa, Avellaneda, na Grande Buenos Aires. Houve uma briga enorme na torcida visitante, que começou por causa de uma confusão interna. Depois de quase vinte minutos, quando os ânimos se acalmaram, o corpo de Jacob Sitas estava sem vida sobre o cimento, um torcedor de 55 anos que havia tido um infarto. Morte natural, declarou o legista, e ninguém foi preso. Assim eram resolvidas as coisas na época de el Carnicero.

"Ele não deixava ninguém entrar e não entendia que dessa maneira apenas ganhava o ódio daqueles que estavam de fora. Muitas vezes escutávamos por aí que queriam tirá-lo e nós estávamos de acordo, mas Quique tinha todo o apoio dos dirigentes, de Toto Lorenzo, dos jogadores, e principalmente da polícia. Era muito complicado. Assim, enquanto ele mantinha o poder, foram surgindo grupos ao redor. Eu, por exemplo, criei um e começamos a ir à arquibancada da frente, até que em uns dois anos tínhamos lutado o suficiente para ir até a La Doce e nos estabelecer", acrescentou Di Zeo sobre o seu começo na barra, dando uma descrição exata do que seria o começo do fim de Quique. Porque, enquanto el Carnicero tinha todo o apoio superestrutural, paradoxalmente os triunfos esportivos do Boca começaram a minar sua base.

A era do dinheiro fácil e das compras no exterior não era apenas usufruída pelas classes média e alta. A barra também tinha as regalias do dólar barato e, apoiada pelas vitórias do time, começou a viajar pela América. Estava claro que havia dinheiro para gastar nas excursões da Copa Libertadores e o nível de vida de Quique mudou consideravelmente. Ele instalou uma churrasqueira em La Boca, trocou o carro e decidiu que dar migalhas para o grupo mais íntimo e antigo da barra era o suficiente.

Foi um erro. Um erro enorme. Porque o segundo grupo da La Doce começou a formar uma aliança com el Abuelo, cujo poder vinha engordando desde 1979. Foi el Abuelo quem, inteligentemente, buscou o apoio dos grupos rejeitados por Quique. Primeiro conseguiu os de Chueco e Chacarita, que viam em Barritta a possibilidade de ter o poder negado por Ocampo. Nesse grupo já começava a pisar forte outro homem que vivia ao redor do estádio, Santiago Lancry, então conhecido como Gitano, que fazia trabalhos para o líder radical de La Boca, Carlos Bello. Uma vez que foi estabelecido esse grupo, el Abuelo aliou-se a Miguel "Manzanita" Santoro, que já liderava um grupo em Lugano, de que Rafael Di Zeo participava. Ele conseguiu o apoio de Jorge Almirón, que tinha um grupo de adolescentes com sede em Ingeniero Budge, e trouxe um grupo de San Justo, que se identificava com o Almirante Brown aos sábados e com o Boca aos domingos.

Esse processo de acumulação de poder durou um ano e meio. Nesse tempo, quando ele era o segundo líder na barra, el Abuelo tentou negociar com Quique. Mas el Carnicero, em sua maior onipotência, não percebeu o seu final. As derrotas dolorosas do Boca em 1980, dirigido por Antonio Rattín, também fizeram a sua parte. Assim, com a nova década, mudaria para sempre o poder na maior barra brava da Argentina. Em uma batalha que ainda é lembrada, el Abuelo ganhou para sempre o comando da La Doce, que ele manteria sob estrito controle e poder por 14 anos.

A mãe de todas as batalhas

Há muitas versões sobre como e quando Quique, el Carnicero, perdeu a barra para as mãos de el Abuelo. A mais confiável, a de Enrique Ocampo, era a de que ele estava cansado de liderar a barra e decidiu desfrutar do Boca de outro lugar, mais pacífico. Tinha como meios de subsistência o negócio, La Glorieta de Quique, na esquina da Brandsen com a Del Valle Iberlucea, que vendia todo tipo de *merchandising* do clube (que na época, é claro, estava sem licença oficial), e a churrasqueira logo em frente ao La Bombonera. Mas a versão mais difundida, descrita no livro *Barra brava de Boca: El juicio*[6], de Marcelo Parrilli, sugere que a questão foi resolvida em 1980, em um confronto na praça Matheu. Esse fato realmente existiu, mas em 28 de junho de 1981, e foi a conclusão de uma batalha de verdade, que havia acontecido quatro dias antes em Rosario. Sim, foi muito longe do La Bombonera o confronto que deixaria Quique sem poder na La Doce. Boca, o líder do Metropolitano em 1981, havia viajado para jogar contra o Newell's. El Abuelo ainda quis fazer uma última tentativa de acordo: 50% dos ingressos para cada grupo. Quique recusou. Então, antes da partida, a barra de el Abuelo cercou a de el Carnicero e a uns 15 quarteirões do parque Independencia ganhou a primeira batalha, nos punhos. Naquela tarde, contra o Newell's, houve o primeiro jogo em que José Barritta ficou no centro da arquibancada. Para coroar o seu plano, ele havia levado um grupo de apoio de metalúrgicos que obedecia a Lorenzo Miguel. Foi a última batalha da La Doce sem armas de fogo.

No domingo seguinte, pela 26ª rodada do campeonato, o Boca deveria jogar contra o Independiente. El Abuelo já estava forte, porém ainda não ganhara definitivamente a guerra. Quique, el Carnicero, planejou uma última jogada para contra-atacar e voltar a ocupar a posição perdida dias antes em Rosario. Durante a semana ele contatou os dirigentes do Boca e da Polícia Federal para confirmar que os policiais estavam escalados para o domingo, o dia em que ele pensava dominar el Abuelo.

Embora Martín Benito Noel, presidente do Boca na época, não tivesse certeza se apoiaria o movimento de Quique, o perfil muito violento de Barritta o convenceu. A 24ª Delegacia de Polícia já havia sido alertada. No domingo, antes que el Abuelo pudesse chegar à Casa Amarilla, onde haveria uma reunião com os líderes locais para controlar pela primeira vez a barra, e enquanto ele ainda estivesse a bordo do Fiat 128 que dirigia, os oficiais iriam provocá-lo para depois prendê-lo sob ameaça de resistência à autoridade. O plano aconteceu como desejado. El Abuelo foi detido a seis quadras do La Bombonera e levado à delegacia, onde foram prestadas queixas contra ele. Mas a Polícia Federal cometeu um erro: eles só levaram el Abuelo e deixaram

---

6. PARRILLI, Marcelo. *Barra brava de Boca: El juicio*. Buenos Aires: Ediciones La Montaña, 1997.

de seguir os seus companheiros Chueco, Cholo e Manzanita Santoro. Ao chegar à Casa Amarilla, eles contaram o que tinha acontecido. El Cabezón Lancry, por meio de seu contato com Carlos Bello, o principal líder político da área, não demorou muito para averiguar o que havia ocorrido. Em seguida, os que apoiavam el Abuelo foram para a praça Matheu, onde Quique reorganizava suas forças. Então a batalha final se desencadeou.

Isso se deu logo após o meio-dia. Os homens do Quique não eram mais de quarenta. Os de el Abuelo dobravam esse número. E também as armas. Nem sequer houve discussão. Bastou chegar o grupo de homens armados do novo líder e a guerra começou. Não durou muito. Em menos de vinte minutos o pessoal do Quique começou a recuar em direção ao Caminito. Mas os de el Abuelo foram atrás deles. A lenda diz que a corrida perfez oito quadras e muitos disparos foram ouvidos. Quando a Polícia Federal tomou conhecimento, quiseram negociar, mas o pessoal de el Abuelo tinha uma condição: para terminar a guerra, teriam de soltar José Barritta. A polícia aceitou. Essa foi a institucionalização do novo líder. Pouco depois das três horas da tarde, el Abuelo deixou a 24ª Delegacia de Polícia e caminhou rumo ao estádio à frente da La Doce. Quinze minutos antes do começo da partida, ele apareceu no centro da arquibancada destinada à liderança da barra. O "Dale Bo" soou como nunca. La Doce havia mudado de mãos.

Mas José Barritta sabia que deveria demonstrar ao mundo que ele ganhara a barra. As circunstâncias o ajudaram. O Boca vinha perdendo pontos rapidamente – desde aquela partida contra o Independiente, o Boca teve quatro empates consecutivos e o Ferro Carril Oeste estava por vir. Se o xeneize não reagisse, o campeonato tão aguardado pelos torcedores iria escapar. Ele não pensou muito: organizou uma visita à concentração na noite do dia 14 de julho com um grupo de seus mais fiéis seguidores. Era uma jogada dupla: mostrar quem era o novo chefe da La Doce e, se o Boca fosse campeão, legitimar-se para os torcedores. Isso também deixaria claro aos novos dirigentes, liderados por Martín Benito Noel, a confirmação do que ele vinha dizendo desde que Armando havia perdido o poder: Quique estava acabado e uma nova presidência deveria contar com uma nova barra, sem vínculos com o passado nem com a oposição.

> Então, os meninos invadiram a La Candela, em San Justo. Eu estava esperando para usar o telefone, para ligar para a Claudia. E o Mono Perotti não terminava a ligação. Era uma salinha onde ficava o telefone, quase na entrada.

Quando eu olhei em volta, havia umas 2 mil pessoas dentro da sala de pingue-pongue. Era a barra: eles entraram nos quartos, el Abuelo, todos. Vi revólveres, revólveres de verdade. Olhei para a janela e vi que o estacionamento tinha uns dez carros, e eram todos deles. Eles queriam pegar o Tano Pernía, o Ruso Ribolzi e o Pancho Sá. Eu não conseguia acreditar. El Abuelo insistia comigo: "Olha, Diego, os jornais dizem que alguns deles não querem passar a bola, que não querem correr para você, assim que você identificar aqueles que te tiram o tambor, e a gente se encarrega disso, a gente vai partir para cima daqueles que não correrem". Era uma loucura! Porque eles me viam como uma figura importante, todos me queriam, as pessoas me amavam, mas... Pareciam todos loucos! Silvio Marzolini estava escondido, eles não conseguiram vê-lo. El Abuelo disse outra vez: "Bem, bem. Joguem, mas é melhor que corram, melhor que corram, senão a gente vai explodir para cima de todos". Ali eu perguntei: "Como é que você vai matar a gente se não corrermos, velho? Ouça...". Foi quando el Abuelo me disse: "Não você, neném. Você vai ser capitão, você é o nosso representante, você quis vir ao Boca". Aí eles foram embora. Em 1981 eu tinha vinte anos, nada mais, e encarei todos os touros do Boca. Enfrentei el Abuelo. Naquele dia eu ganhei o respeito de todos. Não só da barra mas também de todo o clube. Porque eles não me conheciam. Eles me conheciam como o Maradona que jogava bola, mas ali os meus companheiros se deram conta de que eu também podia defendê-los fora do campo.

O relato detalhado da entrada de el Abuelo foi narrado por Diego Maradona no livro *Yo soy el Diego de la gente*[7], escrito por Daniel Arcucci e Ernesto Cherquis Bialo. Mas outros membros do clube e da própria barra têm uma lembrança diferente do que aconteceu naquele dia. É verdade que La Doce invadiu La Candela como um grupo armado. José Barritta havia levado uma tropa de choque com cerca de quarenta pessoas para mostrar que a maior parte da barra respondia a ele. Eles interceptaram o pessoal da segurança do prédio e o fizeram cortar parte da luz de La Candela, a que correspondia aos quartos. E começaram os gritos. Perotti queria continuar falando com sua esposa, mas Chueco Reguero, que vinha subindo no *ranking* e logo se tornaria o número dois de el Abuelo, cortou o telefone para mostrar que a coisa era séria.

---

7. ARCUCCI, Daniel & BIALO, Ernesto Cherquis. *Yo soy el Diego de la gente*. Buenos Aires: Editorial Planeta, 2000.

Diego estava ali, esperando para usar o telefone e, de acordo com os relatos, ele não conseguia esconder a sua cara de espanto. Foi o próprio Chueco quem disse: "Vocês dois vêm para cá, porque el Abuelo vai falar". O "vêm para cá" significava ir até o salão onde o time comia. Ali ligaram a luz de novo. Uma vez que todos os jogadores estavam reunidos, el Abuelo colocou um revólver sobre uma mesa de pingue-pongue, bem à vista de todos, tomou a palavra e ameaçou que se eles não ganhassem do Estudiantes, pela trigésima rodada do campeonato, a visita ao final da partida seria mais violenta. O primeiro a tentar pará-lo foi Jorge Ribolzi, mas apenas serviu para aumentar a voz de el Abuelo: "Vocês não têm que opinar. Ganham ou morrem. E passem a bola para o garoto". Foi aí que, segundo vários participantes da reunião, Diego interveio para mediar a situação. Mas, ao contrário da história do camisa 10 em seu livro, eles mal deixaram Maradona falar porque "a coisa não era com ele". O único que falou pelos jogadores foi Roberto Mouzo, mostrando seu caráter de veterano do time. Barritta respeitava Mouzo por duas qualidades: ele morria pela camisa e era o interlocutor do time cada vez que era necessário arrecadar doações "para os meninos".

"Eles me respeitavam porque eu era o capitão, e o respeito era mútuo", recordou Mouzo. "Eu nunca os enganei, jamais paguei por encorajamento, mas é certo que quando eles tinham preocupações, eu reunia o time e expressava o que eles estavam pedindo, e aquele que quisesse atendê-los, o faria. O dinheiro ia em um envelope selado, assim eu não sabia quem contribuía ou não. Naquele momento me deixaram falar e lhes disse para ficarem calmos, que íamos ser campeões e que ninguém tirava o tambor de Diego, que ele era o melhor jogador do país e que não iríamos desperdiçá-lo. Eles ficaram um pouco mais calmos, mas Barritta continuava a falar que tínhamos de ganhar, senão eles voltariam. Por sorte nós ganhamos, depois fomos campeões e todo mundo festejou."

2
A BARRA DE BARRITTA

Quando, na primavera de 1952, Alejandro Barritta e Antonia Orcelli decidiram ter um filho, eles não imaginavam que estariam dando à luz o mito mais famoso entre todos os membros de barras bravas argentinas. José, a quem o sobrenome de seu pai cairia como uma luva, nasceu em 5 de janeiro de 1953, em Spilinga, uma aldeia na região de Catanzaro, na província de Calábria, Itália. Era uma época muito difícil para os habitantes do Sul italiano. Muitos escolheram, então, dois tipos de imigração: a interna, para o Norte industrializado, ou para a América do Sul, com base na Argentina.

Alejandro Barritta escolheu a última opção. Em 1955, apenas dois anos após o nascimento de José, Alejandro viajou sozinho e se instalou na casa de um amigo no bairro de La Boca. Em pouco tempo Antonia veio com o filho. A família havia decidido que a Argentina seria o seu lugar no mundo, e La Boca, o bairro de residência. Alejandro foi pulando de emprego em emprego, mas sua prática como vendedor atacadista de produtos de consumo o fez chegar até seu sonho: ter seu próprio armazém. Pouco importava que José já tivesse começado a fazer amizades e que o veneno xeneize corresse pelas suas veias: em 1959 os Barritta se mudaram para San Justo, onde estabeleceram o armazém. Na zona Oeste, el Abuelo passaria toda a sua infância, mas La Boca continuava sendo a sua segunda casa. Os Barritta viajavam todos os domingos para visitar as famílias amigas e o som vindo do La Bombonera era como ímã para o pequeno José.

Assim, o coração de el Abuelo estava dividido: por um lado, era torcedor do Almirante Brown, seguindo a grande maioria dos seus amigos da escola primária, que cursou no Mariano Moreno de San Justo; por outro, seguia firme junto ao Boca Juniors. Aos 14 anos, quando deixou o ensino médio da Escola Industrial Itália, tornou-se sócio do Boca. Entregaram a ele o cartão de número 7.923. Ele já era sócio do Almirante Brown, clube em que chegou a ser vitalício depois de trinta anos ininterruptos como sócio.

A vantagem de ser torcedor de ambos os times era que Barritta não precisava escolher um ou outro na hora de ir ver os jogos. Aos sábados, ele se reunia com os amigos de San Justo para ver La Fragata, e parava ao lado da barra brava do Almirante, ocupada por pessoas relacionadas aos grêmios dos açougueiros e do Sindicato dos Trabalhadores Metalúrgicos. Aos domingos ele se reunia com os amigos de La Boca para ficar no segundo andar do La Bombonera e ver com devoção como Quique, el Carnicero, alimentava com sua paixão os cantos da barra xeneize. Esse era o modelo que Barritta queria seguir: liderar um grupo que poderia, sob a pressão de sua respiração, influenciar o resultado. Seu fracasso como jogador de futebol era canalizado para o sonho de alcançar a liderança na torcida. Isso porque ele, antes de pertencer à barra, quis ser jogador de futebol. Ele tentou sete vezes no Almirante Brown, mas não passou nos testes. Em novas tentativas, ele foi reprovado oito vezes no Excursionistas. Tinha 14 anos quando lhe veio o sonho de viver do que ele amava. Mas Bajo Belgrano era muito longe de San Justo, e seu pai não o deixou realizar aquela aventura. Se não queria estudar, tampouco iria vagabundear. Ele começou a trabalhar no armazém da família e, depois, em uma serraria em Saladillo com a avenida dos Corrales, que é a fronteira entre Mataderos e Lugano. Ali Barritta conheceu outros que também se tornariam membros da sua barra brava e que, com o tempo, acabariam junto com ele na prisão. Como Miguel Ángel Santoro, mais conhecido como Manzanita, o homem-chave na estrutura de el Abuelo.

Manzanita havia nascido em 12 de março de 1963 e desde criança era conhecido em Lugano por sua ferocidade. Ele se tornou amigo de el Abuelo e aos 14 anos juntou-se a seu grupo no La Bombonera, que incluía também muitos meninos de La Boca, filhos dos antigos amigos do pai de Barritta. Esse foi o seu primeiro grupo, dos que mais tarde se juntariam aos grupos de Chueco Reguero, de San Martín, Carlos Alberto Zapata, de La Boca, e Ricardo Héctor Quintero, conhecido como Querida, nascido em 2 de junho de 1958 em Vicente López e, desde 1974, integrante do círculo histórico da La Doce liderada por Quique. Além disso, José uniu-se aos seus amigos de San Justo, e, em novembro de 1975, el Abuelo entrou no segundo andar da arquibancada com a sua primeira tropa de choque.

Em dois anos Barritta começou a se sobressair e destacar também o seu grupo sobre qualquer outro. Seguindo o Boca a todos os lados, eles ganharam o respeito de Quique, el Carnicero, por serem uma boa tropa de choque a cada confronto que se dava nos arredores do estádio. Assim, no começo de 1978, o grupo de el Abuelo tornou-se oficialmente parte da La Doce e começou a desfrutar de regalias. Eles podiam participar do almoço mensal com o time do Boca, ter entradas para os jogos, ônibus de graça e até mesmo viagens gratuitas ao exterior quando o time era visitante pela Copa Libertadores. Durante três longos anos el Abuelo foi minando a imagem de invulnerabilidade de Quique. Quando ele chamou ao seu grupo Narigón Herrera e Santiago Lancry, el Gitano – um garoto forte que trabalhava para o líder do radicalismo de La Boca, Carlos Bello –, achou que tinha apoio suficiente para discutir a parte do negócio que Quique operava. Durante mais de nove meses houve intensas negociações de ambos os lados.

De fato, nas primeiras partidas do Metropolitano de 1981, no meio de uma desavença, a parte da La Doce comandada por el Abuelo se posicionou na arquibancada da frente e competia com Quique, que puxava os cantos da torcida. Se os de Ocampo começavam uma canção, do outro lado cantavam outra. A situação se tornou insustentável. Por volta da metade do torneio, uma reunião da cúpula foi organizada no próprio clube, na qual Quique aceitou ceder parte das entradas que recebia para el Abuelo administrar. Foi uma trégua breve. Barritta queria 50% do negócio. Quique jamais aceitou. Essa faísca incendiou a batalha de Rosario, a mesma que uma semana mais tarde se mudou para as ruas de La Boca e que finalmente terminou quando todo o controle da barra foi dado a José Barritta.

A nova barra no poder pensava que eles tinham de legitimar a sua liderança por meio da violência. Muitos acontecimentos se sucederam dessa forma durante o Nacional de 1981 nas imediações do La Bombonera. Na verdade, Barritta foi processado naquele mesmo ano por lesões leves, em um caso julgado no Tribunal Criminal da Capital Federal pela doutora Calandra. Foi a primeira causa que ele enfrentou e, como aconteceria por longo tempo, o resultado o favoreceu: inocente. Isso reforçava o seu grau de poder e impunidade. Com essa carta debaixo do braço, ele levou os velhos companheiros de Quique a um dilema: ou eles se juntavam a ele ou fugiam.

Em meados de 1982, não havia ninguém contra Barritta em La Boca. Mais uma tentativa, naquele mesmo ano, de cortar seu poder por meio judicial fracassou: em 31 de março abriram outro processo contra ele por lesões corporais, dessa vez julgado na Criminal pelo doutor Sabbattini, que também o declarou inocente. A partir disso, el Abuelo trabalhou para não deixar ponto sem nó e para que nada contestasse o seu poder. Ele se concentrou tanto para ganhar a barra que deixou passar por alto a possibilidade de ir ao Mundial da Espanha em 1982, na excursão da torcida organizada por Carlos Alberto De Godoy, mais conhecido como el Negro Thompson, chefe da barra de Quilmes.

Mais tarde, Barritta passaria a fatura a esse personagem por disputar o assento do poder entre os violentos do futebol argentino, mas antes tinha de lidar com sua própria base em La Boca. José também resolveu esse assunto em meados de 1982, quando interrompeu uma reunião da comissão de diretores com oito de seus capangas e, com uma arma calibre .38 em suas mãos, mostrou que ele era o único com quem deveriam negociar, elevando o dobro da quantidade de entradas e ônibus que recebia até aquele momento.

A Barritta, no entanto, faltava uma batalha que o legitimasse. Apesar de a barra de Quique ser violenta, não havia lugar para outras armas a não ser punhos e correntes. Os revólveres apareceriam com os garotos de el Abuelo. "O problema começou nas barras dos pequenos times. Como não podiam lutar corpo a corpo, com o final da ditadura começaram a aparecer todos os 'ferros' guardados. E a La Doce não podia ficar atrás. Se não tivesse seis ou sete armas, triplicar-se em número de nada serviria. Foi aí que el Abuelo deixou que vários fossem ao estádio 'calçados'", disse Rafael Di Zeo. E as armas foram usadas.

Na época, La Doce tinha amizade com grupos do Chacarita, Argentinos Juniors e San Lorenzo, esta última nascida de uma relação que cresceu entre Nené, o chefe da barra do Ciclón, e el Abuelo, intermediada por gente do Chaca. No final de 1982, Barritta claramente diferenciava os grupos dos amigos e os dos inimigos. Ele decidiu começar a cobrar admissão para estender, como um imperador, o seu reinado a todo o futebol. O primeiro alvo foi Negro Thompson, chefe da barra de Quilmes, o mesmo que trabalhou para a prefeitura daquela cidade durante a ditadura como interlocutor da AFA, quando se tratava das barras.

Em 5 de janeiro de 1983, Quilmes foi ao La Bombonera. Era noite de Reis Magos e o Boca de Carmelo Faraone ganhou por 1 X 0 do Cervecero, com gol de Hugo Alves. Durante toda a noite a barra do Boca hostilizou a do Quilmes, prometendo um combate. A barra do Quilmes respondeu com um chamado para lutar após o final da partida. Eles morderam a isca. Quinze minutos depois de o árbitro Juan Carlos Demaro terminar o jogo, as barras se enfrentaram a quatro quarteirões do estádio. La Doce superava em número a barra do Quilmes. Em meio à briga, La Doce conseguiu ficar com algumas bandeiras do Quilmes. Alguém puxou uma arma para tentar evitar e disparou. Raúl Servín Martínez, de nacionalidade paraguaia e com apenas 18 anos, torcedor do Boca, foi morto. Era uma bala de calibre .38. A confusão também deixou outro cadáver: o de Raúl Darío Calixto, um torcedor do Quilmes, de 17 anos.

Embora as coisas não tenham saído como planejado, el Abuelo conseguiu o seu objetivo. No dia seguinte, Negro Thompson foi preso pela polícia de Buenos Aires e acusado de assassinato. Ele foi a julgamento e, em primeira instância, o juiz o declarou inocente. Eles disseram que as evidências de que ele tinha sido o autor dos disparos eram insuficientes. Mas a acusação recorreu da decisão e, pouco depois, a Câmara o condenou. Àquela altura, Carlos Alberto De Godoy já tinha fugido para o Paraguai. Três anos depois, ele pensou que o assunto havia sido esquecido e abriu uma mercearia no centro de Quilmes chamada Os Cerveceros. A notícia chegou até el Abuelo. A polícia não demorou muito para pegá-lo e el Negro terminou em Devoto, onde morreu em 6 de março de 1989.

Com essa vitória, La Doce começou a sua escalada criminosa. E foi diretamente contra um aliado de Negro Thompson: La Guardia Imperial do Racing.

El Abuelo planejou uma batalha para 24 de abril de 1983. Naquele dia, o Racing visitava o La Bombonera para uma nova rodada do Torneio Nacional. O Boca venceu por 2 X 0, com gols de Gareca e Veloso. Na saída, La Doce emboscou La Guardia Imperial nas ruas que passam por trás do estádio. O saldo: uma dúzia de torcedores do Racing feridos a facadas foram atendidos no hospital Argerich. Mas a barra comandada por El Cordobés conseguiu manter as suas bandeiras, e isso alimentou a fúria da La Doce.

Atados por uma cegueira assassina, a barra de el Abuelo realizou duas mortes em três meses. A primeira, em 3 de agosto de 1983. Naquele domingo, o Boca voltou a receber o Racing no La Bombonera. Durante toda a partida preliminar, as barras cruzaram cantos ameaçadores. Prometeram se reunir novamente nas ruas, onde quatro meses antes haviam tido o primeiro combate. Mas não foi necessário chegar a esse local para que a tragédia se instalasse: cinco minutos antes do começo da partida, um sinalizador foi jogado da segunda arquibancada, a que dá para a Casa Amarilla, em direção à arquibancada do Racing, e atingiu em cheio o pescoço de Roberto Basile, um bancário de 25 anos. O sinalizador estourou sua carótida e Basile morreu na arquibancada. Por incrível que possa parecer, a partida ocorreu mesmo assim. "Suspendê-la teria gerado mais violência. O melhor era distrair o povo e organizar a saída da forma mais controlada possível", disseram naquele momento os agentes da Polícia Federal. O pessoal do Boca decidiu esperar 45 minutos para sair, até que o último torcedor do Racing estivesse bem longe do estádio. Durante esse tempo, com o apoio da Guarda Nacional, a Polícia Federal parou em frente à saída da arquibancada do segundo andar e pegou toda a frente da barra. Entre os vinte detidos à disposição do juiz Grieten estava José Barritta. Mas ele não passou muito tempo na prisão. À meia-noite apareceu o dinheiro da fiança, bancada por alguém do clube. Ele foi afastado da investigação e poucos dias depois surgiram os nomes dos integrantes da barra que haviam jogado o sinalizador: Roberto Horacio Caamaño, conhecido como Nene, e Miguel Eliseo Herrera, el Narigón. Entre as manobras políticas de Carlos Bello, principal líder do radicalismo dessa década (foi presidente da Comissão de Esportes e Turismo da Câmara), a boa defesa da doutora Graciela De Dios, advogada do Narigón (que em 2005 defendeu outros membros da barra em outro julgamento), e com os contatos de Víctor Sasson, ex-juiz criminal em San Isidro e advogado de Nene Caamaño, os acusados conseguiram, em 1985, uma pena muito menor que os 15 anos de prisão que a acusação havia pedido por homicídio simples: a Sala I da Câmara Penal concedeu a eles dois anos de liberdade condicional por homicídio culposo, ou seja, sem intenção de matar. O mais impressionante foi que a única determinação imposta foi a suspensão por oito anos de portar armas de fogo. A decisão não dizia nada sobre uma proibição de ir ao estádio. Assim, semanas após a condenação, Narigón e Nene estavam em seus lugares de sempre na arquibancada do La Bombonera, a mesma arquibancada de que haviam jogado o sinalizador que matou Basile.

Após o assassinato do torcedor do Racing, a barra do Boca ficou um mês quieta. El Abuelo os aconselhou a manter um perfil baixo. A cena foi, então, deixada para Los Borrachos del Tablón, do River Plate, que fechou acordos com o justicialismo e o radicalismo para realizar imagens prévias da eleição presidencial que ungiria Raúl Alfonsín como presidente do país. Era um negócio próspero. A ideia de cobrar cotas foi de el Abuelo, mas como tinha acontecido havia dois anos com Quique, el Carnicero, ele também teve uma reação negativa de Matute, o chefe da barra do River. Então, estimulado por seus comparsas, decidiu ir à guerra.

A tabela marcava que Boca e River se enfrentariam no estádio do Vélez (Amalfitani) no dia 19 de outubro, porque o La Bombonera estava fechado por causa do crime do Basile. O confronto ocorreu em uma praça na avenida Juan B. Justo, perto do estádio. A batalha durou dez minutos, quando uma bala tirou a vida de Daniel Taranto, Matutito, o número três da barra do River. Houve um recuo geral e La Doce capturou algumas bandeiras.

A investigação do crime não deu nenhum resultado, já que membros da barra diziam que o tiro fatal viera de um agente da Polícia Federal que estava com a própria gente do River. Matutito foi enterrado com honras, em um funeral a que Rafael Aragón Cabrera, presidente do River, compareceu, e teve a coroa oficial do clube. Enquanto essa imagem percorria o país, Barritta e seu grupo festejavam. Ficou claro que, a partir dali, el Abuelo faria qualquer coisa para se manter no topo do poder.

A consolidação do poder

Durante o ano de 1984, a nova barra do Boca se consolidou como a torcida mais violenta do país. A conexão de Barritta com o clube já não era mais Luis María Bortnik, e sim o próprio presidente, Domingo Corigliano, um homem que havia encaminhado a entrada de Maradona no clube desde a subcomissão de futebol na época de Noel e que estava levando o Boca à ruína.

Essa foi uma época em que o núcleo forte da La Doce se reunia na casa de Manzanita Santoro antes de cada partida, para planejar como ir e a quem emboscar, e também para levar as bandeiras guardadas por Manzana em sua casa. Após cada encontro esportivo, o grupo formado por Chueco Reguero, Narigón Herrera, Querida Quintero, Francis de Maio, Carlos Zapata, Cabeza de Poronga e Chacarita Ambronosi levava as bandeiras de volta para a casa de Manzana e jantavam pizza enquanto assistiam à televisão.

El Abuelo recebia trezentos ingressos para as arquibancadas populares e cinquenta para as plateias. Com a revenda das entradas, a porcentagem que cobravam dos ambulantes para deixá-los em paz, o que eles recebiam do clube e o financiamento do estacionamento nas ruas ao lado do estádio, a barra tinha um bom rendimento. Na verdade, Narigón Herrera e Cabeza de Poronga conseguiram comprar dois táxis para trabalhar durante a semana. Naquela época, nenhuma barra chegava perto da La Doce, que passou a ter mais peso quando Carlos Bello conseguiu impor Federico Polak, radical de boa cepa, como interventor do clube, desbancando Corigliano, que já não representava poder.

Mas em novembro daquele ano el Abuelo seria humilhado pela primeira vez. A tabela marcava que o Boca deveria visitar o Chacarita, em San Martín, pela trigésima rodada do Metropolitano. Um torneio em que o Boca estava na antepenúltima posição, mas graças à média – tabela inventada pela AFA para salvar os grandes clubes de cair – eles não estavam na zona de rebaixamento.

O Chaca, no entanto, estava em nono lugar no campeonato, mas suas péssimas campanhas anteriores o colocaram no último lugar da tabela da média.

Até então, La Doce tinha feito amizade em cada ponto cardeal: Banfield no Sul, San Lorenzo na capital, Almirante Brown no Oeste e Chacarita na zona Norte do subúrbio. Todas as barras com peso em sua esfera de influência. Naquele domingo, como toda vez em que ambas as equipes jogavam, houve um churrasco de camaradagem organizado por Mono Oscar, que dirigia a barra do Chacarita junto com Oreja, outro íntimo de Barritta. Mas em San Martín uma briga interna se desenvolvia pela liderança da barra, e os que até então eram considerados a segunda geração decidiram que aquele era um bom dia para tomar o poder. Eles tinham informações precisas sobre qual caminho a La Doce faria após o churrasco para ir ao estádio. Liderados por Muchinga e Juanchi, e com o apoio de muitas barras da vila La Rana, um grupo de quase cem pessoas violentas do Chaca emboscou a La Doce. Naquele dia, a barra da La Doce perdeu um par de bandeiras e, o que é pior no código dos torcedores, perdeu a invencibilidade que orgulhosamente vinha exibindo. Barritta, sem entender o que havia acontecido, mandou a tropa quebrar todo o estádio. Essa fúria não deixou alternativa nem para a velha guarda do Chaca. A guerra foi tal que aos vinte minutos do segundo tempo, com o jogo empatado em 0 X 0, o árbitro Cardillo suspendeu a partida. O que viria depois foi ainda pior. Na rua houve uma repressão violenta e a maioria dos torcedores foi cercada na estação San Martín. Ali estava novamente a barra do Chaca e houve mais incidentes. Quando tudo terminou, La Doce soube duas coisas: que confiança entre barras não existe e que a amizade com a gente do Chacarita havia chegado ao fim.

No ano seguinte, 1985, o Boca romperia para sempre com outra torcida. Como La Doce e La Guardia Imperial eram inimigas, não havia inimizade declarada com a barra do Independiente, liderada por Daniel Alberto Ocampo, el Gitano. Mas a La Doce vinha gerando ódio nos outros graças ao que eles arrecadavam e porque nas eliminatórias da Copa do Mundo do México, de 1986, Barritta apareceu como o novo interlocutor da AFA. Gallego Ocampo conhecia Grondona desde adolescente. E pretendia ser o elo entre a Seleção e as barras, um negócio promissor. Como sempre, essas diferenças foram resolvidas nos estádios.

Em 5 de abril daquele ano, o Boca foi a Avellaneda para jogar pela quarta rodada do grupo dos perdedores do Nacional de 1985. La Doce, como de costume, foi em caravana desde La Boca. Não previam uma emboscada, mas a turma do Independiente os aguardava na descida da antiga ponte Pueyrredón. Uma briga feroz durou vinte minutos, estendida a um raio de seis quarteirões. A polícia de Buenos Aires conseguiu separar as torcidas, mas a repressão não terminou ali. Na entrada da arquibancada dos visitantes, a polícia tentou prender Barritta e seus seguidores, mas não conseguiu. Eles decidiram então fazer as prisões no final da partida. A barra do Boca quis sair antes do término, para emboscar a barra do Independiente.

A repressão policial foi brutal, o que obrigou o juiz a suspender, aos quarenta minutos do segundo tempo, a partida que o Vermelho (Independiente) ganhava por 1 X 0. Em meio ao pandemônio, um garoto que não tinha nada a ver com o assunto, Adrián Scaserra, de apenas 14 anos, morreu vítima de uma bala da polícia. Juan Scaserra, o pai de Adrián, acusou o subcomissário Miguel Ángel Sacheri de ser o autor do disparo. Mas a Justiça o liberou da culpa e do seu cargo, e encerrou a investigação sem nenhum condenado, ordenando simplesmente que o Estado e o Independiente compensassem a família Scaserra em 100 mil pesos e 90 mil dólares, respectivamente.

O crime de Scaserra motivou também o típico escândalo social e a clássica resposta política: uma nova lei contra a violência no esporte, a de número 24.192, conhecida popularmente como Lei De la Rúa, devido à autoria do político radical Fernando De la Rúa, e que com sucessivas modificações segue vigente ainda hoje. Porém, a nova lei não provocaria o menor incômodo à La Doce. O negócio crescia a passos gigantescos, assim como a violência.

A AFA havia mudado o sistema de jurisdições, abolindo os torneios Metropolitano e Nacional para criar um campeonato por temporada, semelhante ao calendário europeu. O de 1985-1986 começava a ser jogado e o Boca apresentou como técnico Alfredo Di Stéfano, o primeiro comandante em duas décadas que não estava disposto a negociar com a barra. Mas a La Doce não estava preocupada, já que eles haviam iniciado uma relação profunda com a Seleção Argentina, a partir da ascendência de Maradona sobre o grupo e a aceitação de Narigón Bilardo. Enquanto a Argentina penava para se classificar e os torcedores reprovavam as ações do time, Barritta e seus capangas assistiram a todos os jogos, apoiando Narigón. A amizade chegou ao pico com as viagens na Copa do Mundo do México em 1986 e da Itália em 1990, e continuou mesmo quando o líder da La Doce caiu em desgraça – durante a prisão, Barritta recebeu presentes e atenção de Diego. Quando saiu, foi desprezado pelos torcedores do Boca e pelos dirigentes do clube, e o único que o ajudou foi Bilardo, que não se esquecera do que havia acontecido 15 anos antes, deixando-o morar em sua própria casa.

Com esse apoio, a violência da La Doce estava longe de diminuir. Essa atitude terminou com nova vítima: Daniel Souto. Apesar do declínio do Racing para a divisão B, o ódio não havia acabado. Em 3 de dezembro, pelas oitavas de final, o Racing jogava contra o Banfield. O taladro (Banfield) não teve melhor ideia que escolher o La Bombonera como lugar para a partida. O que pesou foi o ótimo relacionamento entre as torcidas (quando Barritta estava foragido da Justiça em 1994, ele passou vários dias na casa do chefe da barra do Banfield e também algumas noites no prédio que o clube tem em Luis Guillón).

Tudo apontava que algo ruim pudesse ocorrer. E a 24ª Delegacia de Polícia, por ação ou omissão, deixou que isso acontecesse. No final do jogo, a La Doce emboscou a torcida do Racing na Olavarría com a Irala. Nem sequer houve tempo para que a luta corpo a corpo se desenvolvesse, porque da La Doce partiram vários tiros. Dois deles acertaram em cheio Daniel Souto, de vinte anos e torcedor da Academia, e tiraram sua vida. Um no peito e outro no braço. A investigação ficou a cargo do juiz Hipólito Saá, primo de Adolfo Rodríguez Saá, homem de influência em San Luis. Ele se declarou incompetente. O assunto não saía das manchetes dos jornais, e o procurador federal Octavio Gauna assumiu o comando. Então Barritta e seus companheiros começaram a desfilar pelos tribunais.

Com a cobertura política intacta, nem o próprio Barritta estava muito preocupado com sua situação. No entanto, a sociedade precisava de um culpado. E como não seria a La Doce, o bode expiatório foi um ladrão que integrava a segunda linha da barra, Jorge López, conhecido como Coqui. Sua prisão foi como um efeito sedativo para a opinião pública. Naquele ano, López ficou livre por causa da falta de provas. Mas o caso Souto já não estava mais na agenda. A La Doce, como um fantoche, marchou desde Ezeiza até a Casa do Governo no retorno triunfante da Seleção Argentina da Copa do Mundo do México em 1986. Eles não precisavam se preocupar. Eles estavam certos. O caso morreu nos tribunais, e em 1995 foi extinto.

Uma torcida oficial

Com o crime nas costas, a barra reduziu suas ações no verão de 1986. Seus padrinhos mandaram uma mensagem única: mais um morto e eles estariam fora da Copa do Mundo. Assim, a ideia de Barritta foi de manter um perfil baixo e negociar as cotas das passagens e dos bilhetes para o México, nada mais. Mas o Boca estava financeiramente na ruína. Federico Polak pôs Antonio Alegre à frente da instituição, já tendo Carlos Heller, homem influente nas cooperativas de crédito, na parte financeira. Não havia um único peso. El Abuelo, a ponto de explodir, deixou para resolver essas questões mais tarde e se dedicou a coletar dinheiro de famosos torcedores do Boca, de políticos e também da equipe. Até que uma pessoa se recusou a pagar: Jorge Rinaldi. Apelidado de Chancha, o atacante havia chegado ao Boca como ídolo, mas a sua recusa de pagar o dízimo provocou ameaças, assobios e insultos da La Doce a cada vez que ele tocava na bola. A ruptura aconteceu em maio do mesmo ano. Em um restaurante no Bairro Norte, um jantar foi organizado para o time e pessoas próximas do Boca, com a missão de arrecadar fundos. Uma refeição custava trinta austrais (a moeda vigente na época), e cada jogador era obrigado a comprar dois convites. Mas Rinaldi se recusou. Foi o único. A partir daí, sua relação com o xeneize se tornou caótica. "Meus problemas com os torcedores começaram quando eu me neguei a comprar um bilhete que estavam vendendo para juntar fundos para ir ao México. Eu não entendia por que eu tinha de lhes pagar. Então fizeram da minha vida um caos. Eu não me importo com o que colegas fizeram. Eu tive o apoio dos dirigentes na minha decisão. Mas estava claro que mesmo que eu fizesse dez gols em uma partida, a barra brava jamais cantaria o meu nome", admitiu Rinaldi, que foi testemunha no julgamento da La Doce e de Barritta em 1997.

O restante do time e a comissão técnica optaram por ceder. De fato, tanto o treinador Mario Nicasio Zanabria como o seu assessor Jorge Ribolzi conheciam Barritta desde muito tempo antes, quando eram jogadores e el Abuelo tentava subir na barra de Quique. "Conheci José e seus pais, que são pessoas muito boas. Quando eu estava na comissão técnica do clube havia uma relação, porque eles eram os torcedores mais ilustres e se preocupavam com a equipe, mas jamais vieram nos pressionar", confessou Ribolzi, apesar de nunca ter deixado claro qual era o grau dessa relação. A verdade é que, no final, 28 membros da barra do Boca, liderados por José Barritta, conseguiram sua viagem para o México em fins de maio. Assim começava a Copa do Mundo que seria de Maradona e de Bilardo, e que seria também, por destinos unidos pela necessidade, a Copa da La Doce.

A barra chegou ao México três dias antes da estreia argentina contra a Coreia do Sul, depois de ter assistido no estádio do River (Monumental) o triunfo da equipe dirigida por Mario Zanabria por 2 X 1 contra o San Lorenzo, pela semifinal da liga pré-Libertadores. Eles se hospedaram em um hotel na Cidade do México e um dia depois entraram em contato com grupos violentos de outros clubes que também haviam viajado, graças aos favores dos dirigentes, como Estudiantes, Vélez, Chicago e Chacarita, com quem tinham estabelecido uma trégua pelo interesse comum de estar na Copa do Mundo. A barra percebeu que não teria uma estadia fácil nas terras astecas naquele dia 2 de junho, em que a Seleção Argentina venceu por 3 X 1 a Coreia do Sul em sua estreia no Estadio Olímpico Universitario. Uma boa quantidade de exilados pela ditadura militar nos anos 1970, que estava baseada no México, se juntou ao grupo argentino. Mas a Seleção era claramente visitante. Os líderes da barra tentaram falar com as barras mexicanas para saber por que tratavam mal uma nação irmã, latino-americana. A resposta foi imediata: "Nós estaremos com vocês quando recuperarem as Malvinas". Um dos recém-chegados à barra, ex-membro da Juventude Peronista, não achou melhor jeito que contra-atacar: "E nós com vocês quando recuperarem o Texas". Os 120 integrantes das barras argentinas não tiveram muito tempo para entender as questões de história política. Naquela tarde, eles perderam feio. E, nos dias posteriores, procuraram e conseguiram a revanche.

Mas também boas notícias vinham de Buenos Aires. O Boca, depois de chegar à final do campeonato, tinha de definir o seu lugar na Libertadores contra o Newell's. O primeiro jogo, no La Bombonera, o Boca perdeu por 2 X 0. E eles sabiam que tinham de ir ao Parque Independencia, no dia 15 de junho, para virar a história. A Argentina tinha vencido o grupo e no dia 16 eles enfrentariam o Uruguai. Não se podia estar ao mesmo tempo em dois lugares. Mas el Abuelo, embora tivesse o controle da barra em seu punho, estava ciente de que se ele faltasse a tal evento seu poder estaria minado. Se algo caracterizava Barritta, era que ele entendia a importância do momento.

Então, junto com a primeira base da barra, e após o triunfo da Argentina contra a Bulgária pelo último jogo da primeira fase, ele foi à concentração argentina. Ele explicou a situação e recebeu a permissão. Hoje um dos membros da barra diz, piscando um dos olhos, que "foi tudo tirado do bolso, as passagens foram pagas desde Buenos Aires".

A verdade é que el Abuelo voltou acompanhado por vários de seus capangas e apareceu liderando a La Doce no Parque Independencia. O Boca, que perdia por 1 X 0 aos 34 minutos do primeiro tempo, por um gol de Scialle, o que dava um total de 3 X 0, precisava fazer quatro gols para ganhar o campeonato. El Abuelo sempre repetiu que, a partir da sua influência na arquibancada, fez com que a equipe conseguisse ganhar com dois gols de Alfredo

Graciani e outros dois de Tuta Torres. A celebração final mostrou-o abraçado ao time, fotografado com Mario Nicasio Zanabria, em uma festa.

Três dias depois, ele pegou outro avião para voltar à Cidade do México, porque a Argentina ganhara do Uruguai e esperava a Inglaterra. O escândalo, claro, explodiu. O secretário de Justiça, Ideler Tonelli, exigiu uma investigação para saber quem havia financiado a viagem dos integrantes da barra ao México. "Esses senhores não podem ter financiado sua própria viagem. Aqui se sabe perfeitamente que o líder da barra do Boca estava lá e que teve o luxo de viajar para a Argentina para estar na partida que sua equipe jogou contra o Newell's e imediatamente voltou ao México. Os dirigentes dos clubes devem ajudar a suprimir as barras, mas fazem tudo ao contrário, ou seja, por motivos eleitorais e políticos."

A investigação não chegou muito longe. Nem sequer um processo judicial foi aberto. Havia muitos políticos envolvidos para justificar que a sujeira fosse jogada para debaixo do tapete. O ocorrido encorajou ainda mais os membros da La Doce. A Argentina jogava contra a Inglaterra. O primeiro encontro desde a Guerra das Malvinas. O país esperava pelo jogo como se fosse a segunda parte daquela guerra. Para a barra brava no México, combater os *hooligans* era uma questão de honra e eles sabiam que não seriam censurados por Buenos Aires. Pelo contrário, eles armaram as suas forças.

Os *hooligans* vinham trazendo uma lenda de terror na Europa, e até aquele momento haviam feito sua base em Monterrey, a mil quilômetros da capital mexicana. O confronto estava por vir. Além dos membros da barra, os argentinos também se juntaram a um grupo de exilados e cinquenta escoceses para lhes dar uma mão. A batalha aconteceu no cruzamento das avenidas Reforma e Revolución, na capital do México. Dias depois, na TV, para todo mundo ver, a barra argentina, liderada por el Abuelo, mostraria as bandeiras britânicas como sinal de vitória.

"É verdade que participei na briga contra os *hooligans*. Todos me lembram disso, mas não tenho na memória como se tivesse sido algo épico. Houve um cruzamento, sim, porque tinha toda a questão das Malvinas no meio, e além dos argentinos também estavam os escoceses. O mito diz que ganhamos e depois as bandeiras estavam do nosso lado, eu suponho que seja verdade", disse Raúl Gámez, ex-presidente do Vélez, que na época tinha o sutil apelido de Pistola, era chefe da barra de Liniers e participou da briga.

Andar com a bandeira inglesa pela arquibancada (na verdade, eles queimaram a bandeira na frente das câmeras de TV, atrás do gol em que estava

Pumpido, antes do começo da partida) deu atenção especial à La Doce, não só entre as barras, mas também entre os torcedores comuns.

Como se fosse pouco, a Argentina continuou o seu caminho na Copa ao ritmo de Maradona, sem parar até levantar a taça. A La Doce participou das festividades em grande estilo. No México e em Buenos Aires. Porque, no retorno, eles se encaixaram na caravana que levou o time à Plaza de Mayo, onde a equipe foi recebida por Raúl Alfonsín, que acenou da varanda. Abaixo, entre a multidão, as bandeiras argentinas se misturavam a algumas do Boca e com os tambores que agitavam a La Doce em sinal de triunfo total.

A interação entre ambos os grupos, barras e Seleção, foi oficialmente selada dois meses depois, quando Bilardo recebeu uma placa da La Doce e entrou no estádio, dirigindo-se à arquibancada do segundo andar, onde também balançavam a bandeira inglesa retirada dos *hooligans*. Ele levantou os braços, foi aplaudido e o pacto foi firmado para sempre. A tal ponto que a história se repetiria na Copa do Mundo de 1990 e também no julgamento da La Doce em 1997, pois quando Bilardo teve de depor, ele claramente defendeu el Abuelo. "Com José sempre mantive uma relação amigável. Falávamos pelo telefone e saímos para comer várias vezes. Eu sempre estive em lugares públicos com ele e nunca tive problemas. Para mim, ele é um homem de bem e pacífico", disse Narigón.

A situação do Boca para o segundo semestre estava longe de ser regular. Enquanto a crise da etapa 1984-1985 parecia estar superada, os ingressos serviam para pagar as dívidas e o plano futebolístico da equipe deixava mais dúvidas que certezas. As eleições para direcionar a institucionalização do clube foram marcadas para dezembro daquele ano. A força política tinha a sua fórmula bem clara: Antonio Alegre-Carlos Heller. Mas da oposição veio a surpresa: Alberto J. Armando, el Puma, o histórico diretor que havia conseguido levar o Boca ao topo. Armando sabia que contar com o apoio da barra era importante. Por isso, se aproximou de Barritta e fechou o acordo: La Doce apoiaria el Puma em troca de um pacote que incluiria trezentas entradas, três ônibus, uma porcentagem das lojas de alimentos e bebidas no clube e o uso das ruas ao redor do La Bombonera nos dias de jogos, para serem utilizados como estacionamento.

As eleições foram realizadas no dia 6 de dezembro em um clima de muita tensão. No entanto, o extenso trabalho financeiro de Alegre e Heller, que apesar de encontrar um Boca em estado de falência e com 169 processos como legado, o mantiveram aberto – mesmo com a ausência de títulos no futebol – com o apoio dos sócios. A barra não gostou da derrota. E começaram a tomar medidas enquanto Alegre e Heller festejavam a vitória. "Éramos 15 ou vinte celebrando no pátio que dá para a rua Brandsen quando uma chuva de pedras caiu sobre nós. Eles as atiravam desde a rua, e uma atingiu a minha filha Silvia. Eles tiveram de suturar a ferida na sobrancelha dela com uma cola e fizemos uma queixa na 24ª Delegacia de Polícia, nomeando aqueles que havíamos visto na área em que estavam nos ameaçando: Barritta, Lancry, Cabeza de Poronga. Eles foram presos, mais saíram rápido", disse Carlos Heller sobre aquele incidente.

Um dia após a agressão, o juiz Luis Velazco investigou Barritta e Lancry sobre as acusações de ameaças, resistência à autoridade e lesões leves. Os integrantes da barra contrataram o advogado José Luis Lanchan. Mas sempre se disse que foi a defesa e o acompanhamento do caso por Carlos Bello que fez com que Velazco os soltasse no dia 19 de dezembro, com uma fiança de apenas trezentos australes. Mesmo que muitos tenham apontado Gitano Lancry como autor principal da agressão, o membro da barra do Boca e também membro do Legislativo (o hoje extinto Concejo Deliberante, registro número 340.372), ligado à comissão de Segurança, saiu livre de culpa e acusações. O caso foi encerrado sem ser levado a julgamento por falta de provas. Este seria o primeiro vínculo de uma relação de idas e vindas que uniria a La Doce ao mandato de Alegre e Heller no Boca Juniors.

Viver da política

Em 1987 a Argentina vivia uma situação particular. A primavera do governo Alfonsín terminava em um inverno econômico que não previa coisas boas. Em 14 de abril daquele ano, os oficiais do Exército – com Aldo Rico como líder – se levantaram contra o governo de Raúl Alfonsín em razão das citações judiciais aos membros das forças armadas pelas violações dos direitos humanos durante a ditadura militar. A revolta durou quatro dias e houve uma mobilização popular histórica na Plaza de Mayo em defesa das instituições. Mas a barra do Boca, que uniu forças com Alfonsín dois anos antes, já estava em outra.

De fato, enquanto Enrique Nosiglia era relatado como referência na política nacional, a barra apostava todas as suas fichas no peronismo de Buenos Aires. Em pouco tempo, a barra começou a hostilizar duramente Hugo Orlando Gatti por tomar parte em uma campanha a favor do candidato radical Juan

Manuel Casella (o acusaram também de ter apoiado a dupla Alegre-Heller sobre o retorno de Armando nas eleições internas de 1986); uma vez, a barra exibiu uma grande faixa que dizia "Cafiero Governador". "Eu não gosto que a barra do Boca se meta em política. Você viu bandeiras políticas nos últimos dez anos? Não. E é assim que funciona. El Abuelo começou a vender essas faixas e isso também começou a gerar ressentimento", disse Rafael Di Zeo. Por quanto essas faixas foram vendidas? Ninguém pode dar o número exato, mas eram dólares, muitos dólares. Em 13 de setembro de 1987, no intervalo da partida entre Boca e Unión de Santa Fe, no meio-campo e com a permissão de Antonio Alegre, José Barritta entregou uma placa ao já eleito governador de Buenos Aires, Antonio Cafiero. A barra havia diversificado os seus trabalhos e havia vários pratos em que eram servidos os agrados.

O caso de amor com a política continuou ao longo de 1988. Durante a disputa interna pelo peronismo, Cafiero apostou na mesma fórmula: desembolsar fundos para ter ao seu lado a barra do Boca. Assim, ao longo do ano, La Doce balançou uma bandeira de 12 metros de largura por três metros de altura com as palavras "Cafiero Presidente", o que permitiu a vários membros da barra trocar de carro e viver dessa relação.

De qualquer maneira, La Doce jogava em dois lados: também dava lugar ao inquieto Aldo Rico, que havia acabado de deixar a prisão no Campo de Mayo para se instalar na propriedade Los Fresnos, e que organizaria outro golpe que aconteceria em janeiro de 1988, em Monte Caseros, Corrientes. Rico recebia ali Barritta e seus capangas, enquanto jogava tênis e confiava a eles a missão de recrutar pessoas na área oeste. A revolta terminou em fracasso, Rico foi preso novamente, dessa vez enviado a Magdalena, e a barra do Boca aprendeu que era melhor jogar sempre para quem, além de dinheiro, tinha o poder real. Assim, a sua associação com Menem foi evidente depois que ele derrotou Cafiero, e seu apoio oscilou entre os exércitos de Saúl Ubaldini, em sua terra natal para ser governador em 1991 (ele perderia as eleições para Eduardo Duhalde), e Erman González, que tinha uma faixa que dizia "Erman para Capital", paga com fundos presidenciais e vista na arquibancada do Boca durante todo o ano de 1993 em troca de 5 mil dólares.

Além de formalizar sua relação com a política, Barritta também formalizou as questões do coração. No mesmo ano de 1988, el Abuelo se casou com Sandra Barros – com quem teve uma filha, Paola, e de quem se separaria quatro anos mais tarde – e a festa aconteceu na sede do Boca, como se fosse para deixar claro quem jogava em casa pelo clube. "Eu quis me dar ao luxo de me casar no Boca porque sou torcedor e sócio. Então aluguei a confeitaria do clube, paguei o que tinha de pagar e me casei como qualquer um poderia ter feito. Naquele momento o clube precisava de dinheiro e inclusive há um vídeo em que aparecem vários executivos do Boca e da AFA que vieram ao meu casamento", disse el Abuelo. A partir da revelação do vídeo, ninguém mais quis investigar. Mas o líder da La Doce não estava mentindo: a comissão de diretores o viu dançar a valsa com sua noiva, enquanto vários jogadores levantavam suas taças e brindavam pela felicidade eterna do chefe da barra do Boca.

Pela embriaguez da festa, pelas boas perspectivas que 1989 trazia para o Boca no esporte, ou pela iminência das eleições internas que tinham a influência de el Abuelo na vida do clube, o certo é que o acordo final entre Alegre e Barritta, que já cozinhava gradualmente e em partes cada vez maiores de benefícios para a barra, ia ser concretizado em breve. Conforme denunciou na época o representante Oscar Tubío, desde 1987 o acordo era de cem entradas e dois ônibus por partida, negociado entre el Abuelo e presumivelmente Pedro Pompilio, que até então era o contador do Boca, e que depois se tornou o braço direito de Macri e finalmente presidente do clube. Mas, na realidade, durante o julgamento de José Barritta, o ex-presidente do clube ofereceu uma trégua em 1990, de modo que ninguém suspeitasse que as eleições de 1989 pudessem ter algo a ver com isso e ele passou de chantageado a benfeitor da barra (Alegre enfrentou Luis Saadi e eliminou o candidato da oposição). O certo é que o acordo final teve lugar no início de 1989. Foi na própria casa de Antonio Alegre, depois de um momento tenso com Basilio Beraldi, dirigente responsável pela comissão de estádio e muito ligado à barra, e cujo filho, José Beraldi, dono de uma empresa de transportes, seguiria seus passos na presidência de Mauricio Macri, no cargo de presidente do departamento de futebol.

"Eu fui à casa de Basilio Beraldi, onde estava Barritta com mais dois. Eu não queria dar as entradas porque não havia dinheiro no Boca, mas nós conversamos e eu pedi a eles que não perdessem o controle e que não houvesse violência, e eles me disseram que isso só era resolvido com entradas. Eu disse que tinha de fazer consultas e voltamos a nos reunir novamente. Em pouco tempo convidei Barritta para vir à minha casa e depois de uma nova reunião concordei em dar 250 entradas de jogos locais e algumas mais de visitantes. Desde aquele momento, a violência acabou contra nós, as pedras e os insultos", disse Antonio Alegre sobre a rendição.

O tempo solicitado por Alegre era para chegar a um acordo com seus parceiros no Boca. A comissão de diretores, tentando diminuir o impacto político da colaboração com os torcedores violentos, deu seu apoio argumentando um retorno econômico para a instituição. Jesús Asiain, até então secretário-geral da instituição, disse: "A AFA nos multava em 30%, 40% da arrecadação da partida devido às pessoas que entravam sem pagar. Ao solucionar o problema das entradas cedidas, o problema acabou e nos saiu mais barato. O Boca naquela época estava mal e precisava juntar cada peso, e esses descontos nos matavam. Além disso, depois que se chegou a esse acordo, a violência contra nós acabou. Eu mesmo participei de um jantar no final do ano organizado pela La Doce, fiz um discurso pedindo paz, e me aplaudiram. Quantas pessoas o Barritta comandava? No grande núcleo deveriam ser uns 2 mil, mas os violentos, com dom de comando, eram uns vinte. Além disso, o Barritta vinha com umas três pessoas nas reuniões da comissão de diretores, mas sem exercer um comportamento violento".

Das palavras de Alegre e Asiain se pode notar o imensurável poder que el Abuelo tinha naquele ano de 1989. O movimento de dinheiro, após o acordo, foi muito maior. Tanto que a La Doce fez uma bandeira enorme que dizia "Obrigado Alegre, Heller e CD. Obrigado Maradona". Mas quando o bolo fica maior, sempre há mais bocas querendo dar uma mordida.

O ano de 1989 seria um ano-chave para a vida de el Abuelo, porque ele enfrentaria a primeira grande divisão de sua carreira. A batalha pelo poder ocorreu no dia 24 de abril de 1989. Por algum tempo, o grupo de La Boca, liderado por Cuervo e Lechero, vinha pedindo mais poder e mais dinheiro. Demorou pouco tempo para formarem e convencerem uma tropa de que o acordo com o Alegre beneficiava apenas el Abuelo, e de que a La Doce deveria finalmente ser liderada por alguém do bairro. El Abuelo, sabendo desses movimentos, rapidamente deu poder às barras de Lugano, que desde 1987 eram dirigidas pela mão firme de Rafael Di Zeo; às barras de Lomas de Zamora, com a face visível de Miguel Cedrón; à barra de Caballito, cuja gente tinha muita afinidade com Di Zeo, e à barra de Ballester, que era liderada por Chueco Reguero e Chacarita Ambronosi. Os garotos, além de dinheiro, pediam atos simbólicos.

Em 2 de abril daquele ano, La Doce queimou as bandeiras inglesas que havia capturado na Copa do Mundo de 1986. A ideia da fama era importante para esse grupo, que precisava deixar registrado no estádio quem governava a La Doce. Mas as guerras não são ganhas com atos simbólicos. Para reafirmar o seu poder, dois dias depois el Abuelo decidiu que o seu grupo viajaria de avião para ir à partida contra o Olimpia do Paraguai pelas oitavas de final da Copa

Libertadores, enquanto os de La Boca e da Isla Maciel deveriam ir de ônibus. Mas não todos. Porque el Abuelo levou em seu voo as pessoas lideradas por Cabezón Lancry. A equipe liderada por José Omar Pastoriza foi derrotada por 2 X 0 e, fora do estádio, o grupo dos ônibus caiu em cima das barras paraguaias. Esse acontecimento acabou acendendo a faísca.

Uma reunião foi organizada para consertar as coisas no dia 24 de abril ao meio-dia, antes de uma partida contra o San Lorenzo. O lugar de encontro, como sempre, foi a praça Matheu. E ambos os lados vieram equipados. Mas o exército de Barritta foi triplicado em número, e os de Cuervo e Lechero, em armas. O confronto durou cerca de meia hora e vários cartuchos de balas foram usados na área. Quando tudo terminou, Barritta deu a ordem de que o povo de La Boca e o da Isla Maciel não entrassem mais na La Doce, apenas aqueles que estavam junto com o Cabezón. Premiou também aqueles que o apoiaram: Lancry passou a ser o seu segundo homem, ultrapassando inclusive membros históricos como Cabeza de Poronga e, no mesmo nível, Chueco Reguero e Rafael Di Zeo passaram a integrar, a partir daquele momento, a segunda arquibancada da La Doce – um lugar em que eles começariam a desenvolver o seu próprio centro de poder.

Outro acontecimento, poucos meses depois, levaria Di Zeo a um lugar mais importante. Em 19 de outubro daquele ano, o Boca recebia o Racing pela Supercopa, que depois terminaria vencendo ao derrotar o Independiente. La Guardia Imperial, sabendo que os torcedores da Isla Maciel e de La Boca já não iam à partida, como uma demonstração de poder, decidiu ir caminhando até o La Bombonera pela velha ponte Pueyrredón. Inteirado do fato, Di Zeo armou junto com Querida e Manzanita uma tropa de choque para ir à procura dos torcedores do Racing. Houve tiros para o ar e, em retirada, ao verem-se superados, alguns torcedores do Racing se jogaram no rio Riachuelo. Apesar da intervenção da polícia e de muitos integrantes da La Doce terem terminado na 30ª Delegacia de Polícia, a batalha foi ganha. Tanto que, uma semana depois, durante a partida em Avellaneda, a La Doce espalhou coletes salva--vidas na arquibancada e estreou a canção "Olelê, olalá, não cruzem a ponte se não sabem nadar".

Ao mesmo tempo, a nova convivência pacífica entre el Abuelo e a diretoria dava a Barritta vários benefícios. O homem entendia que o negócio cresceria sempre e quando a barra tivesse uma imagem melhor. Assim, começou uma série de atividades no campo das relações públicas, que mais tarde terminaria moldando uma organização do mal. Naquele momento, Barritta se contentava em sair nos jornais em fotos longe de incidentes violentos. Assim, em 26 de novembro, durante o intervalo do jogo contra Gimnasia de La Plata no La Bombonera, o presidente do subcomitê de judô do clube, Rodolfo Cena, deu uma placa a el Abuelo e a Santiago Lancry que dizia: "À torcida mais louca do mundo". Barritta mostrou o troféu e todas as pessoas gritaram o seu apelido. Esse reconhecimento o fez querer mais. Dois dias mais tarde, nos pênaltis em Avellaneda, o Boca, que era dirigido por Carlos Aimar, se consagrava campeão da Supercopa. Na partida seguinte, em Corrientes e contra o Mandiyú pelo campeonato local, Antonio Alegre e José Barritta entraram pelo túnel em direção ao campo antes do começo da partida e andaram pelo campo juntos, mostrando o troféu obtido. Ele já era membro da elite. Tanto que havia chegado à província litorânea de avião, enquanto a maioria da torcida foi de ônibus. José Barritta acreditava que a vida estava sorrindo para ele e que a sua imunidade duraria para sempre.

O ano de 1990 era de Copa do Mundo. Nada menos que na Itália, a terra em que José Barritta havia nascido. Essa coincidência, e mais a sua popularidade no futebol local e entre a própria diretoria, fez com que el Abuelo organizasse a barra que daria apoio à Seleção Argentina de Bilardo. Mas a confusão ilegal começou bem antes do próprio campeonato. Como consta no 29º Juizado de Instrução da Capital Federal, em 1989 Barritta e Chueco Reguero foram acusados de fraude, ameaças, extorsão, lesões corporais e privação ilegal de liberdade, sob a suspeita de servir como intermediários de uma agência de turismo para a compra de passagens e pacotes de estada para a Copa do Mundo pela Scandinavian, aqueles que nunca foram pagos, e quando os funcionários da companhia aérea cobraram deles o dinheiro, como resposta receberam violência e mais violência. O caso foi levado ao juiz Juan José Mahdjoubian, destituído em 2005 por má conduta em seu cargo pelo Conselho da Magistratura, e não teve maiores progressos até que finalmente os membros da barra ficaram livres das acusações por falta de provas.

Nunca se soube exatamente quantas passagens Barritta utilizou em benefício da La Doce e quantas ele revendeu em benefício próprio. "Mas de acordo com o que a AFA disse, com o que a equipe e a comissão técnica patrocinaram, e com o apoio de indivíduos, el Abuelo tinha dinheiro suficiente para bancar 150 acompanhantes à Copa do Mundo", confessou um dos atuais integrantes da La Doce. A verdade é que, em 6 de junho daquele ano, quarenta deles pegaram um voo direto de Ezeiza para a península italiana. A bagagem era um monumento ao excesso: trinta tambores, 35 baterias e várias bandeiras de tamanho significativo fizeram encher o bagageiro do avião. A partida teve cobertura da mídia e Barritta, quase em rede nacional de TV, disse: "Viajamos porque durante quatro anos fizemos rifas, bailes e usamos cofrinhos para juntar dinheiro". Como de costume, nenhum órgão oficial se deu o trabalho de investigar de onde vieram os fundos.

Ao chegar a Milão, el Abuelo supostamente teria conseguido que todo mundo ficasse em um albergue juvenil. Mas algo deu errado e, na primeira noite, a La Doce soube o que era dormir na rua. Algumas versões contam a respeito de uma ligação feita ao embaixador argentino, Carlos Ruckauf, que mais tarde foi governador de Buenos Aires. Apesar de não haver registro, dadas as conexões políticas de el Abuelo, isso não parece ser loucura. O que aconteceu foi a visita, no dia seguinte, à concentração de Trigoria, no campo de treinamento do Roma, onde estava a equipe argentina. El Abuelo entrou com seis de seus capangas. E, em pouco tempo, eles já tinham alojamento. Mas, antes de se instituir comandante-chefe dos torcedores violentos na Itália, ele teve de passar pela última prova de fogo: enfrentar 16 chefes da barra do Independiente que haviam viajado por conta deles, com fundos arrecadados pelo próprio clube e pela AFA. A raiva vinha desde 1988, quando a La Doce emboscou a barra do Vermelho no cruzamento da avenida Patricios com a rua Olavarría, e, em uma luta desigual, cinco chefes dos torcedores violentos de Avellaneda (entre eles Gallego e Mono) terminaram sendo atendidos no hospital Argerich.

Depois de dois anos iriam se enfrentar de novo, mas na Itália. A luta começou antes do jogo de abertura contra Camarões: os do Vermelho haviam ido à arquibancada vestidos com a camisa do seu time e pretendiam ficar atrás do gol que Nery Pumpido defendia. O Estádio Giuseppe Meazza não era o lugar ideal para resolver a questão. A luta mudou-se, dois dias mais tarde, para a rua. Ali, apesar de Galleguito Pompei – líder da barra do Vermelho – ter atirado el Abuelo no chão com um soco de direita, La Doce, com o apoio dos torcedores do Estudiantes, venceu e assumiu o comando absoluto da situação.

No caminho de volta, el Abuelo se permitiu jogar em dois lados, convencido de que teria em suas mãos os fios de cada situação. Enquanto ele cobrava, e muito, de Saúl Ubaldini para mostrar no meio da segunda arquibancada uma bandeira de tamanho generoso que dizia "Ubaldini Governador" (o líder sindical perderia as eleições para outro peronista, Eduardo Duhalde), os políticos e empresários próximos a ele o convenceram a montar uma fundação para lavar os fundos ilegais que a barra recebia das concessões do estádio, da extorsão dos diretores, jogadores e famosos torcedores do Boca, do estacionamento nas ruas ao redor do La Bombonera, e muito mais. No contexto da violência nos estádios não parecia que a proposta seria definida. Mas, graças aos contatos políticos, eles conseguiram. E assim foi: a barra do Boca criou a Fundação Jogador Número 12, uma organização que três anos depois se desmancharia como um castelo de cartas.

Todos por um e cada um por si

Quando alguém deseja criar uma fundação, a lei prevê duas formas para se obter o status de pessoa jurídica. Por um lado, iniciar o processo no Departamento de Associações Civis e Fundações da Inspeção Geral da Justiça. Por outro, e somente para os VIPs, gerenciar o processo através da categoria "pré-qualificados", em que o pedido passa diretamente às mãos do inspetor geral e de seu segundo encarregado. Barritta fez pelo jeito "pré-qualificado". Seu pedido entrou com o número de expediente 1.531.285/6.333 e passou pelo advogado Eduardo Fariña e pelo contador Alberto Blanco, que não encontraram nenhuma objeção, de modo que a concessão foi outorgada à Fundação Jogador Número 12, em 3 de abril de 1991, pela Resolução 155 da Inspeção Geral da Justiça, assinada por seu presidente, Ramón Miralles. Sim, em 3 de abril, no mesmo dia em que o Boca completava 86 anos.

No entanto, enquanto a concessão ainda estava sendo processada, a Fundação Jogador Número 12 já estava funcionando. Segundo consta nos arquivos da Inspeção Geral da Justiça, a fundação foi instituída em 19 de novembro de 1990, por um período de 99 anos, e com sede na rua Araujo, 2.781, departamento 3, Capital Federal. Essa localização pode soar familiar para as pessoas do bairro de Lugano: é a casa de Rafael Di Zeo, um homem já proeminente na barra, que ocupava o cargo de secretário adjunto da Fundação. "Barritta precisava de uma casa na capital e ele era de San Justo, e o Chueco de San Martín; então inscrevemos a minha casa como a sede", disse Rafael sem sequer se preocupar em ter posto sua casa como núcleo de uma fundação que seria declarada ilegal pouco tempo depois. Mas não somente ele fazia parte da Número 12. Sua estrutura representava nitidamente a distribuição de poder na barra brava. O presidente era José Barritta; Eduardo, o Chueco Reguero, trabalhava como vice-presidente; Ricardo Alonso serviu como secretário; Rafael Di Zeo era o vice-secretário; Norberto Chabán, o tesoureiro; Fernando Di Zeo, o vice--tesoureiro; e Eladio Fernández e Rafael Marino atuavam como membros. O advogado que os representava era Claudio Domingo Martínez Pardies, com sede na rua Uruguay, 546, no 5º andar, escritório 9, na Capital Federal.

Em 13 de dezembro daquele ano, apresentaram a certidão da escritura da casa de Di Zeo e o estatuto da Fundação. No primeiro artigo deixava-se claro que eles poderiam estabelecer representações e delegações em qualquer lugar na Argentina, tal como era o sonho de el Abuelo. No segundo artigo, e talvez o mais surpreendente – pelo menos para os que sabiam quem formava a Fundação –, expressava-se que a Fundação teria como objetivo a ajuda beneficente e gratuita a pessoas doentes, lesionadas ou deficientes físicos, de baixo ou sem nenhum recurso econômico, e a instituições hospitalares, educacionais e de bem público, sem fins lucrativos, além de atender e satisfazer especialmente às necessidades de qualquer tipo e natureza do Club Atlético Boca Juniors em todo o país. Este ponto foi contestado no dia 17 de dezembro daquele ano pela Inspeção Geral da Justiça, porque aqueles objetivos sociais da Fundação coincidiam com uma sociedade civil já existente, o Club Boca Juniors. Quatro dias depois a barra apresentou uma modificação, removendo tudo o que estava relacionado ao Boca.

No artigo 4º, Barritta afirmava que o patrimônio estava avaliado em 1 milhão de australs, fornecido por seus fundadores em partes iguais, patrimônio que poderia aumentar com o montante que a Fundação receberia em legados, subsídios, doações, heranças e mais. Esse ponto era chave para lavar dinheiro obtido por extorsão e que a barra precisava disfarçar como se fossem doações.

"Agora estamos em outra onda, queremos passar outra mensagem para o povo, estamos nos anos 1990 e não queremos ser marginalizados na sociedade", disse Barritta. Em 24 de dezembro daquele ano houve a estreia na sociedade: como presente de Natal, Barritta e Alonso, junto com o ex-jogador Alfredo Graciani, distribuíram presentes no Hospital de Niños. O seguinte acontecimento foi mais institucional que beneficente: entregaram prêmios por suas atuações no Boca a Mono Navarro Montoya, a Beto Márcico, a Diego Maradona e até mesmo a Antonio Alegre. A Julio Grondona, após sua reeleição à frente da AFA, entregaram um presente incomum, levando em consideração de quem era o gesto: "Sim, me enviaram um buquê de flores parabenizando-me e desejando-me sorte na nova gestão. Se criaram essa Fundação para o bem, para mim parece perfeito", disse Grondona.

Não seria para o bem, claro. Enquanto Barritta declarava "vamos fazer grandes coisas", a única campanha que pode ser lembrada foi a que aconteceu em dezembro de 1991, quando os integrantes da barra distribuíram no La Bombonera cem panfletos sobre a prevenção contra a Aids. "Nós vimos a onda do governo no sentido da prevenção e nós entramos nessa. Eles apoiaram a nossa iniciativa. É daí que surge a raiz do poder que representa a torcida do Boca. Ter 40 mil pessoas disponíveis é um feito muito importante", declarava el Abuelo, sabendo do que ele estava falando: ser o dono da torcida do Boca era a base estável do seu imenso poder.

Mas a dimensão do que era cobrado, e mais a sua gestão de cifras milionárias, também construiu a base da queda de Barritta. Montada na miséria gerada pelas políticas de Estado durante a presidência de Menem, a barra se juntou cada vez mais ao grupo de Buenos Aires que via a violência no futebol como uma nova forma de ganhar a vida. Já não se tratava apenas de furtar as bandeiras das torcidas rivais, mas sim diretamente do roubo fácil. Ir ao La Bombonera significava poder ser vítima de um batedor de carteiras no estádio ou nas imediações. Várias tropas de choque da La Doce também praticavam esse tipo de crime em outras áreas como forma de vida. Assim, as armas que eram usadas para outros trabalhos durante a semana começaram a preencher a segunda arquibancada.

A Fundação era, naquele momento, um bolo muito atraente para tanta fome. A ganância acabou abrindo uma brecha em uma geleira, que até então era bastante dura.

Ubaldo Eloy Payá, um diretor menor, queria ser presidente do clube. E buscou o apoio da barra. Barritta sabia que a dupla Alegre-Heller continuaria mandando e que não tinha sentido pôr tudo a perder por apenas alguns pesos. Chueco Reguero não achava o mesmo. Assim, a barra se partiu. "O Chueco, por duas mangas, vendia até sua mãe. E o Payá o comprou. Ele lhe passava informação podre que ele levava até el Abuelo para fazê-lo cair. Não é verdade que o Chueco queria ser o número um. Não foi uma briga pelo poder, mas sim por dinheiro. Se Chueco tivesse sido esperto, ele distribuiria o de Payá, jogaria para o Alegre e não passaria nada para cá. Mas ele ficou com tudo. Payá deu a ele um Ford Falcon para que ele trabalhasse como motorista e até o chamou para ser padrinho de sua filha. Quando el Abuelo se deu conta do que estava acontecendo, cortou-o", disse Rafael Di Zeo, um personagem que a partir da queda de Reguero teria cada vez mais importância. "Quando Chueco caiu, el Abuelo limpou todo o grupo de San Martín porque ele sabia que esse grupo respondia a Reguero e ia apodrecer a barra a qualquer momento. E o trabalho sujo quem fazia era o pessoal de Lomas. Por isso que imediatamente subiu como tenente Miguel Ángel Cedrón, que dirigia o grupo do sul, e também os grupos de Lancry e de Di Zeo. Foi aí que a formação da barra mudou bastante", admite Ignacio, integrante da banda Los Amantes de La Boca e membro permanente da segunda linha da barra desde a década de 1980.

Na verdade, a briga com o pessoal de San Martín e Ballester não saiu de graça para Barritta. Depois de um período de tensão, a briga por dinheiro e poder aconteceu em 30 de agosto de 1990, após o empate de 0 X 0 contra o San Lorenzo no estádio do Vélez. Os grupos do sul da Grande Buenos Aires e mais os do sul da Capital Federal, enfrentaram Chueco e o seu pessoal. Em menor número, os de Reguero retrocederam e apanharam feio. Parecia que tudo estava acabado. Mas não. Reguero queria uma batalha final. Junto ao grupo de Cuervo, firme na barra desde 1989, buscaram el Abuelo no clube em que ele jogava futebol, localizado na Miralla com a Strangford. Barritta saiu daquela briga, que seria a última, com três cicatrizes de facadas. Depois de duas semanas se recuperando, el Abuelo voltou a liderar as arquibancadas e ordenou que nenhum membro do grupo de Chueco pisasse no La Bombonera. O único que desafiou essa ordem foi Julio Ambronosi. Sim, Chacarita, o parceiro de Chueco. Ele queria saber o que aconteceria e três meses depois do ataque a Barritta, em 15 de dezembro, foi ao estádio do Boca. O xeneize enfrentava o Belgrano de Córdoba. Chacarita estava na segunda arquibancada que dá para o rio Riachuelo, fazendo algumas observações e tentando passar despercebido. Ele não conseguiu. Durante o primeiro tempo el Abuelo, que como comandante de um exército prussiano, tinha pessoas disponíveis em cada setor, soube quem estava no lado oposto e mandou buscá-lo. No intervalo a barra chegou ao local e Ambronosi perdeu todos os seus pertences, além de ser esfaqueado no abdômen e na perna. Atendido na enfermaria do clube, foi forçado a prestar queixa na polícia, que foi levada ao juizado de plantão, o de número 23 da Capital Federal. Mas Chacarita sabia que se falasse algo iria expor a si mesmo. Ele nunca mencionou os seus agressores, embora reservadamente tenha sempre acusado Querida, Corvacho e Manzanita. Pouco depois, o caso foi arquivado.

As divisões internas e a tendência cada vez maior de acabar qualquer discussão com armas de fogo fez com que Barritta perdesse o apoio político. Em 1993, o grupo liderado por Rafael Di Zeo decidiu se separar do principal núcleo da barra, enquanto Santiago Lancry – a verdadeira ligação com os chefes da política – também corria daquele grupo, antecipando o que viria pela frente. El Abuelo não leu os sinais corretamente. Em 28 de junho daquele ano, pelo não cumprimento dos objetivos, funcionários da Inspeção Geral da Justiça pediram a retirada do status de pessoa jurídica da Fundação Jogador Número 12, o que ocorreu na primeira instância em 15 de dezembro de 1993 por resolução do ministro da Justiça, Jorge Maiorano. Mas el Abuelo continuou tendo dificuldade em ver a figura maior. Apelou da decisão, confiando nos bons ofícios de seus contatos para esfriá-la ou para revertê-la. Mas para isso ele deveria mostrar controle sobre o seu próprio pessoal. E ele não conseguiu.

"Eu vi que as coisas estavam indo para uma direção perigosa. Por isso meu grupo decidiu ficar de lado. El Abuelo queria que eu voltasse, ligou no meu aniversário, mas eu disse que antes nós tínhamos de falar sobre muitas coisas, que ele tinha de mudar o jeito dele, senão ele acabaria indo para o inferno. Ele disse 'bem, vamos ver', mas não me garantiu nada. Dava para ver que a qualquer momento uma confusão grave iria se armar", disse Di Zeo. Ele não estava errado. El Abuelo descobriu que era impossível frear a tempo a sua primeira linha, já desgovernada, composta de Manzanita Santoro, Corvacho Villagarcía, Cabeza de Poronga, Gomina Almirón, Miguel e Marcelo Aravena, e Querida Quintero. Em 6 de fevereiro de 1994, a barra apareceu nas capas de todos os jornais por causa de um tiroteio com a barra do Independiente no Arco do Desaguadero, entre as províncias de San Luis e Mendoza, na viagem antes de uma partida pelo campeonato de verão. Poucos dias depois, a Justiça vazou para a imprensa o relatório da Polícia Federal que havia determinado que a Fundação Jogador Número 12 era ilegal.

O relatório acusava a Fundação de ser um veículo para a barra lavar o dinheiro conseguido ilegalmente pela revenda das quatrocentas entradas por jogo, no valor de cinco pesos para cada partida menos importante, e entre vinte e quarenta pesos nos clássicos, e pela extorsão de comerciantes das barracas de alimentação e concessionários de *merchandising* no La Bombonera, e de jogadores e torcedores de destaque.

Segundo o testemunho policial, em três anos, e por esses meios, a Fundação Jogador Número 12 tinha levantado 3,5 milhões de dólares. Isso confirmava que alguns jogadores haviam desembolsado valores substanciais por seu apoio. Entre os autores dos pagamentos estavam possivelmente Beto Márcico, Blas Armando Giunta e Roberto Cabañas. De fato, como caso especial, o relatório mencionava que por trás das conquistas do Torneio Apertura de 1992, após 11 anos de seca em títulos locais, a La Doce saiu para comemorar na rua, e no caminhão principal estava el Abuelo junto com Beto Márcico, líder do grupo da equipe que era mais próximo da barra, e eles enfrentaram a barra de Navarro Montoya na briga que foi chamada "os falcões contra as pombas". Embora a decisão final da Câmara de Controvérsias Administrativas tenha demorado três meses (a decisão confirmando o fechamento da Fundação Jogador Número 12 saiu em 31 de maio de 1994), o golpe de misericórdia ao poder de el Abuelo já havia sido aplicado. Só faltava um fato a mais para fazê-lo cair definitivamente. Isso ocorreria em 30 de abril daquele ano, quando na saída do clássico em que o River venceu o Boca por 2 X 0 no La Bombonera, na esquina da avenida Ingeniero Huergo com a Brasil, a La Doce emboscou a torcida milionária e matou dois torcedores do River, Ángel Delgado e Walter Vallejos. El Abuelo havia caído. Mas para realmente se chegar a esse ponto ainda faltavam alguns eventos.

Espiral sem final

Entre o poder que a suposta legalidade da Fundação dava e o dinheiro que era administrado, a barra entrou na década de 1990 em uma espiral de violência como nunca antes vivida. Nunca se soube o quanto Barritta ficou afetado por sua separação de Sandra Barros em 1992. É certo que coincidiu com o momento em que ele começou a perder o controle de seus subordinados e a deixar que a sua corte de príncipes distribuísse armas de fogo para a barra. Naquele ano, de acordo com todos os envolvidos, a La Doce começou a ter um verdadeiro arsenal. Ele foi comprovado na quarta-feira, 2 de setembro, antes do jogo contra o Vélez pelo Torneio Apertura (que terminaria com a vitória xeneize por 3 X 2), quando, depois de inúmeros roubos e atentados na rodovia, os ônibus para o traslado da barra do Boca foram detidos pela Polícia Federal na baixada de Iriarte. O resultado foi a apreensão de vários cartuchos de calibres .22 e .38, mas não de armas; 115 torcedores foram detidos e um processo foi aberto contra eles no Tribunal Criminal pelo doutor Carlos Pettigiani, por "intimidação pública, disparos de armas de fogo e danos". No entanto, ele não teve cobertura e ninguém terminou condenado.

"Era uma época de muito descontrole. Havia muita compra, muito ferro e el Abuelo abriu espaço para as pessoas que vinham desse lado e eles o levaram para o outro lado. Ele não estava nessa, mas nunca disse 'isso não'. Eu via que, com esse nível, mais cedo ou mais tarde, uma grande confusão iria se armar.

Eu disse a el Abuelo em dezembro de 1993: 'o tempo vai ser testemunha de quem tem razão'. Mas ele se deixou influenciar. A situação o havia ultrapassado", disse Rafael Di Zeo em sua versão dos fatos.

A verdade é que, até então, a barra não somente havia se armado, mas também se dava o direito de formar a equipe ou, caso contrário, eles tirariam o técnico nomeado. Jorge Habberger foi capaz de comprovar essa realidade em primeira mão. Apelidado el Profesor, ele havia assumido a equipe em 1993; uma de suas primeiras ações foi manifestar que Blas Armando Giunta não estava em seus planos. A La Doce tentou mudar a sua opinião, primeiro com gritos no estádio, depois com um protesto em prol de Giunta, e, por último, com uma visita pessoal ao Hindú Club, onde o Boca treinava.

Em 24 de junho daquele ano, Barritta, acompanhado por 19 de seus seguidores, invadiu o prédio de treinamento. Habberger não conseguia acreditar. Juan Simón e Esteban Pogany se ofereceram como intermediadores para acalmar as águas. Pogany não sabia o que estava fazendo. El Abuelo mandou que ele voltasse para o grupo de Márcico, que o goleiro havia deixado meses antes para se juntar ao de Navarro Montoya. A impunidade com que se moveu o líder da barra pelo prédio foi a mesma que ele declarou à imprensa ao sair: "Viemos em paz para manifestar as nossas preocupações sobre a separação de Giunta da equipe. Se tivesse mexido com outro jogador, não nos doeria tanto, mas se trata de Blas Giunta, não de Juan Pérez. A única solução é que ele fique. Queremos vê-lo da arquibancada. Pode-se amputar um braço ou uma perna de uma pessoa, mas não o coração, e Giunta é o coração do Boca. Além do mais, quem sou eu para dizê-lo, mas se trata de disciplina... O que fizeram a Giuntini? Deixamos que ficasse na equipe, apesar de ter sido por causa dele que perdemos o campeonato [Giuntini chegou atrasado para um exame *antidoping* em 7 de março de 1993, após um jogo contra o Vélez pelas quartas de final do Clausura que havia terminado em 1 X 1, e eles deram a vitória ao Vélez, que terminaria sendo o vitorioso no campeonato]. Se forem cortar as cabeças, que cortem a de todos. Se com isso o Habberger pôs os torcedores contra ele? Sim". El Profesor, claro, deixou o seu cargo tempos depois, para nunca mais voltar. Enquanto Giunta, após ter passado pelo Toluca para diminuir a pressão, voltou ao Boca.

O ano de 1993 foi o prelúdio de tudo o que aconteceria em 1994. A violência da barra era incontida e também se tratava das partidas das eliminatórias em que jogava a Seleção Argentina, em busca da classificação para a Copa do Mundo de 1994. Cada vez que a Seleção jogava no Monumental, na arquibancada do Almirante Brown a barra que comandava era a do River e, na arquibancada do Centenario, a do Boca. As outras barras estavam localizadas nas laterais e havia pactos de não agressão, a pedido dos padrinhos políticos e da polícia.

Mas, nesse ano de 1993, não havia pactos que valessem para o descontrole da La Doce. Em 22 de agosto, após a vitória de 2 X 1 contra o Peru, uma grande batalha começou contra as barras do Racing e do Chacarita, com o epicentro no monumento de Güemes, na interseção de Pampa com Figueroa Alcorta. "Quem começou? Havia disputa e havia muitos que naquele dia estavam dispostos. Eles nos aborreceram, jogamos algumas pedras e fomos atrás deles. Pensaram que como eram duas barras juntas, eles poderiam nos enfrentar, mas correram bem", disse Rafael Di Zeo, com certo orgulho. Mas a confusão seguiria adiante, e pôs em alerta o grupo de Lancry e também o de Di Zeo.

O acontecimento final se deu em uma partida contra o San Lorenzo, em 26 de setembro de 1993, pelo Torneio Apertura, no La Bombonera. La Doce trazia broncas do passado com os Cuervos, que remontavam ao começo da década, quando um grupo pequeno da barra do Boedo, que estava na praça Butteler, roubou várias de suas bandeiras. Apesar de ter ido buscá-las em várias oportunidades e de ter ameaçado matar o Gordo Poli, chefe até então da barra do Ciclón, as bandeiras não foram devolvidas e a luta resultou em outra morte, em 14 de dezembro de 1990: no La Bombonera, a barra do Ciclón começou a agredir os torcedores do Boca que estavam na arquibancada do segundo andar que dá para o Riachuelo, e Emilio Chávez Narváez jogou um cano de seis polegadas que matou Saturnino Cabrera, sócio do Boca de 37 anos. Por esse crime, Chávez foi condenado pela Justiça por homicídio culposo.

A La Doce, naquele 1993 delirante, queria acertar todas as contas e, basicamente, recuperar as bandeiras de qualquer jeito. E assim se apresentou armada até os dentes. A operação policial foi importante e a La Doce só foi capaz de emboscar os de San Lorenzo perto do Riachuelo. Apesar de uma dúzia de tiros, milagrosamente não houve mortos. Mas estava claro que, nesse ritmo, isso aconteceria. Duas semanas mais tarde, segundo a sua versão, Rafael Di Zeo produziu um cisma na barra.

"A confusão com o San Lorenzo foi muito pesada. A barra estava indo para qualquer lado e José não conseguia fazê-la parar. Por isso, duas semanas depois, em um jogo à noite contra o Estudiantes de La Plata pela Supercopa, decidi partir com o meu grupo. Eu, na verdade, deixei de ir a vários jogos porque sabia que ia acabar mal", disse Di Zeo. Ele não estava errado.

No jogo contra a Austrália, na repescagem para a classificação para a Copa do Mundo dos Estados Unidos, em 17 de novembro de 1993, a barra do Boca enfrentou a do River nas florestas de Palermo, na zona da Confeitaria Selquet, no cruzamento da Pampa com a Figueroa Alcorta. A polícia chegou a tempo de evitar um massacre. Mas a La Doce reivindicou a vitória. Chapados com a soberba dos viciados em cocaína, preparavam-se para um ano de 1994 verdadeiramente fatal, que terminaria com dois adolescentes do River mortos e com a La Doce de el Abuelo decapitada para sempre.

O arco dos tiros

"Um dia antes do Desaguadero, el Abuelo ligou para mim no meu aniversário e me convidou a voltar para a barra. Eu disse que se não mudassem algumas coisas, eu não voltaria. E não fui. O que aconteceu, já era previsto. Eu disse a ele: 'José, o tempo me dará razão'. E assim foi." Di Zeo se referia ao que ocorreu em 5 de fevereiro de 1994. Naquele dia, o Boca e o Independiente jogavam em Mendoza pelo campeonato de verão. A bronca entre as duas barras era de longa data, mas nos anos 1990 foi intensificada. Tanto que havia um ano, também pelo campeonato de verão, mas dessa vez em Mar del Plata, eles tinham se enfrentado na avenida Juan B. Justo, a várias quadras do estádio Mundialista, e a briga terminou quando a La Doce sacou suas armas e a barra do Vermelho se dispersou. Para ir a Mendoza sempre se passa por San Luis. E na fronteira entre ambas as províncias, na localização do Desaguadero, a polícia de Mendoza fazia as apreensões. A primeira a aparecer naquela tarde calorosa foi a barra do Independiente. Mas a apreensão durou mais tempo do que deveria. O tempo exato para a barra do Boca chegar. Eles viajavam em três ônibus desde a porta da casa de Manzanita Santoro, em Lugano, mais uma Trafic branca (onde ia Barritta com outros chefes), um Peugeot azul e um Ford Falcon cinza. O modo do traslado da barra era sempre o mesmo: a primeira linha abria caminho com os carros, e os ônibus vinham atrás.

Chegar ao ponto de encontro e iniciar uma batalha de proporções jamais vistas foi questão de segundos. Os poucos policiais foram superados pelos duzentos torcedores que participaram da briga. A barra do Boca argumenta que o Vermelho começou com os tiros e que eles apenas usaram as armas para se defender. Os integrantes da barra do Vermelho hoje admitem esse fato, embora no julgamento tivessem falado exatamente o oposto. O inquérito determinou que havia balas por toda parte e, novamente por milagre, nenhum morto. Foram 16 feridos, cinco deles gravemente, e todos encaminhados para o hospital San Martín. Entre os feridos por arma de fogo incluíam-se figuras centrais da barra do Boca: Alejandro Falcigno, com uma bala no joelho, Miguel Ángel Ayala, figura da segunda linha, assim como também Manzanita Santoro, Bolita Niponi e Miguel Ángel Cedrón, mais conhecido como Miguel de Lomas. No meio do tumulto, a polícia pediu reforços e assim chegou a Guarda Civil. A uns vinte quilômetros do local foram presos 180 membros das barras, entre eles el Abuelo, que no momento da prisão, segundo consta da ata, levava 5 mil pesos-dólares (na época do peso conversível).

Como saber quem foram os autores dos disparos? O promotor decidiu abrir o caso fazendo testes da parafina em todos os envolvidos. O teste de el Abuelo deu negativo. O julgamento foi realizado em Mendoza, com 12 acusados de ambas as barras, dos quais quem levou a maior carga foi Juan Carlos Díaz, um integrante da La Doce acusado de fazer parte do grupo forte de Lugano. Embora o julgamento tenha provado que Barritta estava no local, o promotor da Câmara Criminal, Alberto Acevedo, não o chamou para depor. Nem sequer levou em consideração a declaração do delegado do Desaguadero, que afirmou: "É muito provável que durante o trajeto Barritta tenha subido ou estivesse temporariamente em algum dos ônibus, mas o certo é que antes e depois dos incidentes no Arco ele se mudou para um Peugeot azul". Por que é tão importante o fato do Peugeot? Porque no julgamento um agricultor local afirmou que um saco preto foi jogado em uma vala na estrada por um Peugeot 504 azul. Nesse saco que a polícia encontrou naquele dia havia 17 armas, entre revólveres, pistolas e uma espingarda. Mais uma vez el Abuelo – patrocinado pelo advogado Alejandro Venier, do Sindicato dos Trabalhadores Metalúrgicos que também defendia o traficante de armas Monzer Al Kassar – e toda a primeira linha da La Doce se safaram.

Enquanto isso, em Mendoza, oito barras recebiam penas de dois a quatro anos de prisão sob a acusação de lesões graves em uma luta. A gravidade do ocorrido no Arco do Desaguadero teve várias consequências. Primeiro, a perda de todo o apoio político para a La Doce, expressada no vazamento à imprensa do relatório da Polícia Federal que declarava a Fundação Jogador Número 12 ilegal e a aproximava da imagem de associação ilícita, a mesma que três anos mais tarde serviria para condenar el Abuelo e companhia. Por outro lado, a comprovação de que as outras barras não ficariam para trás na hora de usar armas de fogo levou a La Doce a se armar ainda mais. A mistura letal entre calibres .22 e .38 e os delírios causados pela cocaína tiveram o seu ponto final em 30 de abril de 1994. Naquela tarde o Boca recebia o River pela sexta rodada do Torneio Clausura. A equipe dirigida por Daniel Passarella ganhou por 2 X 0, com gols de Crespo e Ortega. Na saída do estádio, no cruzamento da Huergo com a Brasil, a La Doce emboscou vários caminhões que levavam torcedores milionários e usaram as armas que eles haviam preparado. Três balas pegaram em cheio Ángel Delgado, de 25 anos, que sangrou até a morte. Walter Vallejos, de 19 anos, caiu ferido no asfalto e foi esmagado por outro caminhão, morrendo na hora. Seriam as duas últimas mortes da La Doce de el Abuelo.

A investigação dos crimes foi para o juiz criminal de primeira instância César Quiroga. Ficou provado que a emboscada foi planejada com antecedência e que não havia sido um "efeito colateral" pela derrota da equipe dirigida por César Luis Menotti. Na verdade, a La Doce esteve preparando esse golpe por várias semanas. A barra do River vinha ganhando muito poder com o apoio dos peronistas locais e uma excelente relação com o clube. Na verdade, essa barra do River, após a queda de Miguel Ángel Cano, apelidado Sandokán, era dominada por Luis Pereyra, conhecido como Luisito; Edgar Butassi, apelidado de El Diariero; Monito Saldivia e Gallego Chofitol. A barra do River também fechou acordos com a Divisão de Eventos Esportivos da Capital Federal, que liberou a zona do Monumental a cada vez que o River jogava no local, e estava organizando um grupo importante para ir à Copa do Mundo dos Estados Unidos. A ideia da La Doce era dar um golpe nesse poder e, ao mesmo tempo, roubar bandeiras e demonstrar a supremacia entre os torcedores violentos do futebol argentino.

As reuniões para planejar o golpe aconteceram em Lugano, na casa de Manzanita Santoro. No dia do jogo, horas antes de sair para o La Bombonera, eles se reuniram pela última vez no lugar de sempre. Além do dono da casa estavam presentes el Abuelo; Freddy Jorge Cáceres Romero, apelidado Bolita Niponi; Jorge Martín Villagarcía, conhecido como Corvacho; Ricardo Héctor "Querida" Quintero; Edgardo "El Chino" Allende; Mario Javier Bellusci Martínez, conhecido como Uruguaio; Marcelo Aravena, que era enteado de Miguel Ángel Cedrón; Juan Daniel Silva, conhecido como Gordo ou Daniel de San Justo; Francisco Di Maio e Jorge Comina Almirón. Ali foi resolvido o plano para ir buscar os do River quando o jogo terminasse. Segundo declaração no relatório, Darío Vesselizza Randi, um membro arrependido da barra, disse que quem sugeriu matá-los foi Bolita Niponi. E ninguém se opôs. De fato, colocaram as armas no Ford Falcon Sprint de cor cinza de Corvacho. Eram revólveres calibre .38 e .22 e duas pistolas: uma calibre .45 e outra 9 mm. À medida que se passavam os minutos e o pessoal do River comemorava como nunca a vitória nas arquibancadas que dão para o Riachuelo, a fúria assassina da La Doce ia crescendo. Quando a partida terminou, e apesar da operação policial montada, a barra foi concretizar o seu plano.

A sentença do juiz Quiroga, datada de 12 de julho de 1994, não deixa dúvidas sobre as ações da barra e foi baseada nas próprias declarações de el Abuelo no tribunal:

> Barritta, italiano, nascido em 5 de janeiro de 1953 em Catanzaro, Itália, filho de Alejandro e Antonia Orcelli, identidade 7.027.225. A alegada conduta teria ocorrido no sábado, 30 de abril, por volta das 18:15 horas no cruzamento das avenidas Huergo e Brasil, quando um grupo de torcedores de barras bravas do Club Boca Juniors emboscaram simpatizantes do Club River Plate, que estavam amontoados em cima de um caminhão para transportar carros, do tipo cegonha, e os atacaram com armas de fogo, efetuando inúmeros disparos que causaram a morte de Walter Darío Vallejos e Ángel Luis Delgado, assim como lesões graves a Walter Entrena, Alejandro Daniel Jugo, Walter Canteros, Diego Buenaño, Luciano Pérez Tajano, Carlos Lucero, Martín Leivarg e Rodolfo Schifman. Quando ele foi investigado, como consta nas páginas 1.839-46, el Abuelo negou as acusações contra ele tanto como a sua presença no local onde aconteceram os fatos. Ele disse que há 13 anos lidera a barra do Boca, sendo uma de suas funções a de levar a paz. [...] Que ao final do encontro e com o resultado desfavorável, os comentários dos torcedores eram sobre a partida mal jogada, e que Manzanita, Francis e Niponi, que estavam juntos com outras cinquenta pessoas, exigiram que ele saísse para pegar os jogadores ou ir em busca da torcida rival, ao que ele se opôs. Que em determinado momento disse que ninguém deveria ir a nenhum lugar e se virou para ver a saída dos jogadores e do técnico. Que quando ele percebeu, muitos torcedores já tinham ido do mesmo jeito que pombos voam na Plaza de Mayo. Que ele permaneceu primeiro na arquibancada junto com os que enrolavam as bandeiras e que, em seguida, ao sair do estádio, ele ficou conversando com simpatizantes no estacionamento. Que uma hora depois do término da partida, quando as bandeiras foram colocadas na Trafic, ele foi à casa de Santoro. E ao chegar lá ele encontrou os que foram em busca do pessoal do River, que lhe contaram o que

havia acontecido. Ali ele tomou conhecimento de que o tiroteio havia matado um. Acrescentou que Francis contou que ele havia atirado no Caminito, e que então Manzana e Querida disseram que na área de Catalinas escutaram disparos e saíram correndo. Que quando ele reprovou o que eles haviam feito, Niponi e Gomina disseram "o que você vai fazer, já está feito". Barritta disse que nessa reunião também foi falado que além do disparo feito por Francis, os que haviam atirado foram Niponi e Corbacho. Ele também aceitou que era comum, ao final das partidas, que eles fossem à procura das torcidas rivais, mas dessa vez tudo foi planejado por trás dele.

Essa declaração de Barritta foi a chave para o julgamento de todos os acusados pelos homicídios duplamente qualificados, por terem sido premeditados e com auxílio de duas ou mais pessoas, em concurso material com a tentativa de homicídio duplamente qualificado repetido em dez ocasiões, e em concurso material com associação ilícita dos participantes. A declaração também serviu para que três anos depois, em júri popular, os torcedores fossem condenados. Mas a estratégia de Barritta de se abrir não deu resultado, porque Quiroga provou que antes da partida el Abuelo passou por toda a área adjacente ao La Bombonera em um Fiat 147 branco para ver como a operação de segurança estava montada e que ele hesitou em atuar no momento do confronto não porque estivesse em desacordo com os objetivos, e sim ao ver a enorme presença policial. Mas nada fez para impedir os acontecimentos e, enquanto a confusão se desdobrava, ele ligou para um de seus capangas que estava no ataque. De fato, o testemunho de José Luis Padín Miguez ratificou a hipótese ao declarar, segundo consta no processo, que Barritta, depois do jogo e no estacionamento, disse: "Vamos esperar que os caras voltem, certamente eles vão fazer alguma cagada, porque eles foram com ferros". É por isso que, embora ele não tenha participado da ação no local do ataque, Quiroga acusou el Abuelo de ser o chefe da associação ilícita juntamente com o crime de extorsão aos diretores do Club Atlético Boca Juniors e aos concessionários das vendas de alimentos e bebidas que funcionavam dentro do estádio. A primeira dessas acusações condenaria el Abuelo a oito anos de prisão.

Na verdade, a história do 30 de abril já estava escrita havia muito tempo. A ideia era atacar a barra do River antes do começo da partida na zona de Catalinas Sur. Mas a operação policial nas proximidades, como comprovou el Abuelo, estava muito forte. Foi adiada, então, mas não por muito tempo. Nesse meio-tempo houve uma discussão no coração da La Doce.

Segundo a declaração de Vesselizza Randi no julgamento: "Bolita, Manzanita e Gomina eram os mais exaltados e exigiam uma ação de el Abuelo. Ele respondeu que no final do jogo fariam algo". Barritta sabia, a essa altura, que o massacre era inevitável a menos que ele se posicionasse. Mas ele não pôde ou não quis. Minutos antes de o River selar a vitória, um grupo da barra foi buscar as armas no carro do Corvacho. "Niponi pegou uma calibre .38, Quintero uma de 9 mm, e também foram armados Gomina, Francis, Marcelo e Corvacho", declarou Randi. Sabendo que a barra do River sairia pelo lado do Riachuelo, a La Doce também se dirigiu ao local. Mas a emboscada não surtiu efeito porque, segundo conta a barra, Francis se apressou ao usar a arma quando eles ainda não estavam perto do alvo, o que provocou uma debandada geral.

"Era um grupo de cerca de setenta torcedores do Boca, comandado por Miguel Santoro", afirmou o cabo Catalino Acosta, que participou da operação de segurança. Acreditava-se que o ataque terminaria ali, mas a La Doce não podia aceitar o fracasso. Então, o mesmo grupo voltou pelos trilhos velhos que ficavam atrás do La Bombonera planejando um novo ataque, sabendo que Los Borrachos del Tablón, com seus ônibus, iriam passar pelo cruzamento da Huergo com a Brasil. A polícia, já ciente do primeiro incidente, começou a ir atrás deles. Mas nem mesmo a polícia os deteve. Ao ver um carro de patrulha e um helicóptero que monitorava a área, eles se esconderam atrás de um bosque no campo do Darling Tennis Club, localizado na avenida Brasil, 50. Niponi mandou Corvachito, o irmão mais novo do Corvacho, de apenas 11 anos, ficar vigiando a avenida Huergo. Passaram-se dez minutos até que Corvachito começasse a gritar que os caminhões do River estavam chegando. La Doce saiu do seu esconderijo disposta a matar.

O primeiro caminhão da empresa Villalonga Furlong acelerou e conseguiu passar. Mas o segundo recebeu o ataque em cheio. Na correria, Walter Vallejos tropeçou e foi atropelado pelo caminhão que vinha atrás. O ataque forçou a parada do caminhão. Segundo Randi, quando isso aconteceu, Querida Quintero gritou: "Vamos continuar atirando naqueles que ficaram". Segundo as declarações das testemunhas, houve outros 15 tiros em apenas vinte segundos. Três deles acabaram com a vida de Ángel Delgado. Após aquele momento de horror, as sirenes dos carros de patrulha foram ouvidas e La Doce voltou pelos trilhos abandonados até a Casa Amarilla, onde eles discutiram por uns 15 minutos e decidiram se separar para voltar a se reunir mais tarde na casa de Santoro, para então saber pela televisão se havia algum indício que poderia levar a polícia a encontrá-los.

Naquela noite de 30 de abril nada aconteceu. Durante os dias seguintes, também não. O assunto seguia nas manchetes dos jornais, mas nada previa que alguém quebraria o círculo do silêncio. Mas a mordaça caiu. Na tarde de 5 de maio, Darío Vesselizza Randi se apresentou no tribunal. Depôs durante cinco horas para o juiz Quiroga e os procuradores Gustavo Moldes e Paula Asaro. Ele disse nomes e lugares. O juiz, então, ligou para o escritório do chefe da Divisão de Homicídios da Polícia Federal, o comissário Horacio Duarte, ao titular da 22ª Delegacia de Polícia, Jorge Echeverri, e para o secretário judicial Domingo Luis Altieri. Após a audiência, todos concordaram que eram verdadeiras as palavras de Randi, filho de Mabel Concepción Randi, uma mulher condenada a quatro anos e meio de prisão por extorsão à família de Osvaldo Sivak*. Quiroga assinou, então, os mandados de prisão e busca para toda a cúpula da La Doce.

"A polícia plantou o Randi. Ele não era da barra, não sabia de nada, era um tonto que a Side (Secretaría de Inteligencia de Estado) colocou ali para os caras caírem na dele. A maioria dos que terminaram na prisão não disparou um tiro. El Abuelo, por mais que o pessoal o tenha dedurado para se safar, também não acabou na prisão. Foi uma grande ideia essa do Randi", disse Di Zeo sobre a aparição do homem que acabou por impulsionar esse desenlace. Mas o certo é que Randi era, sim, parte da barra. Ele era um tonto, provavelmente, mas daqueles que veem e ouvem. Ele estava fora da primeira linha da barra e também do grupo seleto dos vinte mais importantes da segunda linha, mas ele integrava o núcleo dos quarenta que viajavam no terceiro ônibus para todos os lados (a hierarquia na barra poderia ser medida pelo ônibus em que se viajava) e era parte da tropa de choque. Seu apelido era Cabeza, o que foi confirmado por várias testemunhas e, finalmente, pelo próprio Barritta.

Depois de emitidos os mandados de prisão, alguém alertou os membros da barra. Alguns, como el Abuelo, Gomina Almirón, Bolita Niponi e Francis de Maio, tiveram tempo suficiente para escapar. Os primeiros a cair, na sexta-feira, 6, foram Querida Quintero e Corvacho Villagarcía.

O primeiro foi preso na vila Inti, localizada na General Paz com Ricchieri. O outro, na vila Evita, em Tres de Febrero, na Grande Buenos Aires. Também caiu nesse processo Corvachito, mas foi liberado no dia seguinte. Foram bus-

---

* Osvaldo Sivak foi um empresário argentino, presidente da Buenos Aires Building, a mais importante companhia imobiliária do país. Sivak foi sequestrado duas vezes: a primeira em 1979, e a segunda em 1985, quando foi morto pelos sequestradores. (N.E.)

car Manzanita em Lugano, mas ele não estava lá; alguém vendeu a informação de que ele havia procurado refúgio em Azul, e em questão de horas o prenderam ali. O restante aproveitou mais alguns dias na clandestinidade.

Somente em 12 de maio caiu em Caseros o uruguaio Bellusci e, no sul da província de Buenos Aires, Chino Allende. A barra estava desmoronando como um castelo de cartas e Marcelo Aravena também havia sido capturado. No dia 13, Daniel Silva, que havia fugido para Santiago del Estero, foi detido. Os álibis fracos que eles tentaram dar foram caindo um a um, e um dia depois a investigação deu um golpe mortal na barra: mergulhadores da prefeitura encontraram na Dársena Sur, no rio da Prata, um saco com quatro armas usadas no ataque.

A trama sinistra terminou sendo desmascarada por Carlos Varani, aquele que era o segundo homem de Quique, el Carnicero, e que agora gerenciava quadras de futebol de salão em Catalinas. Varani tinha uma relação muito boa com a cúpula da La Doce e tentou encobri-los até que a polícia foi em sua busca e ele sabia que seria pego por ocultação. Por isso ele falou: "Manzana me deu as armas para que eu as guardasse. Eu não podia me opor por medo das consequências. Dei as armas ao meu sobrinho, Adrián Silva, para escondê-las, e ele as passou a seu ex-cunhado Abel Jiménez, que jogou as armas no rio da Prata". Por mais que o processo levasse apenas 15 dias, o caso estava encerrado. Bastava pegar os quatro fugitivos restantes, entre eles el Abuelo, para fechar definitivamente o círculo.

O juízo final

Em 11 de maio, José Barritta foi declarado fugitivo da Justiça ao não comparecer perante o juiz Quiroga, que o havia chamado para depor, negando-lhe um pedido de isenção de prisão. Sua caça virou assunto nacional porque, enquanto o restante caiu, ficou claro que el Abuelo estava bem coberto. Inventaram as mais loucas versões. Até mesmo o presidente Carlos Menem cometeu uma das suas habituais gafes ao afirmar que tinha informações de que el Abuelo estava nos Estados Unidos e que o prenderiam em Boston, durante a Copa do Mundo. Mas Barritta não tinha saído do país. Nem sequer havia ido muito longe.

Com a sua rede de conexões intactas em Buenos Aires, o chefe da La Doce permanecia no sul da Grande Buenos Aires, mais precisamente no município onde até então o governador da província Eduardo Duhalde morava.

A tarefa de escondê-lo ficou ao encargo de Negro Santana, chefe da barra brava do Banfield, que inclusive fez el Abuelo dormir por cerca de uma semana em Luis Guillón, no prédio de treinamento do Taladro. Depois, instalou el Abuelo em um apartamento no bairro San José, e finalmente em uma casa perto do cemitério de Lomas de Zamora. Enquanto isso, Barritta contratou os serviços de Emir Ciani, el Tuerto, um gerente com tráfico de influências nos tribunais de Lomas de Zamora, famoso entre as barras bravas por liberar presos, trabalhando em conjunto com o advogado Alfredo Marenzi. Não era, é claro, jogo limpo: a dupla Ciani-Marenzi terminou anos depois sendo filmada pelo programa *Telenoche investiga*, negociando liberações com o juiz do fórum penal Eugenio Alsina.

Então, Barritta confiava plenamente no poder de Tuerto Ciani, um homem que se gabava de ser capaz de escolher o tribunal em que iria fazer os acordos dos seus meninos. Quando seus contatos asseguraram que era uma questão de se apresentar e sair, ele escolheu o 10º Tribunal Criminal de Lomas de Zamora, a cargo do doutor Daniel Llermanos. Isso aconteceu em 29 de junho. Depois de 59 dias na clandestinidade, Barritta voltou a aparecer. A entrega resultou em um grande espetáculo. Ciani deu a primeira notícia à rádio Mitre, cujo locutor Horacio Caride foi até o esconderijo. "Quando cheguei, ele estava tomando mate e assistindo ao programa *La mañana*, que Mauro Viale apresentava no ATC. Ele estava mais magro (na clandestinidade, Barritta havia perdido três quilos, tinha cortado o cabelo bem curto e pintado as pontas de preto). A notícia foi divulgada entre um mate e outro, e ele parecia manso, arrastando as palavras, e pela rádio confirmou que estava se entregando", disse Caride. Acompanhado pelo jornalista e por Ciani, quando terminaram as notícias eles foram até a Talcahuano, 200, aos tribunais de Lomas. Eram 10:25 horas quando ele se encontrou com o seu advogado Marenzi e entrou no escritório de Llermanos. Ele vestia um suéter quadriculado preto e branco, um gorro bege, jeans, sapatos de lenhador e jaqueta de couro marrom. Concretizava-se o fim de seu reinado. Llermanos poderia ser próximo a Marenzi, mas o caso era grande demais e poderia prejudicar a sua reputação. Então ele chamou o juiz Quiroga, que pediu que enviassem el Abuelo imediatamente e mandou uma comissão da Divisão de Homicídios da Polícia Federal.

Enquanto esperava, Barritta comeu duas fatias de pizza e um refrigerante. Às duas da tarde, perante uma multidão de pessoas da imprensa, ele saiu algemado rumo ao Departamento Central da Polícia. Ali documentaram suas impressões digitais e o levaram ao tribunal. No dia seguinte, quinta-feira, 30, o juiz Quiroga o interrogou entre as 11:00 e as 14:00 horas. Nessas três horas, tentou se afastar dos crimes e acusou seus subordinados, seguindo a estratégia planejada por Ciani. Ele supôs que dessa maneira iria se safar dos assassinatos e sair em liberdade, mas ele estava errado. Quiroga já tinha em suas mãos vários depoimentos de testemunhas garantindo que nada fora feito sem que el Abuelo estivesse ciente. Entre eles, o depoimento de Miguel Ayala (páginas 1.473-74 do processo) e de Paula Iliana Ida Kipersmit (páginas 1.487-88), que estava junto com Barritta no dia dos assassinatos.

As declarações de Alegre e Heller e de outros diretores do clube, que o viram como chefe do bando e sugeriram que ele os extorquia, somaram-se às concessões dos postos de venda que havia no La Bombonera: nas páginas 1.711-12, Mario Cisneros, distribuidor de doces, sorvetes e petiscos desde agosto de 1992, declarou que "seus companheiros viviam em uma situação de temor físico durante as partidas, porque eles tinham de aderir à entrega de bens para a barra, senão eram agredidos ou roubados", e o mesmo teor de relato foi feito pelo distribuidor de bebidas Adrián Luciano Sánchez. Essas exposições terminaram de desenhar a figura que levaria José Barritta à prisão: associação ilícita e extorsão.

Desde a sua declaração até a decisão do juiz se passaram apenas 12 dias. Se ele era o líder, por que não foi a julgamento por assassinato? O então secretário de Quiroga, Domingo Luis Altieri, afirmou que "como na investigação havia algumas dúvidas se ele realmente sabia que haveria uma emboscada contra a torcida do River, o juiz Quiroga considerou que o melhor seria que ele fosse a julgamento e ali se determinasse se havia ou não participado". No entanto, a promotora María Asaro pensava que não havia provas suficientes para elevar a causa do julgamento de Barritta sobre essa acusação. Assim, o caso foi resolvido na Sala VII da Câmara de Apelações, formada pelos doutores Abel Bonorino Peró, Guillermo Ouviña e José Piombo, que deu razão a Asaro. De qualquer modo, com os encargos mais elevados, el Abuelo tinha motivos suficientes para terminar na prisão de Devoto.

O julgamento foi realizado entre 14 de março e 16 de maio de 1997 no 17º Tribunal Oral Criminal, composto de três mulheres: as juízas Isabel Poerio de Arslanian, Silvia Elena Arauz e Elsa Aurora Moral, e a presença de todos os réus, exceto Francis de Maio, que seguia foragido, e Héctor Querida Quintero, que havia falecido em decorrência da Aids. Os outros fugitivos caíram em situações, no mínimo, curiosas. Bolita Niponi foi preso em 25 de agosto de 1994. Até então, a polícia não tinha nenhum rastro de seu paradeiro. Mas, uma semana antes de ser apreendido, Bolita foi a Caseros visitar Antonio Beltrán, um comparsa de Lomas preso por roubo à mão armada. "Ele se arriscou porque Beltrán era o único que sabia onde estava escondido o dinheiro de um trabalho que eles haviam feito um tempo antes", dizem hoje na barra. A verdade é que ele deixou pistas.

A polícia sabia que Bolita vivia em Villa Albertina, bairro pobre de Lomas, mas não exatamente em que casa. Em 24 de agosto eles apareceram como funcionários da MetroGAS e comunicaram aos moradores do bairro que, finalmente, em vez de botijões, eles teriam gás natural; que todos deveriam assinar um formulário com seus nomes, sobrenomes e endereço exato. Bolita assinou como Jorge Freddy Cáceres Romero, sem retirar uma vogal do seu nome verdadeiro. No dia seguinte ele foi preso. O gás natural, é claro, não apareceu por lá.

Gomina Almirón, no entanto, ficou livre por bom tempo. Ele foi morto pela confiança e por sua paixão pelo Boca. Acreditando que não era procurado, voltou à arquibancada. E o mais estranho, voltou à La Doce. A Polícia Federal obteve a informação e em 17 de março de 1996, na saída de Boca 4 X 1 Huracán de Corrientes, prendeu-o a poucas quadras do La Bombonera. O que esteve foragido por mais tempo foi Francisco Di Maio, que caiu em 31 de março de 1997, quando o julgamento já havia começado. De acordo com o ex-agente federal, eles o prenderam na esquina da Hipólito Yrigoyen com a Colombres, a meia quadra de sua casa, enquanto dirigia um Polo vermelho. Apenas em fevereiro de 1999 o condenaram por associação ilícita, pois não conseguiram provar que ele havia disparado no crime de Vallejos e Delgado. Ele saiu livre em dezembro do mesmo ano, pela Lei do Dois por Um (Lei nº 24.390, de 1994).

Embora na etapa inicial Quiroga tenha reunido fortes evidências, é sempre no julgamento oral que as provas devem ser confirmadas ou podem ocorrer reviravoltas. Dois fatores determinaram a sorte dos acusados. O primeiro aconteceu três dias antes do começo do julgamento. José Barritta se preparava para depor. El Abuelo seguia, até aquele momento, com sua imagem de líder do rebanho. Mas quando a secretária da corte leu que Barritta incriminou pelos assassinatos Miguel "Manzanita" Santoro, Bolita Niponi, Corvacho Villagarcía, o falecido Querida Quintero e até então o fugitivo Francisco Di Maio, ele se armou. "Eu disse a eles para não ir e, quando dei meia-volta, eles se foram como pombos na Plaza de Mayo", foi a frase que causou a maior comoção. Os membros da barra esperavam que no tribunal ele voltasse atrás e ajudasse a limpar as acusações. Mas el Abuelo, já com Víctor Stinfale como advogado, baseou-se em seu direito constitucional de se recusar a prestar declarações, porque os juízes tomaram como válido aquele testemunho que o juiz Quiroga havia apresentado. Barritta sentenciava seus ex-subordinados e, ao mesmo tempo, também se condenava ao ostracismo. A partir dali, na La Doce apareceria a bandeira "El Abuelo traidor" e o seu nome passaria a ser palavrão no La Bombonera.

Outro fato substancial ocorreu dez dias depois. Enquanto todos esperavam que ele não se apresentasse, o membro arrependido da barra, Darío Vesselizza Randi, entrou no tribunal e confirmou cada palavra dita anteriormente. Ainda faltavam dois longos meses de testemunhos e acusações diante dos réus, mas o julgamento, em 26 de março, estava terminado. Na verdade, a partir dali a barra foi quebrada e eles começaram a se acusar uns aos outros no tribunal. A esposa de Manzanita Santoro admitiu que as bandeiras estavam escondidas em sua casa (o que acontecia desde 1990, quando a barra de San Lorenzo invadiu a casa onde antes eram guardadas as bandeiras) e que el Abuelo, Corvacho e Marcelo Aravena passavam por ali muitas vezes armados. Manzanita, por sua vez, acusou Gomina Almirón e Corvacho de serem os autores dos disparos fatais, e também apontou o Gordo Silva como um dos atiradores. Este, por sua vez, retrucou dizendo que Manzanita tinha sido o mais violento de todos no ataque.

Nenhuma estratégia seria eficaz. Na sexta-feira, 16 de maio, às 18:12 horas, depois de um julgamento que durou 63 dias, em que 123 pessoas testemunharam, com um processo de 4 mil páginas, Isabel Poerio de Arslanian leu a sentença. A primeira coisa foi desconsiderar os pedidos de invalidez feitos pela defesa em relação à declaração de Vesselizza Randi. "Ali eu soube que a sorte dos acusados estava fechada", disse Marcelo Parrilli, advogado das vítimas. Ele não estava errado. Em seguida, Poerio anunciou a decisão: Jorge Martín "Corvacho" Villagarcía, Miguel "Manzanita" Santoro, Marcelo Aravena, Freddy Jorge Cáceres Romero (Bolita Niponi) e Jorge Darío "Gomina" Almirón foram condenados a vinte anos de prisão por dois homicídios, tentativas de assassinato e associação ilícita. Pelos mesmos crimes, exceto associação ilícita, foi condenado a 15 anos Juan Daniel Silva. Mario Javier Bellusci Martínez, el Uruguayo, e Edgardo "Chino" Allende foram absolvidos de homicídio e tentativas de assassinato, mas foram condenados a cinco anos de prisão por associação ilícita. Uma vez que eles estavam presos havia três anos sem sentença, foram libertados pela lei do Dois por Um. A mesma pena que Francis de Maio recebeu, tempos depois. A última sentença foi a de José

Barritta. El Abuelo foi absolvido dos crimes de homicídio e tentativas de assassinato, e também da extorsão contra os vendedores de alimentos e bebidas no La Bombonera, que durante o julgamento voltaram atrás e afirmaram que, quando entregavam mercadorias à barra, "era por cortesia". Mas ele nem teve tempo para comemorar: Poerio o acusou de ser o chefe da associação ilícita em concurso material com a extorsão contra Alegre e Heller. E com letra de forma escreveu a sentença: 13 anos de prisão.

Depois de as defesas terem encaminhado suas apelações judiciais, as sentenças foram confirmadas em 30 de dezembro daquele ano pela Sala III da Câmara Nacional de Apelação Criminal, formada pelos juízes Jorge Casanovas, Guillermo Tragant e Eduardo Righi.

Devoto e depois

A barra de el Abuelo foi parar em Devoto, com seus membros alojados em celas separadas. El Abuelo, sabendo que sua vida estava ameaçada após as acusações feitas contra seus antigos companheiros, pediu proteção e foi parar na ala 49, uma espécie de cela VIP que ele dividiu, entre outros, com o ex-vereador José Manuel Pico e Máximo Nicoletti, chefe de um grupo organizado. Também esteve ali Manzanita Santoro, a quem atacaram com facas nos primeiros dias de sua prisão por causa de suas declarações no julgamento. Internado no hospital, disse que seus ferimentos foram resultado de uma queda, o que aliviou sua situação em Devoto, além de ter conseguido sua transferência e o trabalho como cozinheiro no clube dos oficiais.

Nos dias de visitação, de acordo com o registro criminal, el Abuelo somente recebia sua filha, seu cunhado Francisco e sua irmã Susana. Deprimido, ele saía pouco do seu confinamento. Escutava os jogos do Boca pelo rádio e os assistia pela TV, preocupando-se cada vez mais quando as câmeras focalizavam a arquibancada e aparecia a bandeira "El Abuelo traidor". Enquanto isso, o restante da barra estava localizado nas alas 5 e 7, que no jargão penitenciário são conhecidas como "La Villa". Toda sexta-feira, esse grupo era visitado pela La Doce, que às vezes chegava com presentes como a presença de jogadores e ex-jogadores da instituição.

De acordo com o Serviço Penitenciário Federal, durante sua estada em Devoto, el Abuelo conseguiu nota 5 em conduta e nota 6 em conceito geral, o que foi classificado como bom comportamento. Embora tivesse de passar mais vários anos na prisão, seu novo advogado, Armando Murature, conseguiu tirá-lo de lá. Ele apresentou um recurso de apelação contra a acusação de extorsão e pediu nova análise. Em 16 de dezembro de 1998, a Câmara rejeitou essa acusação e reduziu a pena de 13 para nove anos. Em que se basearam? Eles levaram em conta várias testemunhas (entre elas Bilardo, Menotti, Víctor Hugo Morales, Beto Márcico e Blas Armando Giunta) que indicaram que o relacionamento entre Barritta e os dirigentes parecia ser cordial. Além disso, com exceção de Heller, o próprio Alegre havia minimizado essa questão no julgamento. E também foi levada em consideração a nova declaração do próprio Barritta, que disse: "Sempre tive uma relação muito boa com os dirigentes. Antonio Alegre sempre telefonava para a minha casa, assim como Carlos Heller. Eu me reuni com eles várias vezes. Não sei de onde veio a versão de que eu os extorquia. Eles nos davam entradas antes dos jogos para acalmar... Bem, não para acalmar, mas para que tivéssemos um relacionamento que fluísse. O torcedor do Boca tem muita paixão. E ser presidente, vice ou técnico do Boca é pior que ser ministro da Economia, no sentido de que sempre há perigo de que role uma cabeça. Os dirigentes têm muito cuidado com esses momentos que vivem os torcedores e nós colaboramos muito com eles. Não entendo como falavam de extorsão se tínhamos uma relação muito cordial e amena. As declarações que deram ao juiz Quiroga foi algo mandado".

E embora o advogado de Heller, Ricardo Huñis, mantivesse sua postura de que se tratava de extorsão, uma parte de sua apelação admitia que não era somente a barra que recebia ingressos de favor. "No total, o Boca entregava umas 1.500 por jogo, somando com as da La Doce, os juízes, empresários e banqueiros." Esse novo marco terminou por anular a pena por extorsão e decretar a redução a nove anos de prisão. El Abuelo poderia sair em liberdade condicional depois de ter cumprido dois terços da pena. Assim, em 17 de dezembro de 1998, às 18:48 horas, ele saiu da prisão. Ele havia passado 1.633 dias encarcerado. Nunca mais pisaria em La Boca.

Barritta passaria o primeiro fim de ano em liberdade em uma casa em San Miguel. Depois ele se mudou para a casa de sua família em San Justo, sem dar declarações nem aparecer em lugares públicos. Sua vida foi lentamente se apagando por uma pneumonia crônica que, dizem, havia contraído na prisão. No final de 2000, teve de ser internado no hospital San Juan de Dios, em Ramos Mejía. Mas não havia mais cura. Dois meses depois, em 19 de fevereiro de 2001, aos 48 anos e abatido na cama do hospital, ele morreu. Barritta foi enterrado no cemitério da cidade e seu caixão foi coberto com uma bandeira do Boca. Mas nenhum dos seus velhos companheiros, nem jogadores ou dirigentes, estiveram presentes. Apenas um grupo de quarenta torcedores se despediu dele ao grito de "José, querido, a La Doce está contigo".

Era o fim do homem que marcou uma época. O mais famoso de todos nas barras bravas do país. El Abuelo estava morto.

3
O REINADO DE DI ZEO

Com o colapso da cúpula, a La Doce ficou acéfala. As várias facções que faziam parte da segunda linha optaram por atitudes diferentes. Os grupos de Lugano, Mataderos e Caballito fizeram uma pausa, para ver se também cairiam na operação policial. O grupo de La Boca, comandado por Santiago Lancry, localizava-se nas arquibancadas centrais, deixando espaço para expressar sua indignação pelas detenções do líder e de seus principais seguidores. O grupo do sul de Buenos Aires, com sede em Lomas, aliou-se ao de Lancry acreditando que a sucessão os beneficiaria. Miguel Ángel Cedrón estava convencido de que, mais cedo ou mais tarde, lideraria a barra. Pouco tempo antes, ele havia saído da prisão de Caseros, onde esteve detido por causa de drogas, e tinha o seu enteado, Marcelo Aravena, preso pelo ataque aos torcedores do River.

No meio dessa confusão, até Chueco Reguero acreditou que pudesse voltar ao lugar do qual havia sido removido anos antes por Barritta. Na verdade, ele voltou por um curto tempo. Graças aos seus contatos com os dirigentes de segunda ordem e com os políticos, conseguiu liderar o pequeno grupo de 15 torcedores do Boca que viajaram para os Estados Unidos para a Copa do Mundo de 1994. Acompanhado por Carlos Alberto Zapata, outro membro da barra da facção de San Martín, passou por Boston ao mesmo tempo em que a Seleção Argentina sofria sua maior derrota na história do futebol: o *doping* de Maradona. Pediram discrição e Chueco a cumpriu estritamente: em nenhum dos jogos se via a La Doce liderando os cantos. Mas Reguero era incontrolável. Na viagem de volta dos Estados Unidos ele provocou uma série de confusões dentro do avião e, ao chegar a Ezeiza, a Polícia Aeronáutica o pegou: foi preso por passaporte falso junto com Zapata, e após serem identificados foram postos à disposição do juiz federal de Lomas de Zamora, Alberto Santamaria, e liberados no dia seguinte, processados por falsidade ideológica, o que deu motivo para a diretoria decidir que Chueco não era o homem certo para conduzir a La Doce.

Assim, o segundo semestre de 1994 foi marcado pela incerteza, e a arquibancada voltou a ser terra de ninguém. Ir para a arquibancada do segundo andar e ser vítima de roubo ou de um ataque violento era algo comum. Nesse assunto, o grupo de San Martín liderava a violência. "Lancry e Rafael foram inteligentes. Eles sabiam que tinham de manter perfil baixo por um tempo, até que tudo fosse esclarecido. Enquanto isso, seguiam cobrando a sua parte. Em contraste, o pessoal do Chueco vivia drogado – queriam tudo para eles. Os diretores os bancavam porque tinham medo, mas os queriam longe. Se não tivesse acontecido o de Bértolo, certamente haveria outra guerra", diz um homem da barra.

É verdade que a guerra não foi necessária... porque aconteceu "o de Bértolo". Quem era Bértolo? Um médico de 39 anos, pai de dois filhos, torcedor fanático do Independiente.

Em 9 de novembro de 1994, o Vermelho e o Boca jogavam pela final da Supercopa em Avellaneda. Osvaldo Bértolo, convencido de que a vitória iria para o seu time favorito, decidiu ir ao estádio estreando a camisa do seu clube, comprada especialmente para a ocasião. Foi acompanhado pelo seu amigo Daniel Gibello, com uma bandeira em volta do pescoço. Quando caminhavam pela avenida Belgrano rumo ao estádio, passou um ônibus em que viajavam trinta integrantes da barra do Boca, da facção de San Martín. Um deles pegou a bandeira de Gibello e o outro se abaixou para pegar a camisa de Bértolo. Infelizmente, ele resistiu e saiu correndo. Seis deles começaram a persegui-lo. Bértolo tropeçou na calçada e caiu de bruços. Ali o encheram de chutes e arrancaram sua camisa. Quando conseguiu se levantar, Bértolo foi ao estádio, mas antes do final do primeiro tempo voltou para casa porque não aguentava de dor. Ele nem sequer pôde gritar pelo gol de Sebastián Rambert que deu o título ao Vermelho.

À meia-noite, Bértolo foi admitido no hospital Fiorito, onde foi submetido a uma cirurgia de emergência: eles haviam estourado o seu rim. Não foi possível salvar a vida dele. A Justiça agiu rapidamente. Dez dias depois, em Villa de Mayo, 11 membros do bando de San Martín foram presos e julgados pelo juiz de Lomas de Zamora, Hugo Van Schilt. Após uma investigação rigorosa, o promotor Marcos Martínez pediu uma pena de 12 anos de prisão por homicídio culposo para os seis detidos. Seus nomes eram conhecidos em toda a barra: o mais famoso, Fernando Kelm, el Alemán. Mas também estavam envolvidos Coya Marcelo Quiroga, Víctor Daniel Castro, conhecido como Gordo Pachu, Jorge Sosa "Stone", Ernesto Pérez e Pablo Pereyra. Em 24 de agosto de 1997 eles foram a julgamento. Em 4 de setembro a Sala II do Tribunal Criminal de Lomas de Zamora os condenou a oito anos de prisão por homicídio qualificado e pela violação da Lei do Esporte. O grupo de San Martín estava desarticulado para sempre.

Sem nenhum título à vista, com a arquibancada desunida e em um ano eleitoral, 1995 ameaçava ser um caos em La Boca. Enquanto Alegre e Heller sonhavam em permanecer no poder, Mauricio Macri armava a sua base para disputar a presidência. Conseguiu o apoio dos grupos internos liderados por Enrique Nosiglia e Roberto Digón. Isso não é um detalhe irrelevante.

Coti Nosiglia era o personagem mais enigmático da política argentina. Apelidado de el Monje Gris, sempre manejou as cordas das sombras. Há poucos setores políticos e econômicos de peso com os quais ele não tenha tido vínculos desde que pisou nos tapetes do poder em 1983. Ele veio de Missiones à Capital Federal para estudar direito. Era o jovem mais ativo da Junta Coordenadora que apoiava Raúl Alfonsín e, durante a sua presidência, Nosiglia foi secretário de Ação Social e ministro do Interior.

Quando deixou a Casa Rosada, não se separou do poder: aumentou os seus contatos com a Side em reuniões secretas que eram realizadas no Hotel Elevage. Ali criaram em 1993 o Pacto de Olivos, junto com Luis Barrionuevo, outro peso-pesado – tanto da política como da relação com barras bravas. El Coti, após a morte de Carlos Bello, havia tomado o clientelismo político de Santiago Lancry – nos tempos de Barritta ele era conhecido como el Gitano, embora preferisse ser chamado de Cabezón. Ter o controle da La Doce em um ano eleitoral era uma questão-chave. Nosiglia, que não queria espaço para surpresas, escolheu para comandá-la o Gitano-Cabezón – que durante uma década foi o braço direito de el Abuelo –, e apenas exigiu uma coisa dele: não queria um único ato violento. E Gitano conseguiu. Conforme foi relatado no livro *El Coti*[8], dos jornalistas Darío Gallo e Gonzalo Álvarez Guerrero, isso foi conseguido por um acordo: "Graças à sua amizade com Luis Pereyra, um dos líderes da torcida do River, e com o el Cordobés do Racing, Lancry construiu uma espécie de cooperativa de barras bravas. O trio se conhecia do Concejo Deliberante, no qual dividiram funções pouco claras na comissão de Segurança. [Lancry na realidade tinha uma função hierárquica, seu arquivo local é o de número 9.036 e foi admitido como funcionário em setembro de 1989, quando o radical Juan Carlos Farizano era presidente do Legislativo.] 'Nossos

---

8. GALLO, Darío & GUERRERO, Gonzalo Álvarez. *El Coti*. Buenos Aires: Editorial Sudamericana, 2005.

interesses são os mesmos. No estádio podemos ser adversários, mas fora temos de defender o que é nosso em conjunto'", dizia. A revenda dos ingressos estava incluída entre os interesses. Edgardo Mastandrea, advogado e ex-comissário de Buenos Aires, acusou Mauricio Macri em fevereiro de 2002 de entregar os talões de ingressos para financiar e manter a barra brava do Boca. Mastandrea disse na sua denúncia que "Lancry se instalava antes dos jogos em um bar na rua Peru, até que se esgotassem os talões. Levava, no máximo, duas ou três horas para vender as duzentas entradas nesse bar que ficava a poucos metros do seu escritório: geralmente monitorava a porta da rua Peru da Assembleia Legislativa de Buenos Aires. Depois, aos domingos, assistia aos jogos do Boca na arquibancada, perto de Coti, de onde transmitia as ordens à barra pelo celular, com um estilo emprestado". Mais uma vez, nada pôde ser provado.

O próprio Rafael Di Zeo admite que 1995 foi o ano do Cabezón: "Em 1994, depois do caso com os caras, houve uma anarquia, ninguém a tomava [a La Doce] e no ano seguinte todos identificavam a La Doce com el Cabezón, porque ele era o segundo de el Abuelo em fama, mas ele já estava na arquibancada, de qualquer modo manejava as coisas de lá. Nós a tomamos de verdade somente em 1996". No entanto, o ano de 1995 permitiu que Cabezón fizesse bons negócios com a barra. Por exemplo, a bandeira "Carlitos 95" – que favorecia a reeleição de Menem – balançou no La Bombonera durante três meses em troca de, dizem, 20 mil dólares.

A quem Lancry dava suas ordens? Ao seu grupo de La Boca e ao grupo do sul da Grande Buenos Aires, liderado por Cedrón. Mas com o bando de Rafael Di Zeo persistia uma briga interna. De fato, a facção de Rafael era chamada de "Los Patrulleros", pelo seu bom relacionamento com a Polícia Federal e com os políticos que governavam a cidade. Di Zeo era membro do grupo de trabalhadores do município, com o registro número 33.928, categoria E01, inspetor do Departamento de Serviços Públicos, no setor de Iluminação Pública. Essa briga interna poderia explodir a qualquer momento, ou ser resolvida de forma pacífica. Quando Macri ganhou as eleições, em 3 de dezembro de 1995, cada um havia feito o seu trabalho. Era hora de recomeçar.

A lógica do poder

"Eu tomei a barra em 1996. E a tomei com os meus amigos de toda a vida da área de Lugano, Mataderos, Caballito, Villa Luro, Liniers, La Boca,

Banfield e Lomas", conta Di Zeo. "Com el Abuelo preso, voltaram os Di Zeo e caíram Oso Pereyra, Topadora Kruger, os Mellizos Fernández, Gordo Sala, Negro Ibáñez, Hugo Salazar, o tucumano Alejo e Gordo Alejandro Falcigno. Ali começou a guerra entre os do Di Zeo e os de Lomas, comandados por Cedrón, que apoiava Lancry", disse Ignacio, da velha guarda de el Abuelo. Na verdade, além da guerra, o que aconteceu foi um acordo entre os lados. A exposição pública jogava contra Lancry por causa do seu lugar de destaque no Legislativo. E a Cedrón, por liderar um grupo importante de barras de Lomas, faltava a cobertura política para ser o líder. Ele também trabalhava para o agrupamento interno de Coti Nosiglia, mas sobre isso diziam que "sobrava violência e faltava cabeça para ser o Um". Assim, Rafael Di Zeo foi ungido líder, porque ele sempre entendeu a lógica do poder. Sua fraqueza inicial tornou-se fortaleza quando começou a distribuir em partes justas os dividendos que dava a barra, uma estrutura de acumulação que teria sua disputa interna quatro anos mais tarde, e pôde aproveitar-se suficientemente do poder, pois as balas que se cruzavam sempre o deixaram intacto.

Como se fosse um legado de el Abuelo, Di Zeo, nascido em 4 de fevereiro de 1962, também tinha sangue italiano. Seu pai, Domingo, chegou à Argentina aos 19 anos, vindo de Nápoles, e se mudou para a casa de um tio na rua Sanabria com a avenida Juan B. Justo, o coração do bairro Floresta. Em pouco tempo mudou-se para a casa de outro tio, na esquina da Crisóstomo Álvarez com a Araujo, área que se transformaria no local de infância de Rafael: Villa Lugano. "Ao lado da casa desse tio estava a da minha mãe, Inés González Vázquez, que veio com seus pais de Pontevedra, Espanha. Eles se conheceram e por isso eu estou aqui", disse o ex-líder da La Doce. Seu pai trabalhava no ramo de peças automotivas, e embora sua família gostasse do Racing, ele se tornou torcedor do Boca. "Meu pai comprou um pacote para a temporada na arquibancada e sempre nos levava para o La Bombonera. Quando criança eu não queria ir, preferia ficar em casa com o meu irmão Fernando [quatro anos mais novo e seu braço direito na barra] jogando bola no quintal. Mas ele era torcedor doente do Boca e nos levava assim mesmo. Ele me transferiu esse veneno", disse Di Zeo.

A história contada por Di Zeo marca a sua entrada na barra no final dos anos 1970. "Em 1979 abandonei a arquibancada e entrei no segundo andar da geral com alguns amigos. No quarto jogo vi no meio da geral um conhecido do bairro, Manzanita Santoro. Fizemos amizade e ele nos pôs na barra. Em 1983 meu irmão se juntou e armamos um grupo com o qual lutávamos todos os domingos. Como ganhávamos mais do que perdíamos, o nosso grupo foi se tornando cada vez maior. Em 1987 nós já tínhamos um grupo importante. Aquela época era genial. Se não houvesse combate, era como se nós não tivéssemos ido ao estádio. E sempre de punho limpo."

Em 1989, quando Rafael liderou aquela briga que terminou com vários membros da barra do Racing se jogando no Riachuelo, ele ganhou para sempre o respeito de el Abuelo e começou a integrar seu círculo íntimo, a tal ponto que acabou sendo tesoureiro da Fundação Jogador Número 12 e a sua casa, o domicílio legal dela. Até então, ele já era diretamente ligado a todos os postos policiais na Capital Federal. Até 1993 Di Zeo tinha um lugar-chave no segundo andar da geral do La Bombonera. Ele disse que abandonou o centro do palco porque imaginava o que estava por vir com o resultado fatal da mistura de armas e drogas. Corzo, membro do grupo Por um Boca Melhor, de Coti Nosiglia, e no qual Lancry mandava, dá outra versão: "el Abuelo o cortou porque Rafael queria mais dinheiro". Seja como for, a verdade é que esta saída de cena permitiu a ele não cair durante os acontecimentos de 1994, retornar com pés de chumbo em 1995 e chegar, finalmente, à liderança da barra em 1996.

Todo aquele ano foi de assentamento interno do grupo de Rafael. O treinador era o favorito da La Doce, Carlos Salvador Bilardo, que permitia ao grupo mais íntimo – formado pelos dois Di Zeo, Santiago Lancry e Silvio Serra, o relações públicas da La Doce que enfrentava a mídia – assistir aos treinamentos da equipe no prédio do Sindicato dos Trabalhadores do Comércio em Ezeiza e até mesmo participar de alguns churrascos com o time e os dirigentes. Em 1997, a entrada de Veira como técnico no lugar de Bilardo não prejudicou a relação estreita da barra com a equipe. A afinidade chegou a tal ponto que alguns jogadores – como Néstor Fabbri – foram, a pedido de Di Zeo e companhia, ao presídio de Villa Devoto visitar os membros da barra presos pelos crimes de Delgado e Vallejos. Enquanto a entrada de dinheiro continuou fluindo de forma significativa, a La Doce começou outra vez a entrar em confrontos para pegar bandeiras.

Durante o final do Torneio Clausura de 1997, a barra gerou incidentes com a torcida do Vélez, que sofreu uma emboscada na Suárez com a Del Valle Iberlucea; com a de Huracán, no Parque Patricios, e com a do Platense. "Estava tudo bem e eram combates que não saíam na mídia", gaba-se Di Zeo. Acostumados a essa impunidade, o passo em falso estava para acontecer. E o fizeram na manhã de 25 de setembro de 1997, no Aeroporto de Ezeiza, quando o Boca voltou a perder por 2 X 1 contra o Colo Colo do Chile, pela Supercopa.

Na verdade, a barra já estava com raiva pelo que havia acontecido cinco dias antes, no clássico pelo campeonato local, quando a barra de San Lorenzo agrediu torcedores do Boca, atacando-os na geral do terceiro andar que dá para o Riachuelo. Na saída a polícia impediu que a La Doce fosse buscar vingança. Para piorar a situação, no Chile a barra do Colo Colo, chamada Garra Blanca, apedrejou os veículos que transportavam a La Doce, que, em minoria, não puderam responder. Naquele dia 25 de setembro, com a derrota nas costas, os 14 membros principais da La Doce voltavam do Chile. Para entender o grau da relação existente com a diretoria xeneize, basta dizer que os membros da barra viajavam no avião fretado com o clube pela empresa Lade, junto com a equipe e os diretores. "De acordo com a localização da partida, eles pagavam avião para os da primeira linha e ônibus para o restante. Daquela vez eles nos puseram no hotel Carrera, no centro de Santiago", recorda um dos "14" cavaleiros do Apocalipse.

O fato é que, quando eles chegaram a Ezeiza, viram no balcão da Lufthansa uma dezena de barras do Independiente fazendo o *check-in* para viajar a Belo Horizonte, onde o Vermelho enfrentaria o Cruzeiro. Em ambos os lados havia vários deles que, três anos antes, haviam participado do episódio no Arco do Desaguadero.

Ainda estava fresca a memória dos assassinatos de Osvaldo Bértolo e da briga na estação de trem em Avellaneda meses antes. Durante dez minutos, as barras transformaram o saguão internacional em terra arrasada. Os que iniciaram a briga foram os do Boca, que não só utilizaram os punhos como também armas: três integrantes da barra do Independiente precisaram ser atendidos no setor de saúde do aeroporto com cortes feitos a faca. E mesmo que a Polícia Aeronáutica tenha aberto um inquérito, não houve nenhuma prisão e nenhum processo criminal foi iniciado. A La Doce continuava gozando de impunidade.

Mas em 16 de outubro eles quiseram terminar em Avellaneda a briga que haviam começado em Ezeiza. O Independiente recebia o Boca pela Supercopa (ganharia o jogo por 2 X 1) e a barra estava disposta a tudo. Alertada, a Polícia de Buenos Aires montou um cerco e, dada a impossibilidade de se encontrar com seus "colegas", a La Doce atacou os homens de azul. Mesmo que o único resultado daquela noite tenha sido três oficiais atendidos no hospital Fiorito, a confusão traria problemas para a barra. Porque a imprensa havia publicado o fato e Miguel Ángel Toma, secretário de Segurança do governo, precisava mostrar alguma medida para a sociedade. Pouco se importaram com os contatos políticos da La Doce. No domingo seguinte, uma ordem de prisão foi emitida a dois membros da segunda linha. O Boca enfrentava o Colón e Di Zeo estava ciente do que iria acontecer, porque as suas relações seguiam funcionando. A barra se reuniu no estacionamento e Rafael sabia que ele não tinha opção. Se entregasse dois de seus comparsas para salvar a sua cabeça, sua vida na geral correria perigo. A Polícia Federal, estranhamente, em vez de efetuar as prisões no lugar da reunião, quis fazê-las na geral do segundo andar que dá para a Casa Amarilla durante a partida preliminar. Todos os que frequentam um estádio sabem que esse tipo de conduta está fadada ao fracasso. Até a própria polícia sabe. Foi o que aconteceu: a barra enfrentou os agentes, manteve os procurados dentro do seu núcleo e Di Zeo obteve uma vitória. A mesma que permitiu à La Doce entoar, durante a partida da primeira divisão, cânticos agressivos ao presidente Menem, que havia sido apoiado na reeleição de 1995 e que voltaria a ser em 2003.

Depois do escândalo, a La Doce recebeu a ordem de "fazer uma mudança". Faltava pouco para que a Seleção voltasse a jogar no La Bombonera. Aquela Seleção de Passarella tinha um forte vínculo com o River Plate. Foi então que a La Doce fez valer a sua força de ataque e de negócio. "Eles nos deram 1.500 ingressos para revender, nos deram quarenta bandeiras argentinas com a logomarca do Boca, e nos permitiram entrar com todos os tambores", dizem na barra. Passarella ficou bem. Tão bem que ele se surpreendeu. "Foi a segunda vez que eles não me sacanearam nesse campo. A primeira foi em 1974, quando eu jogava na preliminar e ninguém me conhecia", recordou El Kaiser.

Um passeio pela Torre Eiffel

Sabe-se que as Copas do Mundo são uma fraqueza para todos os argentinos e torcedores violentos, pela chance de mostrar, por meio da TV, como são os chefes das barras argentinas. A França era um bom lugar para voltar ao topo. Mas havia um problema: o técnico era Daniel Passarella e a barra do River tinha preferência. A La Doce necessitava, então, levar um grupo grande para igualar em número os Los Borrachos del Tablón. Em suas fantasias, gostariam de ver setenta membros da barra no Arco do Triunfo. Mas só viajaram cerca de trinta deles. Como fizeram?

"Houve uma contribuição significativa de torcedores famosos, de pessoas do clube e também de políticos", contam. E, como sempre, a barra recorreu à equipe. Em 10 de março de 1998, Rafael Di Zeo, Santiago Lancry e Silvio Serra se encontraram com alguns jogadores em uma confeitaria em Villa del Parque, na avenida San Martín, para discutir a questão. "Precisamos de 15 mil para viajar à Copa do Mundo na França." Rafael Di Zeo se pronunciou e seus parceiros concordaram com a cabeça, mas disseram a ele que era muito dinheiro para resolver o problema imediatamente. Foi aí que Serra, com o discurso já preparado, ofereceu um plano de pagamento como se fosse uma empresa de turismo. "Não tem de ser tudo de uma vez, nos paguem em quatro parcelas de 3.750 pesos daqui até junho, uma por mês." Os jogadores, um zagueiro e um goleiro que não era titular, se comprometeram a consultar seus companheiros e dar uma resposta a eles. No sábado, depois do treinamento da manhã, a equipe discutiu a questão no vestiário. Concordaram que o dinheiro seria levantado pelos 15 jogadores experientes, deixando de lado os mais jovens, que tinham salários muito menos volumosos. Todos eles se comprometeram, menos um. Sim, houve um que, como Chancha Rinaldi em outra época, se recusou a colaborar: Guillermo Barros Schelotto, o maior ídolo do povo do Boca. "Eu não tenho nenhuma razão para pagar ninguém", foi a frase com a qual Melli encerrou o assunto. Quando a notícia se espalhou, apenas quatro jogadores admitiram sua participação na coleta do dinheiro: Solano, Fabbri, Caniggia e Abbondanzieri. Para a La Doce, a forma pela qual o dinheiro havia sido levantado não era importante: no final de maio, tinha a posse dos 15 mil dólares.

Sabendo que a Copa do Mundo se aproximava, os rapazes tiveram o cuidado de não provocar qualquer incidente que pudesse abrir um processo judicial e impedir a tão esperada viagem a Paris. A palavra de Adrián Pelacchi, que era o secretário de Segurança Interna, os tranquilizou: "Quem não estiver com um processo judicial, poderá viajar. A liberdade de locomoção é garantida por lei".

Mas em 13 de maio houve um inconveniente. Enquanto a La Doce tratava de não se meter em problemas, a violência nas arquibancadas estava aumentando. Assim, o juiz civil Víctor Perrotta entrou com um recurso, apresentado em fevereiro pela Fundación Fair Play, pedindo a suspensão do futebol por falta de garantias à segurança dos torcedores. Até então, Perrotta havia apelado à colaboração da diretoria, com o pedido aos clubes de que apresentassem uma lista com os nomes dos chefes das barras. Não houve resposta. O Boca entregou a sua lista em 22 de abril de 1998, apenas 42 dias após a pressão da

La Doce para que a equipe financiasse a viagem deles a Paris. A lista não apresentava o nome de nenhum integrante da barra em atividade, apenas daqueles que já estavam condenados pela Justiça no ano anterior pelos assassinatos de Vallejos e Delgado. Enganar a Justiça sempre foi, para a diretoria do futebol, um esporte. Mas isso teria o seu custo. Perrotta, naquele 13 de maio, e depois de um confronto com dois feridos a bala entre as barras do River e do Independiente, parou o futebol. Para que ele se reiniciasse, a AFA acatou uma medida que o juiz impôs como condição essencial: o direito de admissão para que os torcedores violentos não pudessem frequentar os estádios. A Polícia Federal mandou a lista dos supostos líderes de cada barra. No Boca, e com tinta vermelha, estavam escritos os nomes de Rafael e Fernando Di Zeo, Silvio Serra e Santiago Lancry. O futebol voltou em 31 de maio, mas os quatro não tiveram acesso ao estádio, foram presos na porta de entrada do La Bombonera. Era a última rodada do campeonato local e a equipe liderada por Carlos María García Cambón jogava contra o Gimnasia y Tiro de Salta, e ganharia o jogo por 4 X 0. Ciente da situação, a cúpula da barra havia procurado os escrivães Pablo Dip e Juan Nardelli para confirmar a situação. Dois dias depois, apresentaram um recurso ao juiz Perrotta solicitando que os deixasse entrar porque eles não tinham causas pendentes na Justiça. Depois que a barra voltou da Copa do Mundo, isso se tornou realidade.

Na França, a La Doce não poderia repetir as suas "heroicas batalhas" contra os ingleses por mais que a tabela tenha marcado um encontro entre ambos os países pelas oitavas de final. La Doce havia ficado na Espanha e apenas viajava nos dias dos jogos. Assistiram em Toulouse à estreia contra o Japão. Mas não foram à partida seguinte, no Parque dos Príncipes, contra a Jamaica. Eles a assistiram pela televisão.

A maioria dos integrantes das barras argentinas revendeu por quinhentos dólares o seu ingresso para os turistas ansiosos para ver Batistuta, e foram para a frente da televisão em um bar a duas quadras e meia da Gare du Montparnasse. Após a classificação, eles estavam presentes em Saint-Étienne, onde a Argentina jogaria contra a Inglaterra. Membros da segunda linha da La Doce queriam revender o seu ingresso, mas ao mesmo tempo, e pela violência, recuperar a área. Má ideia em uma província francesa cujos negócios ilegais são dominados pela imigração africana, proveniente principalmente da Argélia, do Marrocos e da Tunísia. Eles cobraram e bastante. No dia do jogo tiveram uma pequena vingança, porque os mesmos imigrantes se uniram aos argentinos em seu ódio pelos ingleses. Mas naquela que era para ser a grande batalha da La Doce contra os *hooligans* na praça de Saint-Étienne, quem bateu mais foram os africanos, mesmo que a La Doce pendure as medalhas que, na verdade, não lhe pertencem.

Após a derrota para a Holanda em Marselha, os integrantes da barra fizeram escala em Madri e voltaram à Argentina, pensando em resolver o problema com Perrotta; isto é, poder voltar a dominar a barra do segundo andar da geral que dá para a Casa Amarilla.

O Torneio Apertura de 1998 começava em 9 de agosto. A La Doce moveu os seus contatos com rapidez. No dia 6, Perrotta concedeu audiência em seu gabinete aos irmãos Di Zeo, Silvio Serra e Santiago Lancry, acompanhados por sua advogada Claudia Nana. Os membros da barra haviam apresentado recurso afirmando ser anticonstitucional e discriminatório o direito de admissão contra eles, alegando que não tinham antecedentes criminais. Com rapidez surpreendente, o juiz concedeu uma licença temporária para irem ao estádio. A partir de então haveria uma série de eventos incomuns, únicos da Argentina. A La Doce estava em sua plenitude no dia 9, no estádio do Ferro (Ricardo Etcheverry), durante o início do campeonato e da era de Bianchi, com a vitória por 4 X 2.

Três dias depois, o impensável aconteceu: o juiz Perrotta passou pelo La Bombonera e obteve uma visita da La Doce. Parece absurdo, mas às 17:50 horas o juiz entrou no gramado acompanhado pelos quatro líderes mais o diretor Edgardo Alifraco, enquanto outros 15 representantes da barra mostravam na geral a forma como eram colocadas as bandeiras. Até que foi dada uma bandeira de cabo a Perrotta, que a agitou diante dos olhos de Di Zeo. Ao final do ocorrido, o juiz afirmou: "Não falamos de barras bravas. Essas pessoas manifestaram sua intenção de colaborar com a Justiça. A partir de agora vamos falar de torcedores". O seu símbolo de paz seria quebrado dias depois quando, em 6 de setembro, a La Doce enfrentaria a polícia antes da partida com o Huracán e o inspetor-chefe Alberto Capuchetti ficou ferido, com politraumatismo.

Anos mais tarde, ele chegaria a superintendente da Segurança Metropolitana (o mesmo nome é encontrado na agenda de Rafael Di Zeo). Assim, Perrotta voltou a inclui-los no direito de admissão. Mas, na prática, a decisão não teve nenhum peso. No jogo seguinte a La Doce exibiu o seu poder no La Bombonera, durante o triunfo de 2 X 1 contra o Newell's. E eles seguiriam presentes em toda partida em que jogava a equipe dirigida por Carlos Bianchi. "Nós não podemos negar-lhes a entrada porque eles são sócios. Quem tem a autoridade de exercer o direito de admissão é a AFA. Eles são os que devem aplicá-la", justificava Edgardo Alifraco, chefe de segurança do Boca, a mesma pessoa que havia participado com os chefes e Perrotta do passeio pelo La Bombonera, a mesma pessoa que mais tarde seria processada pelo ex-juiz Mariano Bergés como participante de uma associação ilícita.

O curioso é que, mesmo com esses dados, o grupo da barra brava seguiu tendo carta branca e a Justiça não pôs a lupa sobre a diretoria. "Perrotta era um peixe fora d'água, não entendia nada de futebol e muito menos dos nossos contatos", zomba Di Zeo, repassando aquela situação. A verdade é que, por sua vez, o próprio diretor de operações especiais da Polícia Federal, Oscar Montoreano, em um relatório confidencial apresentado ao Comitê de Segurança em 18 de setembro, acusou a diretoria do Boca de bancar entradas de graça, dinheiro e ônibus à La Doce. Montoreano sabia do que estava falando: ele tinha em seu poder a relação dos 61 integrantes da barra que haviam viajado no ônibus em 19 de agosto de 1998 para ver o Boca no Paraguai, contra o Cerro Porteño pela Copa Mercosul de 1998, e a declaração da funcionária da agência de turismo dizendo que os ônibus haviam sido fretados pelo clube no valor de 5.260 pesos. De fato, nos livros de contabilidade da instituição apareceu um registro de 4 mil pesos como "adiantamento da viagem ao Paraguai", que o Boca registrou como despesas da equipe. Como acontecia sempre, nada foi comprovado: o relato foi engavetado.

Provavelmente, essa demonstração de poder fez com que Perrotta entendesse a falta de vontade de mudar de quem realmente mandava no futebol argentino. Poucos sabem que em 1º de novembro daquele ano, momentos antes da partida contra o Estudiantes, o juiz se reuniu com os de Di Zeo, Cabezón Lancry e Silvio Serra em um escritório do clube, com dois diretores como testemunhas. Não havia mais quebra de braço. A tal ponto que, no intervalo do jogo, Perrotta foi ao gramado controlar a situação e não recebeu nenhum insulto. A barra de Rafael havia novamente imposto a sua justiça.

Um tropeço que não foi uma queda

O ano de 1999 encontrou a barra no dilema de ter de apoiar, pela primeira vez, um técnico que não estava disposto a pagar o seu dízimo. As coisas haviam começado mal em junho de 1998, quando ele conseguiu o *vice-reinado*. No terceiro dia de Carlos Bianchi como técnico do Boca, Rafael Di Zeo, Oso

Pereyra e Silvio Serra deram-lhe as boas-vindas ao La Bombonera e disseram quais eram as suas condições. Bianchi olhou para eles, pegou o seu celular e discou o número mais alto da diretoria. Nem ele estava disposto a aceitar o acordo, nem o Boca poderia permitir tamanho desplante, depois de devorar dois técnicos e ver-se em dificuldades para a contratação do terceiro. Do outro lado da linha disseram a Di Zeo que o dízimo de Bianchi apareceria de outro modo e assim o deixaram trabalhar tranquilo. Seis meses depois, o Boca ganhou o Torneio Apertura de 1998, mas a barra jamais havia cantado "pelas mãos de Carlos Bianchi...". Sim, no entanto, fizeram rapidamente amizade com a nova equipe. Os favoritos da barra eram Patrón Bermúdez, Pepe Basualdo e Cristian Traverso.

Naquele verão, com exceção de um incidente na Bristol entre as segundas linhas do Boca e do River, a La Doce estava calma, bronzeando-se na areia de Punta Mogotes, não por coincidência chamado "Balneário 12". Prevista para a primeira semana de março de 1999, as equipes se preparavam para a volta dos campeonatos oficiais. No dia 3 de março o Boca e o Chacarita jogavam um amistoso no La Bombonera. Às nove da manhã, horário do início da partida, havia uns trezentos torcedores do Boca na arquibancada. Os do Chaca, um grupo de cerca de quarenta, estranhamente estavam no primeiro andar da geral que dá para a Casa Amarilla. Enquanto todo o anel inferior é utilizado parcialmente pelo Boca nos jogos, a arquibancada que dá para a Casa Amarilla é considerada terra sagrada. Na torcida do Chaca se encontrava Daniel Benedetti, conhecido como Pajarito, um homem forte entre os torcedores violentos e amigo do Chueco Reguero, inimigo dos Di Zeo.

Pajarito é da época em que a La Doce e o Chaca se davam muito bem e, apesar dos problemas que surgiram depois, a amizade com a barra do Boca da facção de San Martín – um grande negócio dirigido por Rafael – jamais havia acabado. De fato, na última semana de fevereiro, os rapazes do Chueco e os da barra violenta do Boca haviam dividido a arquibancada em San Martín, durante o lançamento do grupo peronista Justiça Para Todos, liderado por Alberto Apolonio, conhecido como Batata, ex-chefe da barra do Chacarita.

Assim como em 1990 a barra de el Abuelo havia ido buscar na arquibancada Julio Ambronosi, coincidentemente braço direito de Reguero e apelidado Chacarita, para agredi-lo a facadas, dessa vez a barra de Rafael repetiu a metodologia. Às 9:47 horas, vinte integrantes da La Doce entraram na arquibancada e, diante das câmeras de televisão, atacaram os de Chacarita durante 25 minutos, arrancando-lhes as bandeiras. Os que levaram a pior foram dois torcedores que não tinham relação com a barra, os irmãos Pablo e Gustavo Iturrez, que resistiram ao roubo de suas camisas, e, claro, Pajarito Benedetti, que foi encurralado contra uma das saídas e atacado brutalmente. A sincronização da batalha se refletiu quando Rafael Di Zeo deu ordem de saída. Não por acaso, cinco minutos depois que eles haviam escapado chegaram os carros da 24ª Delegacia de Polícia. Como se tudo tivesse sido planejado.

Enquanto em La Boca é dito que a agressão foi devido ao ataque da barra de Chaca à *murga* Los Amantes de La Boca em uma festa de Carnaval, duas semanas antes, o certo é que a motivação tinha a ver com a gestão da barra e a necessidade de conter o poder dos Di Zeo. O próprio chefe da La Doce confirma a teoria. "Eles nos puseram um chamariz sabendo que íamos entrar. Se nós somos os donos da casa, não podemos permitir que alguém indesejado venha e se instale no nosso lugar. Os diretores que os puseram ali sabiam o que eles estavam fazendo. E nós reagimos. Para alguns pode parecer que somos uns idiotas, mas sabemos muito bem por que fizemos", disse Di Zeo. Fato é que não era a primeira tentativa de limitar o poder do chefe da barra. Meses antes, o diretor José Cirillo, que pisa forte em Mataderos, fechou acordos com a barra de Chicago para formar um contrapeso, mas a jogada não deu certo. A ideia dessa vez parecia ter outro efeito. Metade do país havia visto as imagens pela TV.

O incidente caiu nas mãos do juiz Luis Schegel e a investigação nas mãos do procurador Gabriel Nardiello, filho de Ángel Nardiello, ex-lateral direito do Boca no final da década de 1950 e início da década de 1960. Mas não foi o trabalho dessa dupla e sim a decisão de fazê-los cair de Miguel Ángel Toma, secretário de Segurança Interna do governo Menem, que fez com que a cúpula da barra terminasse na prisão.

A mensagem para o poder de Di Zeo foi: entreguem-se que serão acusados de lesões leves, um delito que não deixa ninguém preso por muito tempo; passam um dia dentro da prisão e no outro já estão livres novamente. Portanto, em 4 de março, após duas horas de negociações, entraram em acordo sobre a entrega dos acusados. De uma forma tão vulgar que até mesmo causou risadas. Silvio Serra, por exemplo, chegou à delegacia dirigindo um Fiat Tipo azul com placa AXR 908; entrou, anotaram os seus dados e ele saiu para tomar cerveja com os outros membros da barra que estavam do lado de fora, esperando para saber o destino de seus líderes.

Os Di Zeo, em outra demonstração de poder, foram procurar uma delegacia em Flores e o próprio comissário local, Adolfo Cimino. Da mesma forma, Oso Pereyra e Santiago Lancry se entregaram. Lancry foi o único imediatamente liberado, já que ele não aparecia nas filmagens. No dia seguinte, eles foram dar declarações no tribunal. Mas, ao contrário do que pensavam, Rafael e Fernando Di Zeo e Oso Pereyra foram presos. "Toma se vingou porque nós tínhamos jogado contra ele e a favor de Scioli na interna do PJ [Partido Justicialista] na capital", diz Rafael Di Zeo sobre sua estada atrás das grades, que se estenderia por 54 dias. Por outro lado, Serra foi libertado no mesmo dia para depor perante Schlegel. Em troca, ele dedurou toda a barra no planejamento da emboscada. Sua estratégia permitiu que não dormisse na cadeia, mas privou-o de pisar novamente no La Bombonera. A La Doce o acusa de ter vendido à barra do River Plate duas bandeiras que guardava em sua casa (entre elas a que dizia "Caniggia, La Doce te espera") e ter financiado a sua retirada com esse dinheiro.

Com a evidência sobre a mesa, um julgamento rápido era esperado. Mas novamente os contatos funcionaram. A causa foi passando por juízes diferentes – desde a Justiça Correcional até a Justiça Penal, porque o processo inicial os acusava de "tentativa de homicídio e roubo qualificado em conjunto e em bando" – e, depois de dois meses do acontecido, nenhum dos torcedores violentos estava preso. Além disso, a causa iria a julgamento em setembro de 2005, mais de seis anos depois, com alguns crimes já prescritos. Embora houvesse penas de até quatro anos e meio por lesões leves e coerção grave, eles foram liberados em março de 2007. Mas, para esse fim, naquele ano de 1999 faltava uma eternidade. Uma quantidade de tempo tão grande como a imunidade que era desfrutada por Di Zeo: apesar de todos os juízes envolvidos no caso terem decretado a proibição a todos os membros da La Doce de ir aos estádios, essa medida só foi eficaz por três meses. No começo do Torneio Apertura de 1999, Rafael estava de novo na arquibancada usando um moletom azul como camuflagem, o que dava para ser observado por qualquer pessoa. Menos, claro, pela Polícia Federal.

Em 28 de abril de 1999, os Di Zeo e Oso Pereyra estavam livres. Também se beneficiaram com essa medida Víctor Hugo Salazar, detido dez dias antes, e Víctor Crocce, que havia caído em 30 de março. A partir daí os outros envolvidos deixaram de ser fugitivos da Justiça: Fabián Kruger, Diego Rodríguez, José Fernández, Alejandro Falcigno, Roberto Ibáñez, Juan Castro, Leonardo Chávez, Juan Carlos Alejo e Miguel Ángel Cedrón.

A fiança, para todos, foi fixada em 2 mil pesos, uma ninharia para uma barra que move fortunas por jogo e com influências que podem bancá-los.

O caso de Crocce era paradigmático. Braço direito de Cabezón Lancry, era encarregado do La Bombonera e do extinto Concejo Deliberante de Buenos Aires. Afiliado à União Cívica Radical na sétima seção eleitoral e homem do grupo interno de Coti Nosiglia, Tano Crocce nasceu em Paternal e forjou, desde menino, sua relação com Maradona. Segundo denuncia o livro *El palacio de la corrupción*[9], de Fernando Carnota e Esteban Talpone, Crocce passou várias noites no famoso apartamento em Franklin, onde Diego conheceu o pior dos infernos. Como sempre se suspeitou, ele era provedor do Dez. Então, suas atividades pouco claras terminaram na Justiça: foi acusado em um processo de tráfico de drogas no Concejo Deliberante, arquivado pelo juizado federal do doutor Juan Galeano. Segundo a denúncia feita pelo comissário Jorge Colotto, diretor de Segurança do Concejo, Crocce faturava 42 mil pesos-dólares mensais pela comercialização de oito quilos de cocaína, que repartidos meio a meio representavam 16 mil papelotes por mês. De acordo com a denúncia feita pelo jornalista Walter Mariño, Crocce tinha entrada livre pela porta da rua Peru, 130 (endereço do Concejo Deliberante), controlada justamente por Santiago Lancry, que entrou no Concejo em 1989, sob a presidência do radical Juan Carlos Farizano. Crocce foi preso no banheiro de um bar perto do Congresso em 16 de setembro de 1994. A polícia que fez a operação encontrou com ele trinta papelotes contendo pó branco. Mas, perante o juiz, Crocce disse que a droga não era sua, que ele havia ido ao bar para encontrar uma pessoa que não apareceu. Eles acreditaram e ele foi liberado. Os contatos nunca falham.

Uma guerra, um morto e todo o poder

O processo judicial pela emboscada dos torcedores do Chacarita produziu uma divisão no poder dos Di Zeo. Os dois meses que eles passaram atrás das grades em Devoto contribuíram para que o grupo de La Boca e o do Dock Sud tentassem subir ao poder. Esse grupo era comandado pela família Cabral. Uruguaios radicados na Argentina, Leonardo Cabral (48 anos) e seus filhos Jorge e Diego tinham um polo de poder paralelo, mas estavam

---

9. CARNOTA, Fernando & TALPONE, Esteban. *El palacio de la corrupción*. Buenos Aires: Editorial Sudamericana, 1995.

à margem dos grandes negócios. "Eles tinham o negócio de batedores de carteira ao redor do estádio", diz o pessoal do Di Zeo. De acordo com o que dizem na La Doce, a família Cabral, ex-membros do grupo de Chino Allende na barra de José, na qual também atuavam Horacio Varela e o russo Herzkovich, fez um acordo com Lancry para ocupar o lugar vago. Pouco a pouco, foram querendo mais. Consciente dessa situação, Di Zeo fez com que parte da sua segunda linha, que não estava envolvida no caso, os derrubasse, sob o comando, entre outros, de Miguel Ángel Fernandéz, um dos Melli, cujo irmão José estava envolvido no ataque contra os torcedores do Chacarita. Mas o pessoal de Cabral, homens com armas, não tinha a intenção de deixar a sua hora passar. O clima foi esquentando com o correr dos meses. A tal ponto que o próprio Francis Di Maio, quando saiu da prisão no fim do ano e tentou voltar à La Doce, encontrou a negativa de Di Zeo para lhe dar um lugar importante; e não somente isso: ele soube que a luta terminaria em tiros e optou por se afastar. Ele fez o correto: a guerra havia começado e a batalha mais sangrenta viria mais tarde na virada do século, em Mar del Plata, horas antes de um superclássico de verão.

Em 29 de janeiro de 2000, o Boca e o River jogavam no estádio de La Feliz. O clima estava tenso e o fogo da panela de pressão havia sido aumentado ao máximo três dias antes, durante o jogo contra o Racing, no mesmo estádio e pela mesma Copa de Oro. De acordo com acusação da La Doce contra os Cabral, o ataque acabou ferindo a namorada de um dos integrantes do grupo de Boulogne, que era comandado por Miguel Ángel Cedrón, a primeira linha de fogo dos Di Zeo. Depois desse incidente, o pessoal do Dock Sud atacou. Embora o episódio tenha catalisado a grande disputa, por trás era cozinhada a verdadeira história de quem ficaria com todo o poder da barra, que incluiria – segundo a investigação feita pelos 4º e 24º Tribunais de Instrução – a gestão das entradas e dos estacionamentos, as negociações com os jogadores e alguns extras, o que resultava em torno de 60 mil pesos mensais, de acordo com fontes da própria La Doce.

Eram 19:10 horas. Quarenta membros da La Doce estavam em uma barraca de alimentação a uns vinte metros do acesso às garagens do estádio Mundialista, e a dez metros da casa em que as bandeiras eram guardadas. De repente, foram ouvidos gritos, gente que corria e, instantaneamente, o som de tiros. Um, dois, seis, dez.

Ninguém pôde dizer ao certo quantos tiros acabaram com a paz interna da barra do Boca. Quando a polícia chegou, havia apenas seis feridos: Fernando Di

Zeo (uma bala entrou na sua narina esquerda e saiu pelo maxilar direito), José Luis Fernández (ferido no pescoço com saída na lateral), Roberto Ibáñez (levou um tiro no quadril), Jorge Cabral Machado (levou um tiro no joelho) e seu pai Leonardo, com dois tiros, um em sua axila esquerda e o outro no peito. Miguel Ángel Cedrón, o Miguel de Lomas, de 47 anos, levou um tiro no abdômen e acabaria morrendo depois de alguns dias. Quem começou a atirar foram os torcedores de La Boca e os do Dock Sud. Os primeiros disparos vieram de um Escort azul a uns trinta metros de distância, e quando eles saíram para terminar o trabalho, do outro lado veio a resposta. "Eles eram uns bandidos, viviam do roubo. Se eles querem roubar, roubem, eu não vou andar julgando ninguém. Mas não faça isso com a minha gente", justifica Di Zeo sobre a batalha. "Miguel era meu amigo. E eles o mataram. Eles não poderão pisar nunca mais no La Bombonera." A situação teve implicações de surrealismo. O único preso foi Horacio Varela, o coletor de lixo na zona do Doque, que pegou um táxi para Leonardo Cabral e o levou ao hospital. O taxista José Luis Finamore parou em um posto policial e na revista encontraram um revólver calibre .38 – que naquele momento acreditavam que Varela havia usado –, pelo qual passou dez meses na prisão de Batán. Em 19 de outubro daquele ano estava livre, mas no julgamento o taxista afirmou que na verdade o filho mais novo de Cabral tinha a arma em seu poder, mas ele nunca foi parar na prisão. O promotor do caso, Gustavo Fissore, retirou as acusações contra Varela por "homicídio e posse de armas de guerra". Os feridos foram levados para o hospital Oscar Alende jurando matança após se recuperarem, enquanto lá fora um grupo de trinta torcedores violentos do grupo de Di Zeo esperavam aos gritos: "Nós sabemos onde se escondem esses ratos que se dizem torcedores do Boca, mas isso não acaba aqui, nós vamos buscá-los e matá-los". Enquanto os médicos operavam Cedrón duas vezes para tentar salvar sua vida, a maioria deles fugiu na madrugada do domingo, dia 30.

Fernando Di Zeo pediu para ser transferido para o hospital Particular da Comunidade, onde, naturalmente, não ficou: voltou para Buenos Aires e se internou no hospital Britânico, onde não passou despercebido. O juiz Torres, que havia imposto a ele a pena de não comparecimento ao estádio pela emboscada dos torcedores do Chacarita em 1999, considerou que havia violado a decisão e o mandou para a prisão durante dez meses, até ser libertado.

A família Cabral também se autodiagnosticou para se dar alta no hospital, burlando a ordem de prisão que pesava contra eles, e se refugiou em La Boca; Tyson Ibáñez fez o mesmo e voltou para a sua casa.

O mais impressionante de tudo é que, em 3 de fevereiro, no cemitério de Lomas de Zamora, a polícia poderia ter capturado alguns dos participantes da luta, já que a La Doce de Rafael estava presente no enterro de Miguel Ángel Cedrón. Ao lado de Di Zeo, para as condolências finais, estava Cabezón Lancry, que assim selou a aliança definitiva com Rafael e deixava para trás o grupo de La Boca, o que teria seu custo. Isso porque a briga interna estava longe de terminar.

Em 19 de fevereiro, as paredes ao redor do La Bombonera apareceram pintadas com as frases "Lancry traidor" e "Há balas para todos". Três dias mais tarde, na parede que dá para a Casa Amarilla, estava escrito "Morte a barras antiassaltantes". Ciente desse problema, Lancry agiu. Ele foi em busca de Rojitas, o homem que a família Cabral deixou no comando enquanto estava na clandestinidade. A explicação para Lancry, chefe de Segurança do Legislativo de Buenos Aires, teve o seu efeito. O Cabezón tinha salvado a sua pele novamente.

Os efeitos da luta, de qualquer maneira, seriam sentidos durante todo o ano. A diretoria, afastando-se depois do assassinato, teve de cortar parte da torneira da qual a La Doce bebia. Federico Storani, ministro do Interior de De la Rúa, apareceu publicamente para denunciar que a barra era bancada pelos diretores do Boca, limitando assim suas operações. Mas a La Doce não ficaria quieta. Di Zeo, mesmo com a proibição de ir ao estádio, voltou a ocupar seu lugar a cada domingo, sem que ninguém da Polícia Federal percebesse, apesar das imagens transmitidas pela televisão que focavam as arquibancadas. O seu regresso ao La Bombonera aconteceu no primeiro jogo local do Boca no Torneio Clausura em 2000. Cientes, os torcedores de La Boca-Dock Sud planejaram uma revanche três dias depois, no mesmo local, quando o Boca receberia a Universidad Católica pela Libertadores. Mas o sangue não chegou ao rio porque a polícia, sabendo do que estava para acontecer, parou a luta. De fato, horas antes da partida, Agustín Gabriel Rey foi preso – ele era parte da segunda linha da barra e encarregado de levar várias bandeiras em um Chevrolet Corsa. Além disso, no porta-luvas do carro, Rey tinha duas pistolas de 9 mm com o carregador cheio. Naquele dia também foi preso Juan Carlos Alejo, homem da La Doce processado pela emboscada contra Chacarita. Ele foi preso na arquibancada com ingresso registrado, do tipo a que apenas a diretoria tem acesso. Esse incidente, eventualmente, deixou claro para os chefes do Boca que por um tempo não podiam dar um único ingresso do terceiro andar para a barra.

Assim, a tensão foi crescendo. Enquanto Di Zeo voltava a controlar a geral, a impossibilidade de ter benefícios para as segundas e terceiras linhas da barra lhe dava dor de cabeça. Ele sabia que era uma fonte de conflito que poderia acabar com o seu poder. Para piorar a situação, aconteceriam três clássicos em dez dias naquele ano 2000, um pelo Torneio Clausura e dois pela Copa Libertadores. Então, ele agiu. A primeira coisa que fez foi "visitar" a equipe. A La Doce queria os ingressos que os clubes entregavam a cada jogador e uma quantidade grande de dinheiro.

Em 9 de maio, Rafael Di Zeo, Oso Pereyra, Cabezón Lancry e Francis Di Maio, de volta à barra meses antes, chegaram ao hotel Los Dos Chinos, onde o Boca de Bianchi estava em concentração. Eles se reuniram primeiro com alguns líderes na sala de jogos do terceiro piso, exclusivamente reservado para a equipe, e logo chegaram ao quarto 303, que era compartilhado por José Horacio Basualdo e Gustavo "Mellizo" Barros Schelotto. Mellizo não estava na reunião, e sim Basualdo, Bermúdez e Cristian Traverso. Daí veio o acordo: cada jogador entregaria dois ingressos para ambos os superclássicos e ajudariam os membros das barras bravas em suas ações judiciais. Como? Tentando influenciar os juízes que eram torcedores do Boca. O acordo se materializou no dia seguinte quando Basualdo, acompanhado por Di Zeo e pelo advogado Marcelo Rochetti, atual chefe de Segurança do Legislativo de Buenos Aires sob o governo Macri – e que, então, trabalhava no bufê de Adrián Menem, sobrinho de Carlos Menem –, chegaram na Sala V da Câmara Criminal para se reunir com um dos seus integrantes, o juiz Mariano González Palazzo, que representava o Boca no Colégio de Árbitros da AFA. Supostamente, o pedido foi que ele intercedesse junto aos seus colegas da Sala I, os mesmos que dias antes haviam libertado Fernando Di Zeo da prisão. Em troca, eles lhe deram duas camisas assinadas por todo o time. Em segredo, González Palazzo negou ter feito qualquer acordo. "Eu não jogaria o meu prestígio para as feras", dizem que falou no tribunal. O certo é que Fernando Di Zeo foi liberado meses depois.

Durante os dez dias em que os superclássicos geraram ansiedade no país, não houve atos de violência. A raiz da falta de incidentes foi que o Grêmio de Futebolistas Argentinos entrou em acordo e a AFA determinou que se precisassem suspender algum jogo, iriam descontar pontos do clube que tivesse começado os distúrbios. Os representantes mais altos das barras dos clubes Boca, River, Racing, San Lorenzo, Chacarita, Chicago, Platense e Banfield se reuniram no bar Los 36 Billares para fazer um pacto de trégua. Quem sugeriu isso foi La Vieja, o líder da barra do Banfield que abrigou em sua casa José

A barra de Quique em uma imagem histórica de 1977, bem em frente ao La Glorieta, um negócio que o chefe montou graças à La Doce.

A clássica imagem de el Abuelo (de óculos escuros) em seus tempos de chefe máximo da La Doce, ao lado de Santiago Lancry (à esquerda) e Narigón Herrera (à direita).

Melli, Oso, Rafael e Alejandro, em 2006, quando acreditavam que a impunidade reinaria para sempre.

Alejandro Falcigno diante da barra, em abril de 2007. Sua liderança durou apenas quatro meses.

Mauro Martín (à esquerda) e seu irmão Gabriel rodeiam el Uruguayo Richard durante o superclássico do Torneio Apertura 2007, jogado no campo do River.

Mauro Martín (no centro) e Maximiliano Mazzaro (à direita): os atuais chefes da barra brava.

Bandeira que a La Doce estreou no dia 8 de setembro de 2002, numa partida contra o Gimnasia, lembrando seus integrantes mortos.

O selvagem ataque aos torcedores do Chacarita no dia 3 de março de 1999, que levou à prisão de Rafael Di Zeo (à direita). Caído, Pajarito Benedetti.

Outra imagem do ataque contra torcedores do Chacarita, durante amistoso no La Bombonera.

Incidentes no estádio do Independiente, no dia 24 de novembro de 2002, depois do empate que deu o título ao Vermelho. De blusa preta, o jovem Rafael Di Zeo.

La Doce formando um espaço vazio no estádio do Newell's, durante o Torneio Apertura 2007, protestando contra a prisão de seu líder, Mauro Martín.

As marcas do selvagem confronto entre as facções de Mauro Martín e de el Uruguayo Richard, no McDonald's do Parque Lezama. A batalha, que aconteceu no dia 15 de março de 2008, poderia ter sido um massacre.

Rafael Di Zeo, Silvio Serra e Santiago Lancry mostram suas carteirinhas para entrar no estádio (31/5/1998), tentando burlar o direito de admissão imposto pelo juiz Víctor Perrotta.

Oso Pereyra e Rafael Di Zeo posam com Carlitos Tevez em El Corralón, o restaurante preferido da La Doce.

Diego Maradona com Rafael Di Zeo (3/12/2006) durante o casamento de Rafael com Soledad Spinetto, a secretária particular do então governador de Buenos Aires, Felipe Solá.

Os irmãos Di Zeo governaram as arquibancadas durante uma década, de 1996 a 2006.

A escola oficial da barra liderada por Mauro Martín durante a Libertadores 2008, no Brasil.

A segunda linha da La Doce, completa. A barra movimenta um núcleo central de quinhentas pessoas, e com todas as linhas chega a ter 1.500 membros.

La Doce apoiando o governo Kirchner em sua guerra contra o grupo Clarín, durante o superclássico do Torneio Clausura 2009.

O reino de el Abuelo chegava ao fim. No dia 16 de maio de 1997, José Barrita foi condenado a oito anos de prisão.

Marcelo Aravena saindo do tribunal para a penitenciária de Devoto. Foi condenado a vinte anos de prisão pelos crimes envolvendo dois torcedores do River.

Rafael Di Zeo presta seu depoimento durante o histórico processo de setembro de 2005, que o levou à prisão.

A imagem que Rafael Di Zeo nunca pôde imaginar: policiais o escoltam para a penitenciária de Ezeiza, onde cumpriria pena de quatro anos e três meses de prisão.

Barritta quando o líder da La Doce estava foragido em 1994. Foi uma trégua muito curta.

Após o superclássico de 24 de maio, aquele em que Riquelme tocou a bola por debaixo das pernas de Yepes e do gol de Palermo no retorno após a sua lesão, que deu a vaga ao Boca para as semifinais da Copa, a La Doce voltou à briga. Diante da recusa da diretoria em pagar as viagens para o México para duzentos deles e triplicar a quantidade de duzentos ingressos, a La Doce agiu: em 27 de maio, em Rosario e contra o Newell's, eles acenderam fogos de artifício em direção ao gol do goleiro Diego Luque, do adversário. O árbitro Fabián Madorrán suspendeu a partida e a barra fez uma jogada escassa, mas eficaz: acusou um torcedor, Maximiliano Herr, de 19 anos, de ter jogado o bastão de fumaça. Eles o pegaram e o levaram para a polícia. Dois dias depois Herr foi libertado e retiraram as queixas contra ele. Foram descontados três pontos do Boca, o que o afastaria definitivamente da luta pelo Torneio Clausura, que até aquele momento estava entre o River e o San Lorenzo, e a barra deixava claro que, para que houvesse paz, deveria haver um acordo.

Protegidos pela desculpa de que supostamente eram reféns do grupo de torcedores, a diretoria do Boca cedeu. A reunião foi realizada na confeitaria El Reloj, na Lavalle com a Esmeralda. Uma lista foi compilada: cinquenta deles viajariam de avião para ver a final contra o Palmeiras, em 21 de junho no Brasil, e duzentos teriam quatro ônibus fretados especialmente para a ocasião. Quando os criminosos sentenciaram o acordo, Cabezón Lancry foi visto festejando lado a lado com os protagonistas. A verdade é que os triunfos trazem novas exigências. Com Mauricio Macri lançado na política, qualquer passo em falso poderia condená-los. Di Zeo precisava que os benefícios ficassem por baixo dos panos, para que o seu poder, depois dos sucessos do começo do ano, voltasse a se solidificar. Então ele pediu 2 mil ingressos para os garotos. Não havia maneira de satisfazer esse desejo, o que se tornou claro na primeira rodada do Torneio Apertura, no triunfo sobre o Argentinos Juniors em casa por 4 X 0. A batalha recomeçou.

Para a La Doce, a equação sempre foi simples: enquanto negociamos com a diretoria, pressionamos no estádio. A jogada funciona de duas maneiras: como uma mensagem para os superiores e como financiamento vindo dos jogadores. Fizeram isso em 10 de agosto de 2000, dois dias antes de o Boca jogar a segunda partida em casa contra o Gimnasia. Rafael Di Zeo e Armando Pereyra chegaram cedo, enquanto os jogadores estavam se aquecendo. Eles estavam esperando o aquecimento acabar, apoiados em uma das janelas do estádio de basquete, o La Bombonerita, de modo que os jogadores pudessem vê-los a caminho do vestiário. A tática funcionou. Tanto que a equipe teve o cuidado de descobrir se eram apenas os dois que estavam lá. A resposta, negativa (do lado de fora um grupo de oito membros da La Doce esperava), fez com que eles se reunissem e decidissem o que fazer. O Patrón Bermúdez assumiu a liderança e propôs fazer uma reunião no vestiário na Casa Amarilla. O assunto básico seria falar do financiamento para viajar ao Japão para assistir à final da Intercontinental, contra o Real Madrid, em 28 de novembro. Ao mesmo tempo recuperar dinheiro, ingressos e uma relação que havia sido quebrada desde os incidentes com Chacarita e os fogos de artifício contra o Newell's, que haviam tirado a chance de a equipe sair campeã, sem fazer exigências robustas. A jogada foi eficaz: dois dias mais tarde, após o empate de três gols contra o Lobo, a equipe parou em frente à arquibancada e aplaudiu a La Doce.

Nessa mesma hora, fugindo do assunto, Mauricio Macri declarava que "Bermúdez deveria explicar por que eles se reuniram com esses senhores em um vestiário". O mesmo quis saber o juiz Sergio Torres, que abriu um processo por suposta extorsão e convocou para testemunhar toda a equipe. "Se eles querem terminar com a violência, têm uma oportunidade histórica", provocou-os em seu escritório em 21 de setembro. Não foi, claro, o que aconteceu. Eles apenas testemunharam por vinte minutos, justificando o pedido de camisas que haviam prometido e que ninguém os ameaçou. "Saímos rápido porque não havia muito a dizer", falou com arrogância Patrón Bermúdez. Mais sutil foi a resposta do promotor do processo, Marcelo Munilla Lacasa: "Tudo isso é inútil. Se as vítimas não querem colaborar, o processo não avança". Ele tinha razão. Em 15 de fevereiro de 2001 o processo foi arquivado. Eles lamentariam por ter deixado essa chance escapar. Porque não só pareciam ter o apoio da Justiça, mas também dos torcedores comuns do Boca, que em uma demonstração inédita se manifestaram contra a La Doce dias antes, em 17 de setembro, durante a vitória por 2 X 0 contra o Almagro no La Bombonera, cantando: "Se vocês não querem o Boca, que não venham nunca mais". Naquele dia, a La Doce publicou uma declaração estranha: "Hoje não há gerais [ingressos] para os torcedores, aos quais os dirigentes pediam para ir ao estádio quando o Boca não ganhava. Quando a imprensa não está presente, a diretoria convida essa torcida para churrascos e os cumprimenta cordialmente. Se nós somos animais, nos eduquem. Não somos mafiosos nem delinquentes. Alguns tratam de confundir para que a gente não vá ao estádio. Os torcedores entram com bandeiras grandes, chapéus, sinalizadores, confetes porque algum diretor capacitado, e na frente da liderança, colabora com a festa sem hipocrisia. Eles dão ingressos a deputados, empresários e amigos, enquanto não há gerais para aqueles que enfrentaram os maus momentos". Nenhum juiz chamou para depor os chefes da barra que admitiram, explicitamente, a relação de cumplicidade com a diretoria.

Os dirigentes também analisaram esse documento na reunião do comitê executivo em 28 de setembro, a data fechada para expulsar como sócios os irmãos Di Zeo (Rafael tinha o registro número 62.761-0), suspensos desde a emboscada contra os do Chaca. Os Di Zeo, como parte de uma estratégia, haviam deixado de pagar as mensalidades três meses antes. O clube, então, os classificou como devedores, permitindo uma saída elegante. Se eles tivessem sido expulsos, os Di Zeo estariam fora do clube para sempre. Mas, com essa estratégia, eles poderiam se associar novamente quando quisessem. A comissão de diretores, para evitar que o constrangimento público fosse grande, recomendou que não fizessem isso. Mas os mesmos dirigentes fariam o contrário em 2004, alegando que na Justiça não havia nenhum parecer que os impedia de ser, novamente, membros oficiais da família boquense. Por fim, em 28 de novembro, no Japão, eles festejaram todos juntos a vitória do primeiro Intercontinental da era Bianchi.

O clareamento não clareia

A felicidade pela glória esportiva alcançada e as boas relações que novamente circulavam por La Boca levou a barra e a diretoria a analisar uma tentativa absurda de entregar ingressos gratuitos ilegalmente. Até então, a liderança do Boca, segundo declarou seu antigo vice-presidente Roberto Digón no 4º Tribunal da Capital Federal, havia liberado as catracas dos portões 12 e 14 para que a barra entrasse sem pagar. Mas outros ingressos ainda eram necessários para outros fins.

Em 28 de fevereiro de 2001, durante o Torneio Clausura, Santiago Lancry e Hugo Gutiérrez apresentaram o nome do movimento, até então desconhecido, chamado La 12 Presente, que era um pedido para receber 250 ingressos de graça por jogo e dois ônibus cada vez que eles fossem visitantes, alegando que os ingressos eram destinados aos torcedores com poucos recursos. A comissão de diretores discutiu o assunto na reunião de 6 de março, emitindo um comunicado ainda mais incrível: "A honorária CD do Club Atlético Boca Juniors, em conhecimento do conteúdo da nota recebida na instituição em 28 de fevereiro, entende que, a fim de colaborar com a erradicação da violência nos eventos esportivos, vale a pena explorar alternativas que levem a esses objetivos".

O Boca supôs que a AFA e o governo fossem dar carta branca para eles financiarem a barra e assim se desprenderem de quaisquer atos futuros de violência. Mas eles encontraram oposição de ambas as entidades. Julio Grondona negou o pedido porque sabia que, se autorizasse, o método iria se estender para todos os clubes. Já o secretário de Segurança, Enrique Mathov, radical como Lancry, que em um primeiro momento pareceu apoiar a ideia, teve de seguir as decisões presidenciais de cortar as raízes, já que o humor popular não estava muito grande, num ano em que a Argentina viveria a sua maior crise desde o regresso da democracia.

Embora a iniciativa tenha falhado, a La Doce continuou recebendo sua parcela de poder a cada mês, e isso, além dos triunfos constantes na área esportiva, acalmou as águas. A barra viajava pelo continente seguindo a equipe de Bianchi – que conseguiria novamente a Copa Libertadores – e a estrutura armada por Di Zeo, baseada na quantidade de benefícios, terminou por consolidar o seu poder e produzir o efeito de impedir graves atos violentos durante todo o ano. Situação que, segundo a La Doce, poderia ter sido mantida durante todo o ano de 2002, a não ser por atos de "provocação" de outras barras. Porque no verão veio outro tiroteio e o futebol teve nova vítima fatal.

O primeiro incidente aconteceu em 19 de janeiro. Naquele dia, Boca e Racing jogavam pelo Torneio Pentagonal de Mar del Plata. Às 16:30 horas, a La Doce passou pelo cruzamento de Etcheverry em um ônibus, duas Trafic e alguns carros. Duzentos metros depois, a barra do Racing, encostada em um posto de gasolina YPF, comprava suprimentos para o restante da viagem, e os viu chegar. Disso para sair para buscá-los foi um pulo. O posto de gasolina chamou a polícia, que levou 15 minutos para enviar um batalhão composto de vinte homens e um grupo de operações especiais. Durante esse tempo, houve uma briga envolvendo centenas de torcedores. Quando terminou, a Rota 2 tinha manchas de sangue e a revista dos ônibus foi parcialmente eficaz: em um dos ônibus do Racing encontraram duas armas calibre .22, trinta balas, um cassetete, várias facas e correntes. Nos do Boca, mesmo que um dos ônibus da La Guardia Imperial apresentasse uma perfuração de bala, estranhamente não foi achado nada. Então a La Doce pôde seguir caminho e pela noite zombou da La Guardia Imperial, que permaneceu atrasada em La Plata, ao grito de "olelê, olalá, La Doce está no campo, a Guardia onde está?". Os ônibus em que viajava a barra do Racing pertenciam à empresa Zíngaro, a mesma que levava a equipe aos jogos.

Essa vitória permitiu que a La Doce negociasse, em posição superior, a sua presença para o superclássico de verão que seria jogado em 27 de janeiro. Dias antes, no jogo disputado em Mendoza, a barra do River havia mostrado quatro bandeiras do Boca e a La Doce se vingaria. Mas eles guardaram essa informação. E como muitas vezes acontece, igual aos Los Borrachos del Tablón, eles entraram em acordo com a polícia de Mar del Plata para evitar incidentes, o que faria com que eles mandassem menos policiais do que tinha sido pago pela organização, para depois repartir esse dinheiro com ambas as barras. No entanto, Los Borrachos descobriram um fato fundamental: entre todos os objetos que a La Doce tinha, estavam escondidas várias bandeiras vermelhas e brancas, como vingança pelo que havia acontecido em Mendoza. Então, a primeira e a segunda linha passaram pela arquibancada do terceiro andar em busca das bandeiras. Primeiro brigaram com torcedores comuns e depois com a La Doce, que também chegou nessa área. Foram dez minutos de uma briga feroz, inicialmente ali na arquibanfcada, depois no pátio – minutos em que os da La Doce conseguiram retroceder os do River. Ángel Díaz, da barra do Boca, acabou esfaqueado, e Fernando Di Zeo, o verdadeiro motor daquela batalha, com feridas menores de facadas.

"Essa briga foi fantástica. El Turco del Oeste, que era um dos chefões do River, se atirou na vala para salvar a sua vida. Eles passaram na televisão e eu gravei o vídeo! De vez em quando nós o assistimos, e nos cagamos de rir de como os fizemos correr", lembra Rafael Di Zeo sobre uma batalha que, embora não tenha deixado nenhuma vítima fatal no estádio, acabou com uma, horas depois, na avenida: Fernando Palermo, torcedor do Boca, foi atacado e esfaqueado pela barra do River.

Para ambos os casos foram abertas investigações diferentes. A do crime de Palermo, a cargo do procurador Alfredo De Leonardis, não progrediu. Quanto aos incidentes no estádio, a cargo da procuradora María de los Ángeles Lorenzo, também não aconteceu nada. Porque nenhum torcedor foi processado, mas sim o comissário José Rivero acusado de cobrar serviços adicionais não prestados. A La Doce, mais uma vez, saiu ilesa.

O escândalo produziu nova queda financeira na barra, que foi ameaçada de deixar de ganhar o dízimo e não receber o apoio para que o grupo mais seleto viajasse ao Japão, para seguir a Seleção Argentina no que seria, por fim, sua breve participação na Copa do Mundo. Isso, somado ao assassinato do torcedor do Independiente Gustavo Rivero, antes de um clássico contra o Racing, e o de Sebastián Garibaldi, durante um Estudiantes-Gimnasia, levou a La Doce a guardar as armas por bom tempo. Eles se dedicaram a honrar os mortos por meio de uma bandeira com as imagens de Cabeza de Poronga, el Abuelo, Querida, Tano e Miguel Cedrón com a legenda "Desde o céu eu vou incentivar você", que foi estreada em 8 de setembro no triunfo em casa contra o Gimnasia y Esgrima de La Plata (2 X 0). Quem financiou a bandeira? Ninguém sabia, mesmo que a relação da barra com a liderança tivesse ficado evidente em 28 de outubro de 2002. Como em cada encontro em Núñez, a barra deveria sair de ônibus desde a Casa Amarilla, protegida pelos policiais da 24ª Delegacia de Polícia. Mas o transporte não apareceu e eles acabaram viajando em ônibus públicos da linha 29. Miguel Garín, comissário local, consultado sobre o assunto, disse muito tranquilamente: "O clube tinha de alugá-los, mas algo aconteceu. Era sempre o clube que alugava os ônibus". Mas, claro, a declaração foi esquecida e ninguém se preocupou em investigá-la.

O ano de 2003 jamais poderá ser apagado da história da La Doce de Rafael Di Zeo. Naquele ano, um processo foi aberto por associação ilícita, a mesma acusação que levou à prisão a barra de el Abuelo, e também foi o ano em que durante dez minutos eles estiveram face a face com os líderes da barra do River, Alan e Adrián, em um terreno. Esse acontecimento teve lugar às 14:20 horas do dia 7 de fevereiro no Arco do Desaguadero, no mesmo dia em que o River e o Boca jogavam em Mendoza em um novo superclássico.

A história diz que os torcedores do Los Borrachos del Tablón chegaram primeiro e, depois de atravessar o posto de controle policial, ficaram a duzentos metros esperando os ônibus, que viriam um pouco mais tarde. Justo naquele momento apareceu toda a La Doce. O mito diz que, dada a inferioridade numérica, Alan e Adrián ofereceram aos Di Zeo uma briga de punhos, e eles ficaram bravos enquanto seus companheiros os incitavam a atirar.

"Essa é a versão que eles contam no River. Alan e Adrián sabem que têm de acender uma vela para os Di Zeo, porque se não fosse por nós, eles não valeriam dois pesos. Eles estavam brancos, irmão. E ali eu lhes mostrei que havia códigos. Querem saber o que aconteceu de verdade? Nós íamos em 13 Trafics e seis carros. Os carros passaram e as Trafics ficaram na revista no lado de Mendoza. Então, sentamos a uns duzentos metros, onde havia uma loja, para comer uns sanduíches. Eles vieram em dois ônibus e um Mercedes azul polarizado. Aconteceu o mesmo com eles: o Mercedes passou, mas os ônibus não. Saíram Alan, Adrián e mais uns dois para comprar algo na loja e, quando eles nos viram, entraram em pânico. Nós fomos atrás deles e propusemos uma luta corpo a corpo. Eles pediram arrego. Pediram para que eu não os machucasse. 'Aqui ninguém vai machucar você, papai', eu disse a eles. E eles se foram sãos e salvos. Tanto que, quando eu estava foragido, mandaram me perguntar por gente amiga, se eu precisava de algo, um esconderijo. Agradeci, porque valorizaram o que eu havia feito por eles naquele momento, que foi salvar suas vidas", disse Rafael sobre aquele incidente.

A política do maior lance

A relação da La Doce com a política ficou evidente em muitas ocasiões, tanto na barra que era comandada por el Abuelo como na de Di Zeo. A primeira teve um vínculo claro com o justicialismo e também realizou alguns trabalhos para o radicalismo durante a primavera alfonsinista. A segunda trabalhava diretamente para quem desse o maior lance. O próprio Rafael Di Zeo, em uma investigação sobre futebol e política realizada pela BBC britânica, reconheceu que eles faziam trabalhos para partidos políticos. Reconheceu ter fotos com Raúl Alfonsín e Carlos Menem e até mesmo ter conversado privadamente em hotéis e no interior do país com futuros candidatos presidenciais. Por seus laços com os chefes de segurança do país (a agenda de Rafael tinha números surpreendentes referentes às pessoas da Polícia Federal e da política), a La Doce estava sempre vinculada a essa esfera do governo. Na verdade, quando Rafael Di Zeo foi preso no final de 2003, eles encontraram em seu poder documentos falsos e sempre houve a suspeita de que enquanto o processo judicial sobre a emboscada ao Chacarita corria em março de 1999, eles conseguiriam sair do país com passaportes falsos, mas produzidos oficialmente.

Segundo um torcedor da barra, arrependido, em depoimento à revista *Gente*, Rafael Di Zeo recebeu 450 planos Trabajar (assistência financeira do governo para desempregados) para interferir na campanha eleitoral de um ex-presidente no começo de 2003. Também disse: "Quando em abril houve a confusão da Brukman, tomada por manifestantes, veio ao La Bombonera um ministro e deu a Di Zeo 20 mil pesos para que ele levasse cem torcedores e fizesse confusão em uma marcha. Nós ganhamos quarenta pesos cada um em umas duas horas. Foi o Rafael quem nos pagou". A infiltração aconteceu em 22 de abril de 2003, após o despejo da fábrica Brukman, por ocasião da marcha convocada por grupos de apoio diferentes e que reuniu mais de 25 mil pessoas. A verdade é que o candidato que ganhou não foi, precisamente, o preferido de Di Zeo, que supôs, naquele mesmo dia, que o elo da impunidade poderia se romper muito facilmente. Poucos meses depois, ele confirmaria isso em primeira mão.

Assim, entre certo medo do que poderia vir e a espera até que as águas se acalmassem, a La Doce tinha ordem de ficar em silêncio por um tempo. Mas o gene da violência foi mais forte. Em 31 de agosto de 2003, o Chacarita foi ao La Bombonera para enfrentar a equipe xeneize pela quinta rodada do Torneio Apertura. Alguns dizem que a proximidade do primeiro turno das eleições para prefeito da cidade, que tinha Mauricio Macri como um de seus candidatos, foi o gatilho. Outros dizem que a ideia era matar com um único tiro Barrionuevo, Macri e a La Doce. O certo é que, em uma zona absolutamente liberada, a barra brava do Chaca começou a gerar confusões desde antes do encontro, sem a intervenção policial.

No jogo preliminar, durante a metade do primeiro e no intervalo do segundo tempo, a barra visitante jogava qualquer tipo de objeto em direção à arquibancada do Boca. Aos vinte minutos do segundo tempo, a La Doce, que até então tinha ordens de não responder à provocação, cedeu. Eles se dirigiram para o portão da terceira arquibancada da geral que divide os dois times e o escândalo atingiu proporções imensas. O jogo foi suspenso e não houve ninguém preso naquele momento. Além disso, a barra do Chacarita voltou a San Martín escoltada pela polícia, com a sua missão cumprida.

Javier Castrilli, subsecretário de Segurança de Eventos Futebolísticos, apresentou uma queixa pelos incidentes que terminou no juizado do doutor Luis Rodríguez, que se recusou a levar a queixa adiante porque ele estava no estádio no dia dos incidentes e então, por sorteio, ela foi parar no 4º Juizado de Instrução, a cargo de Mariano Bergés, que também estava presente como torcedor do Boca no jogo, mas aceitou julgá-la. E ele agiu. Tanto que em um mês já estava preso o vice-presidente do Chacarita, Armando Capriotti, e declarou foragido Rafael Di Zeo e boa parte da La Doce.

Bergés baseou muitas das acusações em depoimentos de alguns dos integrantes da barra arrependidos, basicamente no de Carlos Amenedo, conhecido como Paleta, que incriminou os Di Zeo, Oso Pereyra, Santiago Lancry, Alejandro Falcigno e Topadora Kruger, entre outros, pela revenda de ingressos, ameaças e coerções a jogadores, torcedores e dirigentes. O juiz os processou por associação ilícita, a mesma acusação que havia derrubado Barritta e seu grupo dez anos antes.

O processo mostrou algumas dificuldades interessantes. Bergés, com o apoio do governo, queria ir até o final. Assim, enquanto emitia um mandado de prisão para Di Zeo e prendia Lancry, também punha em sua mira a segunda linha da La Doce. Em 12 de outubro, em um procedimento no meio da partida contra o Atlético Rafaela, foram presos alguns suspeitos e entre eles históricos habitantes da segunda bandeja, como Luis Villasante, os irmãos Píriz e Diego Palazuelos. Mas a sua obsessão era Di Zeo. Em 2 de outubro ele esteve muito perto de pegá-lo. Foi realizada uma operação no apartamento da mãe de Rafael, em Flores, onde o chefe da La Doce estava escondido.

Segundo a versão policial, uma agente da Polícia Federal chamada Viviana Parrado (que viria a ser acusada de encobrimento) impediu sua prisão, ganhou tempo e Di Zeo, tentando ser como o Homem-Aranha, desceu 11 andares com lençóis amarrados até escapar pela garagem do edifício. A versão do principal envolvido é diferente: "Eu cheguei no apartamento e vi movimentos estranhos. Por isso fiquei na rua. Quando eu me dei conta do que estava acontecendo, fui embora. Eles quiseram vender a ideia de que eu era o Tarzan para encobrir sua ineficiência". A verdade é que, na busca, a polícia encontrou 50 mil pesos, 10 mil dólares falsos, um revólver calibre .38, uma Magnum e seis identidades falsas, além de ter sido atribuído a Di Zeo um Mitsubishi Eclipse e um Peugeot 206. O fugitivo, entretanto, denunciou que faltavam 250 mil pesos entre o que ele tinha e o que a polícia disse ter encontrado. Bergés tem o seu ponto de vista: "Eu não acredito na teoria do Tarzan nem na de Di Zeo. Mas deve ter havido acordo para que ele saísse. Eu penso que ele comprou a sua fuga por 50 mil pesos". Ele estava certo: no julgamento realizado em março de 2007, apenas horas antes de ser definitivamente preso pela agressão aos torcedores do Chacarita em 1999, ele foi absolvido das acusações dos dólares e das identidades falsas graças à ajuda da polícia ao se contradizer em suas declarações; eles também acabaram minando as evidências em que a acusação estava se baseando.

No final de 2003, Rafael não somente seguia provando a sua impunidade com a fuga "cinematográfica", mas também com as decisões vindas da Justiça.

Na primeira semana de dezembro, a Câmara de Apelações concedeu liberdade a todos os envolvidos no caso de associação ilícita. Di Zeo e seu advogado, José Monteleone, pensaram que haviam vencido e cometeram um erro de principiantes.

Em 10 de dezembro, em meio a uma inspeção da polícia no apartamento de Di Zeo, ele se comunicou da clandestinidade com o seu advogado. Monteleone começou a falar ao telefone e um juiz adjunto disse que ele não poderia falar com um fugitivo em sua presença. O advogado cortou a conversa com um "passa depois em casa e falo com você". Quando Bergés se inteirou do diálogo, sabia que poderia pegar Di Zeo. Não importava o que a Câmara havia decidido apenas três dias antes. Mas como não confiava na Polícia Federal, chamou um comissário de sua confiança, Norberto Gavilán, chefe da Divisão de Roubos de Veículos Automotores.

Em Remedios de Escalada, Gavilán assistia ao triunfo de seu querido Atlanta contra o Talleres. Então, passou pelo tribunal e foi com uma funcionária do juiz ao local indicado. Eles ficaram a uns cinquenta metros do apartamento de Monteleone e esperaram. Às 18:10 horas viram Rafael sair com um amigo em um Golf. A polícia esperou por alguns quarteirões e, quando se deu conta de que o membro da barra não estava mais com apoio, chamou dois veículos policiais. Eles foram presos na Eva Perón com a General Paz. Di Zeo foi surpreendido. Apreenderam, entre outras coisas, uma identidade com a sua foto, mas com um nome diferente, e ele foi levado à Superintendência de Operações, em Villa Lugano, para ser transportado depois ao tribunal de Bergés, e no outro dia, ao contrário da ordem da Câmara de liberá-lo, o juiz o mandou para a cadeia de Marcos Paz, por Di Zeo ter pedido para não ir para Devoto, onde muitos o queriam morto. Ele passou vinte dias na prisão, até que a Câmara ordenou a sua liberação e cobrou duro contra Bergés por sua desobediência. Essa foi a primeira queda de braço séria em um processo que acabaria tirando um juiz dos tribunais e deixando o membro da barra livre por um tempo no La Bombonera.

Durante a temporada de 2004, a briga mudou-se das arquibancadas para os tribunais. No segundo semestre do ano anterior, Di Zeo havia posto Mauro Martín, Ariel e El Vaca Alarcón, que também lidera a barra de Defensa y Justicia, para manejar a La Doce durante sua ausência. Mas após a decisão da Câmara, que também retirou a proibição de ir ao estádio por ser considerada uma pena antecipada, ele voltou aos estádios com a ordem de não gerar nenhum incidente e sabendo que o menor deles acabaria com a sua sorte.

A grande entrada aconteceu em 24 de março, em um jogo da Copa contra o Deportivo Cali. Uma bandeira no meio da popular dizia "Di Zeo = La Doce" e demonstrava quem estava ganhando. Mas Bergés não havia desistido. Seguia--o, esperando um gesto mínimo para voltar à carga. Ele pensou que poderia encontrá-lo em 16 de maio, em um superclássico jogado no La Bombonera.

De acordo com Bergés, Di Zeo e seus capangas haviam causado alguns incidentes para que boa parte da barra entrasse de graça e mandou prendê-los. A polícia o alertou, dizendo que isso geraria confusão no meio do jogo e que eles os prenderiam no final da partida. Mas alguém avisou Rafael pelo celular. Nesse meio-tempo, camuflado como vendedor de refrigerantes, ele fugiu do estádio. Os únicos presos foram Santiago Lancry, Raúl Sala, Guillermo Seminaro e Guillermo Seisdedos. Na mesma semana todos estavam liberados. Não só isso: foram absolvidos de todas as acusações, e em troca o acusado passou a ser Bergés, por abuso de autoridade e abandono das funções de ordem pública. Como se fosse pouco, a Câmara havia ordenado seu afastamento do caso e que tudo relacionado ao Boca fosse levado adiante no 24º Tribunal de Justiça, o mesmo em que até então estava arquivado o processo dos Chaca em 1999. Isso acabou convencendo Bergés de que nada restava a ser feito nos tribunais. Ele renunciou ao cargo e passou a trabalhar para o Estado, controlando as poderosas AFJP (Administradoras de Fondos de Jubilaciones y Pensiones). "Eu ia para um lado e a Justiça para o outro. Eu fiz uma investigação séria e eles os deixaram livres. Eles voltaram para o estádio, voltaram a delinquir, eu os prendi e o mínimo que esperava era que a Justiça os proibisse de ir a um estádio. Mas não só isso, o processo também foi suspenso. Aí eu me enchi. Por muito menos um ladrão de galinhas vai à prisão. Mas os poderosos não. E Di Zeo, com os seus contatos políticos, a polícia e os dirigentes do futebol, tem poder. Eu me encontrei lutando contra moinhos de vento, e me cansei."

Com sua saída, o processo da violência parecia ter morrido. Tanto que alguns dias depois da decisão de Bergés, os Di Zeo foram reintegrados como sócios do Club Boca Juniors. E dias depois teriam feito outro trabalho para a política.

Em 16 de julho de 2004, o Legislativo de Buenos Aires trataria de mudanças no Código Contravencional da cidade, que endureceria as penas para delitos contra a ordem pública. Organizações da esquerda, de direitos humanos e sindicatos de vendedores ambulantes e prostitutas marcharam para repudiar a sessão. Incidentes graves foram registrados enquanto lá dentro eles votavam a favor das alterações. De acordo com Marisa Bonini, sub-representante do sindicato de vendedores ambulantes, houve pessoas infiltradas nos incidentes. "Podem passar todos os vídeos e não vão encontrar nenhum dos que marchavam quebrando um só vidro. Nós estávamos ali tocando o tambor, nada mais. Nós vimos uns vândalos, sem bandeiras políticas, com o rosto tapado, que foram os que acenderam a faísca, começaram a quebrar tudo." Muitos ligam os incidentes como uma forma de desacreditar socialmente quem protestava contra o projeto de reforma patrocinado pelo Pro (Proposta Republicana) de Mauricio Macri.

Era o tempo em que a La Doce seguia comemorando no restaurante El Corralón e no boliche Cocodrilo. Tudo parecia estar sob controle. Parecia.

Em 20 de dezembro de 2005, a Sala I da Câmara de Crimes confirmou o processo dos irmãos Di Zeo, Lancry, Oso Pereyra, Alejandro Falcigno e Fabián Kruger, entre outros, como membros de uma associação ilícita. Também confirmou o diretor do Boca, Edgardo Alifraco, como seu integrante, deixando-o em princípio como ligação entre o clube e a barra, mesmo que ele tenha conseguido escapar disso tempos depois.

Somente no ano seguinte o julgamento seria realizado, mas até hoje o processo segue emaranhado nos tribunais e essa parte da história continuará. Embora, segundo insiste Di Zeo, ele não tenha cometido crime nenhum: "Que crime há se os diretores me dão ingressos, liberam as catracas ou dão os ônibus. Nesse caso, o problema é deles. Eles davam ônibus desde o falecido Quique. No vídeo de 2003 apareço puxando as pessoas. Acusam-me de falar com o comissário e é verdade, eu falei com ele para que as coisas não fossem para um nível maior. Eu parei. O La Bombonera, para o torcedor, é sua casa. E se alguém entra e a quebra, você reage. Por isso, todo o estádio cantava 'e pegue Boca, pegue'. Por que não processam todos eles, então? A única coisa que falta é me prenderem por defender a minha casa".

A espada de Dâmocles

Com o processo confirmado como a espada de Dâmocles, a La Doce não tinha muitas chances de gerar confusão. Muito menos sabendo que 2005 seria um ano-chave: depois de muito tempo o julgamento de Di Zeo e companhia seria levado adiante por causa da emboscada dos torcedores do Chacarita em março de 1999.

Enquanto o negócio seguia funcionando, os chefes tinham ordens estritas de não gerar nenhum incidente até o julgamento no qual achavam que teriam bom desempenho. Na verdade, desde 1º de janeiro até segunda-feira, 19 de setembro, o dia em que o desfile começou nos tribunais, a La Doce esteve envolvida em apenas um ato de violência, e fora do país. Isso aconteceu em 30 de agosto, em Manizales, Colômbia, na noite anterior ao jogo que finalmente daria ao Boca um novo título: a Recopa Sul-Americana.

Os quarenta membros da La Doce presentes, liderados por Rafael Di Zeo, se reuniram com a barra do Once Caldas no que era um ato de camaradagem. Mas o consumo de álcool fez estragos e um torcedor colombiano começou a recordar a vitória do Once sobre o Boca na final da Libertadores de 2004, e uma garrafa abriu o couro cabeludo dele. Quando foi buscar reforços, a La Doce agiu rapidamente para conseguir que a polícia estivesse no local. E assim salvaram sua pele. No dia seguinte, receberam como prêmio as camisas dos jogadores, entregues em mãos no mesmo estádio. Foi o último troféu antes do julgamento.

Na manhã de 19 de setembro, Rafael e Fernando Di Zeo, Gustavo Pereyra, Fabián Kruger, Diego Rodríguez, Víctor Crocce, Juan Carlos Alejo, Víctor Salazar, Juan Castro, Leonardo Chávez, Roberto Ibáñez, Alejandro Falcigno e José Fernández sentaram-se no banco dos acusados. O promotor Diego Nicholson os culpava por lesões leves qualificadas e agravadas pelo uso de armas, coação agravada pela concorrência real de armas e roubo em grupo com uso de armas. O primeiro dos crimes, com pena máxima de dois anos de prisão, foi prescrito. O segundo, apesar de contemplar penas de até seis anos, apresentava algumas dificuldades que, segundo a defesa, jogavam a seu favor.

Por um lado, na fase preliminar, os integrantes da barra não sabiam que haviam sido examinados sob essa acusação, mas sim pelas ameaças leves, pelas quais acreditavam poder argumentar que não tiveram direito a defesa. Embora, é claro, se o julgamento remediasse essa falha. Por outro lado, há um ano a La Doce havia sido processada por coação, por Javier Castrilli ter iniciado o canto "'vamo' a matar a todas las gallinas" em um superclássico. Mas o juiz Daffis Niklison julgou a favor deles, entendendo que uma ameaça genérica não constitui crime. Essa confiança ilimitada os levaria à punição...

A defesa estava na verdade preocupada com a terceira acusação, a de roubo em grupo agravado pelo uso de armas, porque tinha penas de cinco a 15 anos de prisão e o termo "em grupo" como ameaça final. Isso era muito importante porque, em caso de condenação, a La Doce seria considerada uma quadrilha, um precedente fatal para o julgamento de associação ilícita que os esperava na esquina. Para anular a acusação, os advogados dos torcedores fizeram outra jogada baixa, mas efetiva: em troca de 150 mil motivos, os torcedores do Chacarita que haviam se declarado na época vítimas do roubo trocaram a sua declaração e juraram perante um escrivão público – em um local no centro de San Martín – não terem sido vítimas de roubo algum por parte da La Doce. A defesa acreditava ter colocado uma grande quantidade de facas na mesa, impossível de igualar. No entanto, a Justiça guardava uma última carta.

Durante uma semana, o 6º Tribunal Oral, constituído por seu presidente Guillermo Yacobucci e os juízes Leonardo De Martino e Ricardo Rongo, analisou todas as evidências. Os 13 membros da barra do Boca se recusaram a depor e assim os seus testemunhos foram incorporados no processo. A estratégia utilizada era monolítica: eles disseram que foram procurar os torcedores do Chacarita por retaliação, alegando que antes os torcedores rivais haviam batido neles com paus e pedras nos campos de futebol de salão, o que supostamente não estava sendo filmado porque ali não havia câmeras de TV. E mais: eles falaram que os tocos de madeira que eram vistos com eles tinham sido tirados dos torcedores do Chacarita e que apenas os usaram para se defender. O grau de improbabilidade do relato foi expresso em algumas das frases escutadas no tribunal. Ali estava Rafael Di Zeo dizendo que "sempre paro na grade porque dali se vê melhor o jogo, mas não conheço os que ficam ao meu redor". Oso Pereyra, sem corar, afirmava que "estava com minha filha e me ameaçaram. Por isso fui bater, somente para dar um golpe com força. E o fiz com a mão aberta". As risadas dos torcedores na sala quando o funcionário lia essas palavras eram estridentes.

Na terça-feira, 20, foi a vez das vítimas do Chacarita deporem: Daniel Pajarito Benedetti e os irmãos Pablo e Gustavo Iturres. Os três confirmaram o acordo extrajudicial com os do Boca e negaram o roubo de forma incomum. Dois diálogos provam isso. Quando perguntado pelo promotor Nicholson sobre o porquê de eles terem mudado as suas declarações sobre o roubo, Pajarito Benedetti declarou: "Eu estava confuso por causa dos golpes". Pablo Iturres acrescentou: "Eu disse que haviam rasgado a minha pochete, mas como lembrei que o fecho não estava funcionando direito, talvez ela tenha caído". Inacreditável. De qualquer modo, os torcedores do Chaca deram abertura para a coação grave (ou seja, declararam terem sido ameaçados para deixar a popular e, como resistiram, foram atingidos). Isso deu espaço para o promotor basear a sua alegação.

A quinta-feira, 22, foi o dia-chave do julgamento. Foi o dia em que, por algumas horas, o tribunal viveu um estado de sítio. O promotor Nicholson acusou todos de roubo, coação e lesões, e pediu penas de até dez anos de prisão. Acrescentou: "Já que as penas solicitadas não são liberadas, peço ao tribunal que os réus esperem o veredicto na prisão". Eram 14:45 horas e o clima começava a ficar tenso. O tribunal declarou um recesso de meia hora até a decisão. Mas deu a meia hora, uma hora e meia, e começou a correr a versão de que eles seriam todos presos. Para Devoto e para Marcos Paz.

Então, como que do nada, torcedores da segunda linha da La Doce começaram a chegar. Às cinco da tarde já eram mais de sessenta deles. A segurança do Judiciário agiu. Apareceram guardas do Serviço Penitenciário, uma equipe da Polícia Federal e duas formações da Infantaria. Uma faísca apenas poderia acender a bomba. Lá dentro, Rafael Di Zeo agarrava a sua medalha da Virgem Milagrosa para sonhar que nada ruim pudesse lhe acontecer. Teria sido mais fácil para ele se seus advogados estivessem cientes de uma decisão anterior da Corte Suprema de apenas 15 dias antes, pela qual todos os prisioneiros teriam direito a dupla instância judicial, ou seja, que a Câmara de Apelação revisse o caso no julgamento e que até essa instância pudessem seguir em liberdade, a menos que houvesse risco de fuga ou obstrução da investigação. Como não havia nenhuma dessas hipóteses, foi essa decisão que deixou, naquele momento e por muito tempo, Di Zeo e companhia livres. Baseando-se nela, o tribunal considerou que eles não deveriam esperar a sentença na prisão. Naquela noite a La Doce ficou convencida da sua vitória, certa de fechar o capítulo na segunda-feira seguinte, com a leitura do veredicto.

Não foi tão bem assim. Na segunda-feira, 26 de setembro, a pena foi publicada: Víctor Crocce, absolvido, já que nos vídeos apresentados como prova ele é visto longe da ação; os outros 12 integrantes da barra do Boca, punidos com penas entre três e quatro anos e meio de prisão, de acordo com a participação no ato de coação grave. O tribunal tinha certeza de que a La Doce havia ameaçado os do Chacarita sob o argumento de abandonar a popular ou manter a agressão. Juan Castro e Diego Rodríguez receberam a maior pena, de quatro anos e meio; perto deles estava Rafael Di Zeo, que recebeu uma pena de quatro anos e três meses; enquanto seu irmão e Oso Pereyra receberam três anos e dez meses; e Topadora Kruger, três anos e seis meses. Os outros seis foram condenados a três anos, que não são de cumprimento efetivo e sim condicional, por isso foram liberados. Mas os Di Zeo e o restante dos réus com penas maiores de três anos tampouco terminaram com os seus ossos na prisão em 2005: amparados pela citada decisão da Corte Suprema, foram liberados. Eles argumentaram que se eles fossem para a prisão e, em seguida, a Câmara os liberasse, estariam cumprindo pena antecipada. O único motivo para que isso não acontecesse era se o tribunal considerasse que os condenados fugiriam enquanto a Câmara fizesse a revisão. Mas o tribunal acreditou, corretamente, que ninguém com os contatos e com o poder de um Di Zeo fugiria, e os liberaram, com a possibilidade de continuarem indo aos estádios. A Câmara expediria a decisão um ano e meio depois.

Di Zeo estava em êxtase. "Eu não crio problemas, porque a Câmara, se há justiça, irá me absolver. Eles deveriam ter me dado dois anos pelas lesões, porque reconheço que participei na luta. Isso seria justo. Mas mais do que quatro anos... Eu estou tranquilo, a Câmara vai dar a volta porque eu tenho razão. O tribunal quis ficar bem com a sociedade, mas o Direito me dá razão. Essa foi a única vez na minha vida que sentei no banco dos acusados, e será a última."

Sua confiança, então, era baseada em seus relacionamentos. Na verdade, ele ostentava ter uma agenda repleta de números de políticos e policiais. Mas mesmo que seus advogados não tenham comunicado a ele, Rafael havia recebido nesse julgamento dois golpes, dois nocautes. O primeiro, a decisão que o poria na prisão em março de 2007. O segundo teria um poder devastador no futuro. Porque nos fundamentos da decisão o tribunal deu origem para que se considerasse a La Doce uma associação ilícita, processo que era tratado separadamente. "Os acusados são unidos por um vínculo grupal e suas condutas foram estabelecidas antes do início da agressão. Trata-se de um grupo organizado com alguns chefes visíveis, como os irmãos Di Zeo, Oso Pereyra e Topadora Kruger, como sugere a maneira pela qual atuaram, e dessa circunstância a maioria dos agora condenados se encontra submetida a um processo pelo crime de associação ilícita", diz a sentença. Se em pouco tempo a Câmara e o Tribunal pensassem a mesma coisa sobre esse crime, os dias de Di Zeo teriam um final parecido com o de José Barritta.

Minha esposa, a poderosa

Longe das especulações, não ter de voltar imediatamente para a prisão era visto como um triunfo pela La Doce, que mostrou todas as bandeiras e seus cantos no domingo seguinte, 2 de outubro, no estádio do Quilmes (Centenario). O triunfo por 4 X 0 da equipe liderada por Alfio Basile serviu para reforçar o sentimento de invulnerabilidade. Longe de qualquer ação prudente, Rafael utilizou o restante do ano para mostrar os seus contatos e o seu poder ao mundo que o julgava.

Em 30 de outubro, Maradona completaria 45 anos. Seu programa, *La noche del Diez*, era um sucesso em audiência e a produção decidiu que a celebração seria no La Bombonera e pela TV. Diante de milhões de telespectadores, Diego desceu de um helicóptero, e ali estava Di Zeo controlando a situação. "Nós organizamos tudo com Adrián Suar e Coco Fernández (produtor do programa). Nós lidamos com as coisas para que não houvesse problemas. Por que eles têm de negociar comigo? Não é negociação, o estádio do Boca é a nossa casa e se você vai organizar algo, é lógico que você tem de perguntar para o dono da casa", disse Rafael sobre esse evento. Isso foi importante para entender até onde ele tinha carta branca. Tanto que ele disse, convencido, que o dono da casa, do La Bombonera, não era ninguém senão ele mesmo.

Outro fato, mais incomum ainda, ocorreu em 18 de dezembro. O Boca jogava a final da Sul-Americana contra o Pumas da Unam no La Bombonera. Uma multidão tentava entrar e as imagens eram transmitidas para todo o continente pelo Fox Sports. Ali aparecia Rafael Di Zeo se comportando como se fosse o verdadeiro responsável pela entrada dos torcedores nas arquibancadas. Ele dava ordens aos policiais e estes o obedeciam como se estivessem recebendo ordens do comissário-chefe da operação. "Rafael Di Zeo organiza a entrada ao estádio do Boca", foi a placa vermelha levada ao ar quando faltava meia hora para o começo do jogo. E ali estava ele, de verdade, distribuindo o jogo. "Menino, tente passar. Você, Trompeta, passa, passa", e assim por diante. Um condenado a quatro anos e meio de prisão dava ordens para a polícia sobre onde ficar, a quem revistar e a quem não. Nenhum funcionário fez uma denúncia ou um pedido de informação à Polícia Federal pela situação irregular. Di Zeo sabia que ele havia vencido.

De onde mais surgia sorte semelhante? No sábado, 3 de dezembro de 2005, Rafael Di Zeo se casou. Não com Viviana Parrado, aquela agente da polícia que encobriu a sua fuga quando estava foragido em 2003, e sim com Soledad Spinetto. O nome não diz muito, apesar de seu cargo: até setembro de 2005, quando o seu namorado foi condenado a quatro anos e meio de prisão, Soledad era a secretária particular do governador de Buenos Aires, Felipe Solá. Ela se vangloriava de que Di Zeo era dono e senhor das arquibancadas no território de Buenos Aires.

"Nós dávamos direções muito claras sobre a torcida do Boca, que não podia entrar com bandeiras largas nem fogos de artifício. Eles tinham de revistar e, se resistissem, deveriam ser presos. Mas a cada vez que eles vinham à província, nada disso era cumprido. Di Zeo se comportava como se fosse o chefe em cada estádio de Buenos Aires. Então começamos a investigar e descobrimos que era Soledad quem mudava as nossas ordens. Um comissário de alto cargo me disse: 'Você, Mario, me diz uma coisa, mas depois a secretária do governador me liga e eu não tenho escolha senão obedecê-la'", disse Mario Gallina, então chefe do Comitê Provincial de Segurança Esportiva (Coprosede), exemplificando o poder de Di Zeo em Buenos Aires.

A história do seu amor é também a história do magnetismo que a La Doce provoca. Ninguém pode dizer que Rafael seja um tipo ultrabonito, mas mulheres de todas as classes e idades caíam aos seus pés. Soledad era uma morena bonita, que vinha de uma família de classe média alta. Usou o seu poder como secretária do governador mais poderoso do país para chegar a Di Zeo. Por meio de um segurança de Solá, que também frequentava a La Doce, ela conseguiu ir a um churrasco da barra e foi atraída pelo carisma do mais velho dos Di Zeo. Já ele foi conquistado não só por sua beleza, mas também por seu cargo. O romance selou com fogo a união entre a barra e o poder, como Mario Gallina descreveu em sua resignação. Claro, após o julgamento da La Doce, Soledad Spinetto foi prudentemente transferida para a Secretaria de Assuntos Agrários da Província, cujo secretário Raúl Rivara era um importante político do peronismo de Buenos Aires, inicialmente ministro de Obras Públicas e em seguida de Segurança durante o governo de Solá, justo na época em que Di Zeo estava foragido da Justiça...

Naquele sábado de dezembro, Di Zeo oficializou sua união com Spinetto no cartório civil de San Isidro e ofereceu uma festa monumental na casa de campo Los Galpones, de Benavides. A uma hora da manhã, quando a festa estava decolando, o DJ colocou a valsa. Esse é o momento mais clássico de qualquer casamento, em que o noivo, enquanto dança com sua noiva, jura amor eterno no seu ouvido, no ritmo de uma música celestial. Mas logo no primeiro acorde Rafael foi até a mesa e ordenou: "Neném, não ponha a valsa, eu não sei dançar". E fim da discussão. Foram tocadas músicas de Pocho la Pantera e os cantos contra o River. A festa estava completa. Estavam presentes juízes, funcionários (Carlos Stornelli, promotor até então e ministro de Segurança de Buenos Aires, com Daniel Scioli como governador, o que mostra que a linha Di Zeo-Segurança permanecia intacta; também estavam presentes María Teresa del Valle Fernández, conhecida como La Colorada, ex-mulher de Solá), artistas e, claro, Diego Armando Maradona. Assim, mesmo tendo uma sentença de prisão pendente e outro processo aberto por associação ilícita, Di Zeo, enquanto dançava e cantava, naquele ano de 2005 não tinha a menor preocupação.

No entanto, 2006 começaria com sinais de que nuvens apareceriam na vida de Rafael e da La Doce. Instalado em uma mansão em Tigre, com um campo de futebol para jogar com seus amigos incluído, Rafael pediu à Justiça permissão para passar a sua lua de mel no exterior. O pedido foi negado. Já que ele deveria permanecer no país, começou um negócio: enquanto estava de férias em Pinamar, montou um boliche na famosa rua Alem de Mar del Plata, com uma autorização provisória – para não dizer irregular – e em nome de outra pessoa.

Enquanto isso acontecia no litoral, em Buenos Aires as nuvens estavam ficando cada vez mais espessas. Em um movimento raro, ele esteve à beira de ir para a prisão: seu advogado, José Monteleone, não manteve o recurso da apelação sobre a sentença de quatro anos e três meses de prisão e então a decisão se tornou definitiva. "Eu nunca fui notificado do prazo que tinha para mantê-lo. Quando me inteirei, fui ao tribunal e vi que haviam forjado a minha assinatura para que eu caísse e enviassem Rafael para a prisão. Foi jogada de um ministro do governo para dar um tiro no governador Solá, que estava se distanciando de Kirchner. A política sempre usou o Rafael", disse Monteleone, que jura que Di Zeo acabou atrás das grades por uma questão política e não judicial.

A verdade é que, para abortar o movimento, Rafael alegou negligência (que liberaria o acusado das consequências) e nomeou um novo advogado, Marcelo Rochetti, ex-sócio do bufê de Eduardo Menem, advogado naquela época de vários comissários da Polícia Federal, entre eles Cayetano Grecco, chefe da 24ª Delegacia de Polícia. Sim, Di Zeo e o homem da Polícia Federal que tinha a jurisdição de La Boca tinham o mesmo advogado. Outro exemplo do quão incorrigível é a Argentina. Rochetti, ainda por cima, seria nomeado pouco tempo depois chefe de Segurança do Legislativo de Buenos Aires na gestão de Macri. Logo depois de ter se safado dessa confusão, Rafael recebeu outra notícia ruim: enquanto Buenos Aires estava com temperaturas altíssimas, a Sala II da Câmara de Apelações confirmava o processo de encobrimento e detenção de documentos estrangeiros, aberto em outubro de 2003, logo após a apreensão na rua Ramón L. Falcón, 2.300, em Flores. Mas Rafael, como se tudo fosse obra do acaso, não ligou os fatos e seguia arquitetando seu ano de 2006, com o sonho intacto de viajar à Copa do Mundo da Alemanha, algo que logo depois se tornaria utopia.

Como entender isso, naquele fevereiro de 2006, quando a organização de La Doce seguia dando frutos? Além disso, Di Zeo tomava o controle de um novo negócio: o Adrenalina Tour. Um nome que servia de gancho para a experiência de turismo alternativo, que faturava com europeus entediados à procura de aventuras no terceiro mundo. Associado a um agente de turismo que trabalhava com hotéis cinco estrelas na cidade, ele criou o pacote "Um dia com a La Doce": a cada domingo, um grupo de turistas ia cedo até a Casa Amarilla, desfrutava dos preparativos e um *choripán** com a barra, depois entrava com ela na geral do La Bombonera e ficava no lugar mais seguro da La Doce, em cima de onde estão as trombetas, local que é sempre vigiado pelos membros da segunda linha. "Ficar em um jogo no meio da La Doce é um sonho de todo mundo. Os gringos não conseguem acreditar, a festa, o ambiente, os gritos. E nós os damos com gosto. Se cobrávamos? Não, nós os transformávamos em torcedores do Boca", mentia Rafael. Porque havia, sim, um custo: cem dólares por cabeça em jogos comuns e 150 dólares nos clássicos.

Felizmente, eles não tiveram a ideia de propor o pacote "Jogar futebol com a barra", porque, se fosse assim, algum turista poderia perder a vida com os torcedores da La Doce. A barra de Rafael jogava futebol alternadamente às quintas-feiras à noite e aos sábados à tarde na Casa Amarilla, no mesmo campo em que jogavam os times inferiores e treinava a primeira divisão, proibido aos sócios comuns, mas não aos torcedores violentos. Marcelo Aravena tinha deixado a prisão havia pouco tempo, com liberdade condicional, depois de completar dois terços da sua pena pelos crimes contra os torcedores do River, Ángel Delgado e Walter Vallejos. Aravena guardava várias contas pendentes com Rafael. Por um lado, Aravena o acusava de não ter passado dinheiro suficiente enquanto ele estava na prisão. Ele também o acusava de ser um dos principais culpados indiretos do assassinato de seu padrasto, Miguel Ángel Cedrón, que aconteceu em 29 de janeiro de 2000, no meio de uma briga interna da barra. Para piorar a situação, Rafael recusava-se a aceitá-lo de novo como membro da família. Di Zeo via algo muito claro: Aravena não iria segui-lo, mas sim queria derrubá-lo. Então ele fechou todas as portas.

Diante dessa situação, e depois de perceber que a condenação judicial pela emboscada aos do Chaca não levaria Rafael à prisão naquele momento, Aravena formou o seu grupo de Lomas de Zamora e alguém decidiu agir.

Na tarde de sábado, 25 de fevereiro de 2006, houve uma declaração de guerra em plena Casa Amarilla, que não teve mortos por um milagre. En-

---

* *Choripán* é um sanduíche típico da Argentina feito com duas fatias de pão e um chouriço acompanhado por um tipo de vinagrete. (N.T.)

quanto Rafael seguia correndo, brincando de ser um Palermo sem sorte, e em frente à entrada voltada para a rua Del Valle Iberlucea, perto de Villafañe, uma caminhonete e um carro de luxo foram estacionados. Saíram deles seis pessoas, algumas armadas, e uma delas com uma espingarda. Como uma quadrilha armada, dois homens renderam o segurança que protegia a entrada e quatro entraram no prédio. Quando eles avistaram os torcedores da La Doce, os tiros começaram. O pessoal de Rafael se dispersou; todos menos el Uruguayo Richard, um personagem que tinha muita influência na barra a partir de então. Richard, preso em Devoto ao mesmo tempo que Aravena, e com uma grande ficha policial, sacou sua arma e conseguiu fazer com que os de Lomas retrocedessem, porque eles estavam à procura de Di Zeo. A emboscada havia falhado, os nomes dos seis participantes nunca foram denunciados e Rafael, mais uma vez, salvou sua pele.

O incrível é que tudo aconteceu a poucos metros da área da piscina e de descanso do clube. Em um sábado de fevereiro, com um calor insuportável, essa área estava lotada de pessoas. Com o rumo dos acontecimentos, um grupo de sócios vitalícios enviou uma carta em termos duros a Mauricio Macri, presidente da instituição, pedindo o fim da anarquia no Boca. "Queremos informar o que aconteceu em 25 de fevereiro passado, à tarde e dentro do complexo esportivo de Casa Amarilla. As instalações estavam sendo utilizadas pelo que chamamos de 'sócios caracterizados', desde o privilégio que lhes são conferidos, sendo acompanhados por pessoas que não têm nenhum vínculo com o Club Atlético Boca Juniors. Nessa circunstância, um grupo de pessoas apareceu, resultando em uma troca de tiros entre aqueles que estavam dentro das instalações e os recém-chegados, provocando corridas e um momento de pânico, interrompendo o que deveria ser uma tarde de entretenimento. Basta dizer que a providência de Deus permitiu que nada ocorresse no que hoje chamaríamos de catástrofe. Mas como a força do poder tem a capacidade de ocultar o que pode chegar a prejudicá-lo, nada foi denunciado e o episódio foi mais um entre tantos outros." Os sócios sabiam do que estavam falando. O acontecimento nunca foi denunciado, nem mesmo em poder dessa carta.

O Adrenalina Tour, felizmente, não incluía excursões quando a tabela marcava um jogo no interior. Rafael sabia que essas eram excursões mais violentas. Como a que houve em 9 de abril na Panamericana, quando mais de cem tiros atravessaram o ar na Rota 9. O Boca jogava em Santa Fe com o Colón e os ônibus da La Doce voltavam depois da vitória de 2 X 1 da equipe de Basile, que terminaria sendo campeã. Mas no caminho de volta, perto de

General Lagos, no quilômetro 280 da rodovia, eles cruzaram com a barra do Central que vinha jogar em Buenos Aires contra o Banfield. No lugar há um pedágio e, nos dias de jogos, há mais de vinte policiais. Mas nada disso fez diferença: o que se seguiu foi uma cena de faroeste selvagem. Os que estavam nos ônibus do Central e os que viajavam nos três ônibus do Boca saíram para buscar guerra – e houve guerra. "Foi um massacre. Foram disparados mais de cem tiros e também usaram facas. Primeiro eles se enfrentaram com pedras, então a coisa foi aumentando e terminou em tiros. Foi uma verdadeira batalha", disse Miguel Ángel Rodríguez, chefe de operações daquela área.

No hospital San Nicolás chegaram 16 pessoas, das quais 11 escaparam de imediato, e cinco foram internadas com ferimentos a bala (dois deles para cuidados intensivos, com lacerações no abdômen e perfuração no intestino delgado). Em um dos ônibus do Boca foram encontrados três revólveres e grande quantidade de munição. Foram registrados 121 detidos, incluindo toda a primeira linha da La Doce, que foi liberada pouco tempo depois. Apenas Fabián Andrés Córdoba, membro da barra do Central, foi indiciado por resistência qualificada à autoridade, lesões graves e tentativa de homicídio. Mas os revólveres não haviam sido encontrados nos ônibus do Boca? A La Doce sorriu: eles haviam vencido outra batalha para alimentar a sua impunidade.

Como se fosse pouco, em dois dias Di Zeo e companhia receberam uma notícia encorajadora dos tribunais. Mariano Bergés, o juiz que mais os havia perseguido, foi indiciado por privação ilegal de liberdade em um procedimento no La Bombonera durante o superclássico em 16 de maio de 2004, ocasião em que ele mandou prender os integrantes da barra pelo suposto delito de forçar as portas para que os torcedores sem ingresso pudessem entrar. Isso foi agravado pelo fato de que Carlos Amenedo, conhecido como Paleta, o homem em quem Bergés sustentou todo o processo por associação ilícita, declarou que todas as acusações naquele momento foram influenciadas por uma suposta tortura psicológica feita por Bergés. "Ele disse que se eu não prestasse declaração contra Di Zeo, ele me colocaria na pior ala da prisão. Por isso menti. Mas na minha vida eu vi um ilegal na barra", afirmou. Mesmo que um réu como Paleta pudesse mentir, a La Doce preferiu não fazer interpretações sobre a lei. Eles foram em caravana para a sua segunda casa, o cabaré Cocodrilo, para festejar a boa notícia. Embriagados com a mistura letal que surge da arrogância com a impunidade, eles repetiriam a mesma cena apenas uns dias depois, em um acontecimento emblemático para marcar a entrada de Mauro Martín, o futuro chefe da La Doce, na consideração pública.

4
TROPEÇO + TROPEÇO + TROPEÇO = QUEDA

A La Doce nunca escondeu sua paixão por golpes de soco. O boxe canalizava de forma legal o que eles entendiam como o símbolo máximo da masculinidade. A barra sempre adorou os campeões dos pesos-pesados. Andrés Selpa, Carlos Monzón e, mais atual, Jorge Castro. Locomotora ou el Roña, como é conhecido Jorge Castro, tinha tudo o que um membro da La Doce ansiava ter: ele era provocador, se relacionava com o poder de sua província, gerenciava cabarés, sua reputação de mulherengo transcendia fronteiras e tinha em seu currículo batalhas épicas, como aquele nocaute no antepenúltimo *round* contra John David Jackson, em 10 de dezembro de 1994, em Monterrey, México, quando, com o rosto desfigurado e a ponto de cair, ele se fez de tonto, deixou vir o adversário e meteu um cruzado de direita que permitiu a ele ganhar o título mundial dos pesos-médios. Para que Castro e La Doce se juntassem era apenas questão de tempo. E assim aconteceu: a barra de Di Zeo deu-lhe uma placa em que o nomeava membro honorário da barra e el Roña, sempre que podia, ficava na arquibancada ao lado de Rafael para mostrar ao mundo em que mãos estava o poder dos punhos.

Mas em 2006 el Roña já estava na fase descendente de sua carreira. Um acidente de carro o deixou em coma e com poucas chances de sobrevivência. No entanto, como a La Doce, ele renasceu. Mesmo que os médicos o aconselhassem a deixar o boxe, a máquina publicitária ofereceu um festim ao enfermo: o retorno de Castro, o mesmo sujeito que esteve à beira da morte, no Luna Park. Contra ele escalaram o colombiano José Luis Herrera, a data foi fechada para 22 de abril, e o Luna Park estava como em suas melhores noites. Ao lado do ringue estava na primeira linha a La Doce com os irmãos Di Zeo. No final do Luna Park, que dá ao Correio Central, estavam na segunda e na terceira linha, 150 pessoas dispostas a converter o templo do boxe em um estádio de futebol. Eram comandados por Mauro Martín, um homem de Liniers que tinha saído da prisão havia pouco tempo e irmão de Gabriel Martín, boxeador amador com certo renome, que três vezes por semana dava aulas de boxe a Rafael Di Zeo no clube Leopardi.

A luta, infelizmente, teve um final diferente do planejado e la Pantera Herrera derrubou Castro na lona no quarto assalto. Assim, o que era para ser a luta importante da noite se transformou na preliminar do que estava por vir: quando o árbitro terminou de contar até dez, a multidão da La Doce quis mudar a decisão, pelo menos fora do ringue, e foi buscar um grupo de colombianos que festejava ao lado do ringue. No meio dos colombianos estava um ex-chefe da barra de Chicago, Oscar Marín, conhecido como el Gordo. Os membros da La Doce não tiveram piedade. As imagens foram transmitidas em todos os canais de televisão e dava para ver claramente que Mauro Martín era um dos principais agressores.

Mauro havia saído da prisão depois de oito meses, por tentativa de assalto, e não poderia complicar sua situação com uma nova ação judicial, devido às lesões recebidas pelo Gordo Oscar. Mas Marín não deu queixa e o processo estava perdido. Como se fosse uma mensagem de mafiosos e mostrando como os problemas entre eles são resolvidos, horas depois a frente do clube Leopardi recebeu um tiroteio impressionante. Mas nada de ir à Justiça. "Nós batemos no Gordo porque ele insultou a família de el Roña. Se ele tivesse ficado dentro das normas, ele não teria apanhado", diz hoje Mauro Martín, que a partir daquele dia até hoje ascendeu a chefe da barra. Algo que ninguém adivinhou na época, mas lendo a história da La Doce poderia supor.

Um dia depois dos incidentes, Mauro dividia com Rafael Di Zeo a arquibancada principal no estádio do Vélez. Pela primeira vez, Rafael ficou ao seu lado, para mostrar ao mundo que aquele que todos tinham visto pela televisão agredindo selvagemente os colombianos e Marín, era um filho pródigo seu. A foto tinha duas mensagens: a primeira, o triunfo da impunidade; e a segunda, para o grupo interno da barra. Como el Abuelo tinha feito com ele, Rafael estava ungindo, sem saber, o seu futuro sucessor.

Naquela mesma tarde, enquanto o Boca ganhava de 3 X 1 do Vélez, Martín teria contra ele o primeiro processo judicial por violência, que três anos mais tarde o poria atrás das grades. Foi outro aviso do que estava por vir a um Rafael que, obcecado com seu poder na polícia, não conseguiu perceber o que estava acontecendo.

Pela primeira vez, a Justiça Contravencional de Buenos Aires decidiu agir diretamente sobre a La Doce. Sabendo que o modo de entrada da barra no estádio era saltar e travar as catracas, câmeras de segurança foram colocadas estrategicamente na entrada da popular de visitantes. As imagens não deixavam dúvidas: Mauro Martín impedia o acesso para que a barra entrasse sem pagar. O mesmo fazia Alejandro Falcigno. Um ano mais tarde, ambos, que trabalhavam para o benefício de Rafael, lutariam com facas pela sucessão do chefe caído. Mas algo faltava para que isso acontecesse e Rafael continuava sendo o mandachuva. Tanto que o processo judicial aberto pelo incidente não só tinha Martín e Falcigno na mira, mas também o próprio Rafael. É que nos 44 minutos do segundo tempo, com o Boca ganhando de 3 X 1, uma briga se desencadeou com os torcedores do Vélez. A La Doce foi para o portão e os vídeos mostravam Rafael incentivando os seus garotos.

As câmeras de Amalfitani, que muitas vezes sumiam na escuridão, agora mandavam imagens para a Justiça de Buenos Aires com nitidez impressionante. Alguém deveria ter notado a diferença. Mas a La Doce estava mais preocupada em se mostrar como a barra mais brava e impune de todas. Isso seria a sua ruína.

Uma Copa do Mundo de bêbados

A sucessão de incidentes violentos não refletia um bom sinal para a La Doce. Como a cada quatro anos, o que 2006 trazia como prato principal não era a Copa Libertadores e muito menos o campeonato local; o prato mais desejado era a Copa do Mundo, a chance de se estabelecer como os reis do mundo na Alemanha. Desde 1990 a La Doce não havia imposto grande presença em Copas do Mundo. Em 1994, porque a primeira linha estava foragida pelos crimes de Vallejos e Delgado; e, em 1998, porque o 1 X 1 havia permitido a mistura de todas as barras das equipes, para incentivo conjunto.

Em 2002, com a Argentina vivendo sua maior crise econômica, Coreia do Sul-Japão foi inacessível para a maioria. Mas a recuperação econômica de Kirchner era uma realidade e a Alemanha não parecia tão distante. Também começava a circular um fato perturbador: conhecendo a fraqueza da La Doce com seus processos judiciais, Los Borrachos del Tablón do River Plate cogitaram a possibilidade de se tornar a barra oficial do time de Pekerman. Assim, desde aquele abril violento, os garotos da La Doce baixaram seu perfil para tentar conseguir a permissão da Justiça para sair do país. Se essa permissão havia acontecido periodicamente para que eles pudessem seguir o Boca pela América Latina na Copa Libertadores, eles não viam por que eles não poderiam ir à Alemanha. Mas os tempos haviam mudado. Drasticamente.

A La Doce, sem estar informada, criou o seu plano. Primeiro, entre os dias 2 e 5 de junho passariam pela Espanha, onde vive a mãe dos Di Zeo, para estar junto com Maradona no Mundialito de Showbol. Depois, Alemanha. Os ingressos para a Copa do Mundo eram conseguidos da seguinte maneira: uma parte por intermédio do Boca, que havia reservado cem deles para os dirigentes e "para repartir entre o grupo" – um eufemismo utilizado para dar os ingressos à barra, e a outra parte por meio de um patrocinador. "A Copa do Mundo nós fumamos em cachimbo", costumavam repetir na La Doce.

A fase anterior do plano foi levada adiante durante a segunda semana de maio. Os advogados dos membros da barra entraram com diversos recursos em busca de permissões para poderem sair do país: no 24º Tribunal de Justiça, no qual estava o processo por associação ilícita; no 4º Tribunal, no qual havia um processo de atentado e danos; no Tribunal Federal de Sevini de Cubría, no qual Rafael tinha um processo pelos documentos falsificados; e na Câmara de Apelação, a raiz contra as penas de prisão proferidas pelo 6º Tribunal Oral, no processo pela emboscada aos do Chacarita em 1999.

Em 20 de maio, eles puseram o champanhe no congelador. Todas as decisões do Juizado de Primeira Instância concordaram com o pedido; faltava torcer o braço da Câmara. Mas os juízes decidiram enviar o pedido ao 6º Tribunal, que os havia condenado. Em 29 de maio, Di Zeo soube que o champanhe não poderia ser aberto. "Embora haja apelação da decisão de cumprimento das penas, até que a Câmara se pronuncie, ela não pode se concretizar, e as restrições que se aplicam à liberdade de sair e entrar do país para fins de entretenimento não são uma pena, mas sim uma medida preventiva limitada. A permissão foi negada sem destruir nenhum direito fundamental", disse a decisão do tribunal. Rafael e o restante dos condenados a mais de três anos de prisão não conseguiram a autorização para viajar. Aqueles que tinham penas suspensas, como el Gordo Falcigno e Tyson Ibáñez, teriam a permissão quando depositassem 15 mil pesos por pessoa. A La Doce entendeu que a Alemanha estava mais longe do que se imaginava e que assistiriam aos jogos pela televisão, diferente de Los Borrachos, que, com o apoio do River, encheriam as arquibancadas. Sinal inequívoco de um poder em declínio rápido.

Como total das representações do Boca, para a Copa do Mundo viajaram 13 barras bravas, divididos em dois grupos. Um de seis barras, comandado por Vaca Alarcón, Tatú e Colorado de Hudson, que gerenciavam aos sábados a barra de Defensa y Justicia, e aos domingos ficavam atrás da La Doce. E outra de sete barras, sob a direção de Mauro Martín e Maximiliano Mazzaro de

San Justo, que tinha boa influência política em La Matanza e prestígio na barra do Almirante Brown. Mas, longe das noites magníficas no México de 1986, na Itália de 1990 e na França de 1998, os 13 barras tiveram de se contentar em ficar na República Tcheca, onde tudo custava a metade do preço da Alemanha, e em viajar para a sede da Copa do Mundo somente para ir ao estádio. Claro que os integrantes da barra do Independiente tiveram a mesma ideia quando chegaram à Copa do Mundo. Após a goleada contra Sérvia e Montenegro – o segundo jogo do time de Pekerman –, Bebote Álvarez, Peruano Torres, Tortuga García, el Correntino Christian e el Rana Acuña, juntamente com outros três torcedores violentos do Vermelho, cruzaram a fronteira para diminuir os gastos. Certa vez, as duas barras se encontraram em uma área de prostituição. Trocaram olhares, depois insultos, e começaram a se bater na porta de um hotel. Foram cinco minutos de briga feia em plena República Tcheca até que a polícia chegou. Bebote, rapidamente, denunciou os membros da barra do Boca por agressão, motivo pelo qual todos terminaram presos. Depois de uma detenção de 48 horas, foram expulsos do país.

"Esse Bebote é um filho da puta. Não tem moral. Se você se pega com a La Doce e apanha, você aguenta. Mas foi só a polícia chegar que ele nos denunciou. Como eles estavam todos machucados e nós só tínhamos um ferido, fomos considerados os agressores. Tivemos de pagar 6 mil dólares para que a queixa fosse retirada e nos deixassem ir. Mas isso não vai ficar assim. Nós vamos nos cruzar e vamos fazê-los pagar. Ainda por cima, depois andaram por toda a Copa do Mundo fazendo amizade com os do River", contou Mauro Martín sobre aquele episódio. Embora um sabor amargo tenha sido deixado, foi bom para saber como manejavam os chefes da barra e como se negocia com a polícia, algo de que ele precisaria um ano mais tarde, quando a liderança da La Doce o coroou rei. Mas até então era apenas mais uma história para que Di Zeo zombasse deles na volta. Sim, ele iria morrer de rir deles.

A La Doce sempre acreditou em seu lema "podem nos imitar mas nunca nos igualar". Di Zeo era, de todos os membros da barra, o que ostentava mais ego. O golpe de não ter ido à Copa do Mundo, e de que no começo do Torneio Apertura 2006 foram os Los Borrachos del Tablón que atraíram toda a atenção por causa da sua turnê na Alemanha, o cegou ainda mais. Como o negócio econômico crescia, sua arrogância continuou a aumentar como se a casa fosse pagar para sempre.

A primeira coisa que ele fez foi ativar, como nunca antes, outro negócio abundante para encher os cofres: levar os jogadores para os grupos do interior. Embora tenha sido uma forma utilizada apenas pela La Doce, Rafael decidiu explorar um nível raramente visto. O sistema era simples: ele organizava com os grupos um jantar com preço fixo, levaria os famosos e ficaria com o dinheiro. Geralmente o jantar era realizado em um lugar fechado com capacidade para umas quinhentas pessoas. Em agosto de 2006 eram pagos quarenta pesos para jantar perto do seu jogador favorito. Também poderiam tirar fotos com ele a um custo de dez pesos, e comprar rifas por cinco pesos para participar de sorteios de camisas, shorts e bolas de futebol com a assinatura de todos os jogadores do time. Tirando as despesas, a La Doce levantava por noite entre 30 e 50 mil pesos, dependendo do local da festa.

Naquela época, Di Zeo decidiu que a turnê mágica e misteriosa não poderia ser levada adiante a cada dois ou três meses, já que ele tinha de arranjar dinheiro para bancar um campeonato à base de festas para recuperar a liderança perdida na consideração do mundo dos integrantes da barra. O dinheiro também servia para pagar os cada vez mais caros serviços judiciais da La Doce, assombrada pelo fantasma da prisão e das acusações contra eles, de modo que passaram a fazer uma visita por semana aos grupos do interior. A inauguração ocorreu em Alberdi, província de Buenos Aires, em 28 de agosto, com Rodrigo Palacio como celebridade principal. O jantar aconteceu no clube Matienzo e, como era esperado, foi o comentário social de toda a cidade.

Três dias depois, o negócio fez sua parada em Río Tercero, Córdoba. Mais que a La Doce, parecia que os Rolling Stones haviam chegado. "Foi tremendo. Nós não sabíamos o que estava acontecendo e fomos surpreendidos por uma grande queima de fogos. Perguntei e me disseram que era uma homenagem. Como muitas pessoas de destaque da arte e do esporte não frequentam a cidade, eu me entusiasmei. Pela exibição, achei que deveria ser uma pessoa muito importante. A surpresa foi que era Rafael Di Zeo. Eu não podia acreditar. Muitos disseram que Fernando Gago estaria lá, mas eu não o vi", disse o repórter cidadão Gustavo Neira no jornal digital SOS Periodista (www.sosperiodista.com.ar).

A organização local do encontro ficou por conta da Peña Pasión Xeneize de Río Tercero, na liderança de Gustavo Ossés, que deixou claro que a própria direção do clube estava ciente de tudo. "Na verdade não é que queríamos trazer o Di Zeo, mas algum jogador. Nós os chamávamos por nossa conta e nunca conseguíamos. Os dirigentes diziam que não podiam fazer nada, mas nos recomendaram que entrássemos em contato com a barra. Depois de fracassar várias vezes por nossa conta, conseguimos. Rafael nos disse quais eram as exigências e em troca Gago viria, talvez em Buenos Aires seja algo cotidiano, mas para nós parecia bom, porque aqui é muito difícil ver um ídolo. No final, o Gago não veio, porque estava gripado. Mas trouxeram Migliore", disse Ossés. Para a La Doce, Gago ou Migliore dava no mesmo. Nenhum, como Palacio, Palermo, Ibarra e o restante, cobrava nem cobra para agradar à barra. O que eles ganham em troca, acreditam eles, é sempre o melhor: o apoio incondicional, mesmo que seu nível no campo não justifique mais que insultos. Assim era, é e será o negócio da La Doce.

Como ele estava cego e com os bolsos cheios, Rafael cometeu o erro que marcaria o começo do fim. Ele tinha de dar ao mundo uma demonstração da sua força e poder por meio da mídia, que estavam minados por sua presença nos tribunais e sua ausência no Mundial. O Boca foi jogar contra o River no Monumental em 8 de outubro. Três dias antes, o promotor Adrián Giménez, que investigava a La Doce por associação ilícita, terminou o seu trabalho e pediu ao juiz que enviasse toda a primeira linha de Di Zeo a julgamento. O crime incluiu penas de prisão de até 15 anos.

Di Zeo viu na publicidade desse acontecimento, com a iminência do superclássico, uma afronta. Ao invés de pisar no freio e analisar o que estava acontecendo, ele apertou mais o acelerador. Aceitou um convite para o programa *Blog*, de Daniel Tognetti, que passava no Canal 9 (emissora dirigida então por Daniel Hadad, com quem Rafael teria feito negócios jornalísticos em outras ocasiões).

O acordo era que Tognetti passaria todo o dia do superclássico junto com a La Doce e um câmera gravaria. A possibilidade de limpar a sua imagem estava ao alcance de suas mãos. Mas Di Zeo fez tudo ao contrário. Mostrando-se o dono da bola, cometeu uma série de crimes em frente à tela, amparado pela "maldade feroz". Ele bateu em vários torcedores porque, segundo admitiu, "isto não é uma escola de jovens senhoras, aqui você tem de se fazer respeitado".

Rafael mostrou como levava nos ônibus torcedores estrangeiros que haviam pago uma fortuna para viver o programa oferecido pelo Adrenalina Tour e até mesmo barras espanholas e mexicanas ansiosas para aprender sobre a gestão do grupo. "A La Doce é como Harvard, uma universidade para aprender a ser barra", admitiu Rafael. No estádio, as câmeras registraram Rafael dando ordens aos policiais e manejando a entrada da barra enquanto as pessoas saltavam as catracas sem serem punidas e os torcedores comuns tinham de esperar por sua ordem. A partida e a derrota por 3 X 1 foram o de menos. "Não sei o quanto essa reportagem influenciou na sua queda, mas é certo que ele se movia com uma impunidade assustadora. Eu me lembro de ter visto o Rafael dando instruções como se fosse o ministro da Segurança. Eu nem acho que ele tinha exagerado para a câmera: todos os crimes cometidos naquele dia, com certeza, se repetiam a cada domingo, com a diferença de que dessa vez mostrei tudo por dentro", disse Daniel Tognetti.

O jornalista não estava errado em sua análise. Quando o programa foi ao ar, um escândalo na mídia foi gerado, do qual Di Zeo não pôde escapar. No dia após a transmissão, o Comitê Provincial de Segurança Esportiva, responsável por questões relativas à violência no futebol na província de Buenos Aires, decidiu proibir a presença de Di Zeo e da primeira linha da La Doce em todos os estádios da província. Soledad Spinetto já não podia fazer nada. Com outros ventos políticos, o governador Solá começava a sua mudança do poder kirchnerista e necessitava dar golpes fortes em frente à mídia para reforçar sua autoridade. Um detalhe que não era menor: desde o estabelecimento do direito de admissão, ninguém havia se animado a mexer com a La Doce de Di Zeo.

Se Rafael tivesse lido corretamente os dados da realidade, talvez tivesse escolhido atenuar o conflito e não ir ao próximo jogo do Boca na província, em 22 de outubro, contra o Racing em Avellaneda. Mas ele estava cego por sua onipotência. Instruiu seus advogados, Juan Martín Cerolini e Marcelo Rochetti, a apresentar recurso em um tribunal "permeável" para conseguir permissão judicial e dobrar o braço de Solá.

Em 19 de outubro os advogados escolheram o 3º Tribunal Correcional de Lomas de Zamora, que estava no comando do doutor Raúl Calvente. Por que justamente esse? O juiz, formado pela Universidade de Buenos Aires, entrou no poder judiciário da província em plena ditadura militar, em agosto de 1979, e na democracia ocupou vários cargos relacionados com o radicalismo. Foi assessor da Subsecretaria da Fazenda no último governo de Alejandro Armendáriz na província, trabalhou para o bloco radical do Senado de dezembro de 1987 até 1991, e foi novamente assessor do bloco de vereadores do partido UCR (Unión Cívica Radical) no município de Lanús, de 1994 a 1999. Calvente também era professor de Direito Constitucional II na Universidade de Lomas. Ali, em mais de uma ocasião, defendeu a postura de garantia e o poder dos juízes de dar lugar a recursos de defesa à sentença definitiva, para não violar direitos com antecedência. Ele tinha um histórico de peso: frequentador da arquibancada do Boca, com contatos no mundo xeneize, anos antes havia decidido a favor do Racing e contra o Coprosede quando este suspendeu o estádio por incidentes e queria levá-lo a jogar em Mar del Plata.

A forma de entrada do recurso no tribunal se mostrou bastante grosseira. Em vez de entrar como qualquer recurso pela mesa de distribuição do tribunal, para que o sorteio determinasse qual juiz julgaria o caso, o recurso de Rafael e de outros sete membros da barra foi diretamente para o escritório de Calvente. "Houve conversas preliminares e todos sabiam que ele daria curso, por isso foi feito assim", disse um empregado do escritório de Juan Martín Cerolini, o advogado de Rafael. Ele não estava errado. Para manter as aparências, Calvente mandou o recurso para o sorteio e este foi para outra vara, a de número 8, que depois de duas horas o encaminhou de volta, alegando conhecimento prévio do assunto e deslocando a decisão.

O que se seguiu foi uma das interpretações mais hilariantes que podem ser feitas do Código Processual. Calvente sabia que sua decisão favorável aos torcedores traria consequências graves e ele tentou ficar bem com Deus e com o Diabo. Armou uma bagunça: decidiu que os oito membros da barra poderiam ir ao estádio, mas para uma área diferente, guardados por oito policiais, para que não houvesse a possibilidade de confusão. Após a decisão incomum, a sociedade se manifestou contra e o governador Felipe Solá decidiu suspender o jogo em desacordo com a decisão. Ele sabia bem o que estava fazendo: a transmissão do jogo focaria na imagem de Di Zeo e seus capangas torcendo, rodeados de policiais, mas depois de terem vencido a batalha jurídica e midiática. Era demais.

"Se tivéssemos permitido isso, a luta contra a violência estaria definitivamente perdida. Porque qualquer membro de barra se sentiria no direito de arranjar confusão porque, depois, ele não apenas iria para o estádio, ele teria também o privilégio de estar protegido. O de Di Zeo foi intolerável não somente para nós como funcionários públicos, mas sim para toda a sociedade. Foi ali que o seu colapso começou", analisou com precisão o advogado e funcionário público Gustavo Lugones, o cérebro por trás do Coprosede.

Mas Calvente, que continuou a liderar o tribunal, jamais se arrependeu de sua decisão ultrajante, por mais que o ministro de Segurança de Buenos Aires, León Arslanian, o tivesse ameaçado com um tribunal de júri por esse caso. "A condenação que eles tinham pela violência no futebol não estava firme. Eu tinha de respeitar então a presunção de inocência, objetivamente eu não poderia proibi-los de ir ao estádio. Mas como a sociedade presumia que eles eram violentos, e entendendo que poderiam pôr em risco a segurança de 30 mil pessoas, decidi que fossem para um espaço limitado na arquibancada e com custódia. Por que eles vieram diretamente a mim e não pela mesa de distribuição? Eu não posso entrar na cabeça deles, mesmo que a minha postura de garantia seja conhecida por todos", explica Calvente.

A repercussão da notícia foi tal, que no país não se falava de outra coisa. A província havia apelado da decisão e a Câmara deveria julgá-la. Juan Martín Cerolini, um dos advogados de Di Zeo, recebeu uma ligação de um telefone vermelho. Disseram a ele que eles chegariam até ali. Que eles haviam polido o poder de fogo de Solá e, em clima social quente, a Câmara voltaria atrás. Isso poderia representar a Rafael uma dor de cabeça constante: se a Justiça ficasse responsável pelo direito de admissão, isso poderia trazer a proibição a vários integrantes da barra de irem a qualquer estádio.

Cerolini, então, pensou em uma estratégia inteligente envolvendo a mídia: mostrar Rafael suspendendo o seu direito de admissão para não prejudicar o Boca. Ele sabia bem em que terreno ele pisava: apesar de seus abusos constantes, Rafael era visto como um ídolo por boa parte do país. "Eu o via dando mais autógrafos do que Palermo em várias partes do interior", disse Cerolini. Assim, Di Zeo saiu em todos os meios de comunicação falando que havia desistido do recurso de apelação "para não prejudicar o Boca, que não pode ter mais jogos suspensos".

A província, então, reprogramou o jogo para 1º de novembro. Naquele dia houve uma circunstância que teria maior dimensão um tempo depois. Com a entrada proibida, Rafael juntou a sua tropa no La Bombonerita, o estádio de basquete do Boca. Ali se uniram 350 membros da La Doce. Eles saíram em caravana a pé, com o líder na frente, desafiadoramente. Mas, ao chegar à ponte Pueyrredón, Di Zeo cumpriu a sua palavra. Entregou o *walkie-talkie* e o comando a Mauro Martín e regressou ao La Boca para seguir tudo pela televisão e dar as ordens pelo celular. Na arquibancada, na parte de cima, estavam Mauro, Maxi, Francis Di Maio e Santiago Lancry, o homem que estava em todos os processos e sempre se safava. O Boca de La Volpe empatou esse jogo – e Rafael havia perdido. Seu fim estava bem próximo.

O último insulto

O polegar da sociedade e o dos políticos, que Di Zeo sempre viu apontados para cima, começavam o seu inevitável giro. As suas ameaças constantes já não tinham onde se sustentar. Mas Rafael, em sua última jogada, dobraria a aposta. Infelizmente, o crupiê anunciaria o zero. Em 1º de dezembro ele foi surpreendido por uma falha: a Sala III da Câmara Nacional de Apelação Penal confirmava todas as penas de prisão impostas a Rafael e seus garotos pelo 6º Tribunal Oral. Di Zeo acreditava ter a informação de que eles diminuiriam a pena a três anos de prisão, mas a decisão assinada pelos juízes Guillermo Tragant, Ángela Ledesma e Eduardo Riggi foi esmagadora. "Não há arbitrariedade na pena e é absolutamente razoável de acordo com o crime investigado. Nas imagens se observa de forma conclusiva as vítimas em atitudes passivas e os agressores com paus e armas cortantes", pôde ser lido na decisão.

A porta da cadeia estava entreaberta e não se fechava simplesmente porque os advogados da La Doce haviam entrado com um recurso na Corte Suprema. Então, até que se decidisse se eles poderiam ou não ir à Corte Suprema para revisar o caso, os integrantes da barra brava seguiam livres. A confiança dos advogados era tal que garantiram a um dos seguidores de Di Zeo, quando ele os consultou sobre o benefício de fugir, que a Corte Suprema sem dúvida daria a volta na história.

Um dos Di Zeo avisou que isso não iria acontecer. Foi Fernando. "O fato de que dariam a todos uma pena em suspenso era real. Mas as últimas aparições na mídia de Rafael colocaram tal pressão social, que a Justiça não tinha como tomar essa decisão. Fernando acreditava que todos terminariam na prisão pelo ego de seu irmão. Por isso, eles brigaram e ele trocou de advogado", disseram os parentes mais próximos do mundo de Di Zeo. Fernando sabia do que ele estava falando. Ele deixou os advogados Cerolini e Rochetti – que abonaram a teoria de que a Corte Suprema mudaria o curso das coisas – e voltou a José Monteleone, seu amigo de infância. Então, se preparou para viver seus últimos dias fora da prisão.

Rafael não mudou sua estratégia. Só foi a Câmara bater o martelo que ele trovejou sua extorsão: "Comigo na prisão haverá mais violência". Mas, em vez de se afastar e deixar que isso acontecesse enquanto ainda estava livre, o que talvez tivesse dado a ele uma chance, apostou tudo em si mesmo. Porém o seu cavalo já estava cansado. O Boca de La Volpe desperdiçava uma vantagem de seis pontos e deveria disputar um jogo final contra o Estudiantes para saber se alcançariam o tricampeonato ou se ele deslizaria entre suas mãos. O encontro foi confirmado no estádio do Racing (Presidente Perón). Mas a La Doce tinha a entrada proibida na província. Rafael usou então toda a sua capacidade de persuasão para explicar aos diretores o porquê de mudar o jogo para a Capital Federal. Os segredos que ele conhecia e soube guardar tão bem durante uma década agora serviam para dirigir o desfile final. A diretoria cedeu ao seu pedido e o jogo se mudou para o estádio do Vélez.

"Foi muito marcante tudo o que aconteceu naquele momento. Os diretores mudaram o jogo para a Capital Federal para que Di Zeo pudesse ir. Alguns diziam que a diretoria tinha sido ameaçada, mas se isso tivesse acontecido eles deveriam tê-lo denunciado a um promotor. No entanto, se foi um acordo amigável, entende-se que não houve nenhuma denúncia. Ao redor dele tudo sempre foi muito estranho, porque conseguiu instalar a ideia de que a Justiça só atuava contra o Boca, e na verdade isso acontece porque a La Doce deixa vestígios por todos os lados. É tão claramente transgressora que comete delitos na frente das câmeras de TV e ninguém os denuncia. É óbvio que Di Zeo tinha os números do poder e os usava: ele conseguiu mudar a localização de um jogo de desempate. Isso alimentava a sua impunidade", disse o procurador-geral adjunto de Buenos Aires, Luis Cevasco.

O Boca perdeu aquele jogo e Di Zeo perdeu muito mais. Porque essa mudança de estádio quase extorsiva o fez entender que ele poderia levantar a aposta até o inimaginável. A lição final estava prestes a chegar. O que faltava era um último movimento errado – e Rafael o executou duas vezes em janeiro de 2007. Foi a última ameaça destinada ao poder. O primeiro movimento tinha a ver com o negócio. Junto com seus parceiros, Di Zeo pretendia ampliar o seu boliche da rua Alem. Ele terminou pegando sem permissão um local ao lado, abandonado, supondo que com seus contatos a força do feito rapidamente se transformaria em direito. Mas foi expedida uma denúncia para desocupação e interditaram todo o estabelecimento. Rafael "estourou". Para aumentar os problemas, como todo ano, em Mar del Plata seria jogado o torneio de verão. E a província, que tinha impedido seu acesso aos estádios, mandou outra mensagem mantendo seu direito de admissão. Além do mais, diferentemente da final do Torneio Apertura contra o Estudiantes, ali, Rafael não poderia pressionar para mudar o local do jogo. Então, decidiu entrar com outro recurso para ir ao estádio. Convencido de que qualquer juiz, como Calvente, permitiria sua entrada. Erro crasso. Na verdade, ele não quis ler os conselhos dos próprios advogados que, em linha direta com o poder, o avisaram de que não havia espaço para nenhum movimento. Da sua onipotência, o chefe da barra preferiu jogar suas fichas. Na manhã de 20 de janeiro apresentou um recurso no Tribunal de Garantia 1, a cargo de Daniel de Marco. Em menos de seis horas o juiz publicou a decisão: o pedido foi rejeitado.

"Na verdade, ele nem sequer analisou a fundo o assunto. Nós rejeitamos porque Di Zeo apenas apresentou matérias de jornais que diziam que proibiriam a entrada dele, mas nenhum documento oficial que creditava a entrada a ele", recorda o secretário do juiz, Juan Tapia. Na verdade, a Justiça sabia o que estava fazendo: ela buscava um atalho para que Rafael não estivesse no estádio sem ter de se preocupar se os direitos constitucionais haviam sido violados ou não. No jargão popular, isso é conhecido como "ungir o demandante". Mas Di Zeo seguia sem entender. A tal ponto que ficou sabendo da notícia quatro horas antes do superclássico e mesmo assim decidiu ir. Sabendo que eles não o deixariam passar pela porta, montou um plano digno de filmes de Hollywood. Como um fugitivo da Justiça, ele se escondeu no porta-malas da caminhonete de um poderoso empresário de Mar del Plata, dono de um balneário em Punta Mogotes. Ninguém se atreveria a abrir o porta-malas de um homem importante da cidade. Assim, ele enganou a segurança e, uma vez lá dentro, disfarçou-se com óculos escuros e um gorro escondendo os cabelos. Nesse meio-tempo Mario Gallina, chefe do Comitê Provincial de Segurança Esportiva, dizia à América Latina, pelas câmeras do Fox Sports, que a operação havia sido um sucesso, e que nenhum torcedor da barra do River ou do Boca havia entrado. Di Zeo recebia essa informação pelo rádio. Quando Gallina terminou de falar, a La Doce ecoou um "Ai, ai, ai, ai, que risada que me dá, eles buscam o Di Zeo e o Di Zeo aqui está". Rafael acreditava ter vencido a batalha, tanto que no dia seguinte foi ao rádio contar que sim, ele havia entrado, mas para não comprometer o empresário e seu filho disse que o fez sozinho, a pé. Mas essa mentira não escondia o desafio aberto à segurança pública, algo que se tornava cada vez mais difícil de sustentar.

O começo do Torneio Clausura tirou o foco da La Doce para pôr a lupa sobre os Los Borrachos del Tablón, a barra do River que em 11 de fevereiro provocou um tiroteio entre eles dentro do clube. Isso gerava bom humor a Fernando Di Zeo, um homem que sabia que as várias palhaçadas na mídia de seu irmão poriam toda a primeira linha próxima à forca. Além disso, em 21 de fevereiro, o fiscal da Câmara, Raúl Plée, deu mais fôlego a Rafael: determinou que os 13 condenados da barra pela emboscada aos do Chacarita em 1999 poderiam apelar à Corte Suprema, alegando que se eles foram investigados pelo crime de lesões qualificadas, mas condenados no julgamento por outro crime, coação grave, isso teria violado o direito à legítima defesa. No entanto, as opiniões dos fiscais nunca são vinculativas. A Câmara de Apelação visivelmente expressaria isto duas semanas mais tarde, em uma decisão que, na ocasião, teve uma leitura política inegável.

A Argentina estava dominada pelo tema da violência das barras bravas, que não saía das primeiras páginas dos jornais, alimentada pelo tumulto dos Los Borrachos del Tablón. Nesse contexto, Rafael Di Zeo, o homem que se gabava de ter contato direto com o poder, voltou outra vez a julgamento. Em 8 de março ele se sentou em frente ao 4º Tribunal Oral Federal, acusado da posse de 15 mil dólares falsos e identidades falsas. Como uma ironia do destino, o procurador a cargo do julgamento era Gabriel Nardiello, o mesmo que entrou com o processo contra a La Doce pela emboscada contra os do Chacarita em 1999 na Justiça Correcional, a causa que levaria Rafael à prisão. Agora eles se enfrentavam novamente e Nardiello acreditava que os testemunhos dos policiais participantes da operação fossem conclusivos, desarmando a estratégia da defesa, o que poderia levar a barra a uma condenação entre um e três anos de detenção, o suficiente para mandá-lo imediatamente para o cárcere, e em seguida arrastar a cena de quatro anos e três meses que ainda estava nos trâmites da apelação. Quando uma pessoa tem duas condenações, mesmo que não estejam firmes, presume-se que o risco de fuga é grande e a prisão é o destino seguro.

Mas Nardiello não levou em conta que a Polícia Federal sempre joga para o seu próprio partido. Dos cinco policiais que participaram daquela operação, quatro afirmaram desconhecer como haviam encontrado os dólares e os documentos falsos no apartamento de Di Zeo. Eles cometeram flagrantes contradições, que pareciam ter sido planejadas. O subcomissário Guyet afirmou: "Eu fui o primeiro policial a chegar ao apartamento. Havia um lençol amarrado na varanda". Cinco minutos depois, o cabo Oscar Jalif, sob juramento, relatou: "Eu cheguei primeiro, Guyet depois. Eu não vi o lençol nem as carteiras de identidade". Para aliviar mais a situação, o porteiro do edifício, que testemunhou a ação, disse que não viu e não sabe de onde a polícia obteve as provas. O chefe da operação não declarou: ele estava de férias no Brasil, dizem alguns que provavelmente desfrutando parte dos 50 mil pesos que ele havia cobrado a Rafael por sua liberdade naquele dia. Quando a cansativa jornada de 8 de março terminou, todos foram dormir sabendo que no dia seguinte Rafael Di Zeo seria absolvido por falta de provas e que seu sorriso, triunfante, deixando mais uma vez o tribunal, estaria na primeira página dos jornais.

Tal cenário foi intolerável para um governo que tinha na violência do futebol um calcanhar de aquiles e que vinha montando uma estratégia na mídia contra os membros da barra para, em um ano eleitoral, mostrar que era firme. A sociedade também deu sinais de fadiga no apoio aos torcedores. No domingo, 4 de março, o Boca perdia por 3 X 0 no La Bombonera. No meio do jogo, a La Doce gritava contra os jogadores que haviam decidido sair do negócio de ir aos eventos no interior seguindo o conselho de Mauricio Macri, que não desejava dar nenhum milímetro de vantagem a eles em razão da eleição de chefe do governo em junho. Quando o San Lorenzo ainda não tinha resolvido o jogo, a barra explodiu com um "a camisa do Boca tem de transpirar, senão, não a vistam, vão e não roubem mais". Em seguida, como nunca visto antes, o restante do estádio gritou "gritar pelo Boca, a puta que o pariu" dedicado à barra. Foram dez minutos de muita tensão. Na verdade, a La Doce ameaçou ir em busca dos torcedores comuns, mas o próprio Di Zeo acalmou as águas. Tarde demais: o governo já tinha tomado conhecimento do clima reinante.

Dois dias depois, a Corte Suprema tomou uma decisão de jurisprudência: pela primeira vez condenavam a AFA e um clube. Nesse caso foi o Lanús, pelas lesões sofridas em um jogo por um motorista de táxi, Hugo Mosca, que se encontrava a poucos metros do estádio quando a barra do Granate atirou uma chuva de pedras sobre a torcida do Independiente e sobre a polícia de Buenos Aires, que tentava dispersá-los com gás lacrimogêneo. No veredicto a Corte Suprema responsabilizava os clubes pela violência, pedindo a eles que impusessem ordem às barras bravas e aplicassem o direito de admissão.

"A fonte de riscos está na organização de um espetáculo baseado na tolerância excessiva e negligente das torcidas. A AFA tem o dever de se preocupar em nível extremo com a segurança das pessoas que assistem ao espetáculo de futebol. Os numerosos acontecimentos de violência, os danos sofridos por pessoas, a ansiedade pela insegurança, e a comoção social que existe por causa desses eventos, não podem passar despercebidos por um dirigente racional e prudente", observava a decisão endossada pelos juízes Ricardo Lorenzetti, Elena Highton, Juan Carlos Maqueda e Raúl Zaffaroni.

Para piorar a situação, na quinta-feira, ao mesmo tempo que os policiais zombavam da Justiça, a agência oficial Telam tomou conhecimento de uma carta de leitores publicada por um jornal nacional em que se dizia, com base no que tinha acontecido no domingo anterior no La Bombonera, que a La

Doce era mercenária. A outra ministra da Corte Suprema, Carmen Argibay, expôs publicamente que "a Corte Suprema, com a sua decisão, pede que não se siga protegendo os integrantes de barras bravas, que não seja sempre um terceiro, que não tem nada a ver com a história, a pagar o pato pela violência". Assim, não havia espaço para a foto de Di Zeo saindo do tribunal mais uma vez sorridente e vitorioso.

Mas Rafael não suspeitava de nada. Naquela sexta-feira ele chegou cedo ao edifício em Comodoro Py; no primeiro andar, desde as 11 horas os juízes e o procurador o esperavam no 4º Tribunal Oral para começar o julgamento. Durante uma hora e meia pessoas testemunharam a favor de Di Zeo. Eram 12:30 horas quando o procurador Nardiello deveria decidir se continuava ou desistiria do caso por falta de provas. Todos naquela sala sabiam que este último caía por "decantação". Mas Nardiello pediu recesso até segunda-feira.

Os membros da barra e seus advogados, longe de saber o que estava sendo preparado, insistiram na decisão de Nardiello naquele mesmo dia. O tribunal decidiu a favor do promotor. Com o sorriso de quem se sente um eterno campeão, Rafael colocou uma moeda na máquina de café do saguão e saiu junto com vinte de seus seguidores pela porta principal, já planejando a caravana de domingo até La Plata. O plano acabaria incompleto: uma hora depois, a Sala III da Câmara de Apelações negou à primeira linha da La Doce a chance de recorrer de suas sentenças na Corte Suprema, mantendo as condenações que os levariam para a prisão. *Game over.*

A hora do adeus

Ninguém sabe bem o que aconteceu entre as 12:30 horas, quando Nardiello saiu da sala de audiências, já sabendo que não tinha nenhum caso, até as 13:30 horas, quando o tribunal decidiu contra Rafael e seus capangas. Mas o certo é que às 12:30 horas a decisão contra a La Doce não estava escrita. A tal ponto que quem escreve as decisões passou pela Sala III às 12:50 horas e recebeu uma recomendação: "Não vá porque algo forte está acontecendo". Aqueles vinte minutos foram fundamentais para se entender a história. A essa altura, os mais altos escalões do poder estavam cientes de que Nardiello não iria como um camicase a um caso perdido; pelo contrário, tal como ele fez depois, pediria para remover as declarações dos policiais para investigá-los por falso testemunho. Sabiam também que os juízes Leopoldo Bruglia, María San Martino e Horacio Vaccare tinham critérios diferentes e apenas Bruglia vislumbrava a chance mínima de chegar a uma condenação com pena não superior a um ano. Era pouco, muito pouco. Somente então os juízes da Sala III da Câmara de Apelações, desde dezembro com o recurso em seu poder, escreveram a decisão que não permitia que a La Doce tivesse a possibilidade de chegar à Corte Suprema.

O interessante foi que, se a Câmara pensava em proferir uma decisão naquele dia, nada melhor que fazê-la logo de manhã, com os envolvidos a um andar abaixo, prontos para serem levados para a prisão. Mas a demora em concluir o caso ajudou a prejudicar sua imagem pública, pois, estranhamente, não foram os membros do 6º Tribunal Oral os primeiros a receber o veredicto – o que faria com que enviassem rapidamente os mandados para prender os membros da barra –, mas sim a imprensa. Assim, a notícia se espalhou rapidamente. Quando o 6º Tribunal, encarregado de efetuar os mandados de prisão, recebeu as atas, já haviam se passado quatro horas. Os mandados àquela altura eram apenas formalidade. Obviamente, nenhuma prisão teve sucesso. Di Zeo passava a ser o fugitivo mais famoso da Argentina e sua foto sorridente, um cartão-postal de tempos melhores.

A nova situação enviava para a prisão Rafael Di Zeo, seu irmão Fernando, Oso Pereyra, Juan Castro, Diego Rodríguez e Fabián Topadora Kruger. O restante (Alejandro Falcigno, José Luis Fernández, Juan Carlos Alejo, Víctor Salazar, Leonardo Chávez e Roberto Tyson Ibáñez) – com três anos de suspensão – poderia cumprir a sentença em liberdade. Enquanto afirmavam publicamente que aconselhavam que se entregassem, em segredo os advogados dos seis membros da barra não viam mal algum que permanecessem escondidos enquanto jogavam uma última cartada: um recurso na Corte Suprema. Assim, os seis se separaram para não serem encontrados. Oso passou por dois lugares no sul da Grande Buenos Aires, Fernando esteve um tempo no sul e outro no oeste, Diego Rodríguez e Topadora Kruger se instalaram nos subúrbios, Juan Castro viajou para Santiago del Estero e Rafael se instalou em uma casa em Exaltación de la Cruz, perto de Capilla del Señor, esperando por um aceno da Corte Suprema, que nunca chegaria. Ainda assim, a cobertura policial seguia intacta: a Polícia Federal não fez muito esforço para as buscas e, com isso, na semana em que eles fugiram, a Justiça pediu a colaboração da Guarda Nacional e da Prefeitura.

Estava claro que até a decisão da Corte Suprema ninguém iria encontrá-los. O estranho era que Di Zeo não entendeu que os telefones do poder não o atenderiam mais.

Os seus dias em Exaltación de la Cruz eram suportáveis. Ele dormia até tarde, tomava café com *croissants*, lia rigorosamente os jornais e não parava de falar com um empregado emprestado pelo proprietário da casa – um dos barões dos subúrbios, que muitos ligavam ao tráfico de drogas –, com fortes ligações com o Boca. Apesar de seu círculo manter as esperanças, na terça-feira, 20 de março, a Corte Suprema abaixou o polegar de forma conclusiva. Em uma decisão assinada por seis de seus sete membros (faltou somente a assinatura de Eugenio Zaffaroni), rejeitaram os recursos dos seis membros da barra condenados à prisão efetiva porque estavam foragidos. O tribunal também rejeitou os apelos de Juan Carlos Alejo e Melli Fernández usando o artigo 280 do Código Processual, que justifica a recusa "por falta de ofensa federal suficiente ou quando as questões levantadas são provadas insustentáveis ou carentes de significado". Naquela terça-feira, e após uma década à frente da barra, o reino de Di Zeo havia terminado.

Os advogados entenderam perfeitamente e, na quarta-feira pela manhã, apresentaram-se no 6º Tribunal Oral para acertar as condições da entrega. Como se ainda não houvesse dados suficientes para igualar o destino de Rafael ao de el Abuelo, os Di Zeo contrataram Pedro D'Atoli, o ex-advogado de Barritta, para que ele negociasse os termos da rendição. Os juízes pensavam em mandá-los ao presídio de Devoto, mas D'Atoli manteve-se firme: ali os membros da barra correriam risco de morte. Por quê? Lá estavam alguns membros da La Doce de el Abuelo, que acusavam Rafael e seus rapazes de os terem abandonado. O Serviço Penitenciário ofereceu como primeira alternativa o presídio Marcos Paz, que também foi rejeitado. Eles queriam ir para Ezeiza, para que seus familiares estivessem por perto e pudessem visitá-los regularmente. Também pediram ala exclusiva, para que não fossem alojados na "vila", como se chamava a área dos presos comuns e mais perigosos. Os integrantes da barra não eram bem-vistos nas prisões e muito menos Di Zeo, que era acusado de ser informante da Polícia Federal.

Na manhã de quinta-feira eles conseguiram o que havia sido pedido. Não restava nada além de se entregar. Mas Rafael precisava da garantia de que o acordo seria cumprido. Ele mandou dizer que primeiro os outros se entregariam e que, em seguida, ele decidiria. Na sexta-feira, 23, Fernando Di Zeo e Oso Pereyra entraram no tribunal. Cinco horas depois, o Serviço Penitenciário os ofereceu como bucha de canhão para a mídia. Em vez de colocá-los na unidade de transporte na porta de Lavalle, eles os fizeram desfilar quase trinta metros até entrarem em uma van. Logo, a cidade se enchia com fotos do rosto de Mauricio Macri na frente e o de Rafael atrás, pedindo sua prisão com a legenda "Caminho livre para Di Zeo, que está atrás de Mauricio". A política, que havia colado no caso, estava mais explícita que nunca.

No sábado, 24, Rafael soube que seu irmão e Oso haviam sido alojados no Módulo Um da prisão de Ezeiza, o mais suave de todos. Naquela unidade era realizado o programa de pré-liberdade, em que ficavam os presos que em noventa dias saíam em liberdade condicional – e como ninguém quer perder esse benefício a apenas três meses de consegui-lo, jamais havia conflitos. Apesar de não ser um alojamento VIP, claramente era uma violação do código penitenciário deixá-los ali. Mas ser parte de algo tem seus privilégios. Manter a boca fechada sobre os negócios dos diretores e dos políticos também. É a ala mais leve de todas as prisões, além de ter um ginásio, área de esportes, oficinas de impressão, jardim e cozinha.

Passado o fim de semana, Rafael começou a negociar a sua rendição. Na segunda-feira ele soube que o espaço para as condições estava fechado: como se tudo fosse por acaso, o juiz Ramos Padilla havia levado o caso da associação ilícita que a La Doce tinha a julgamento, e o tribunal que o julgava pelas acusações das identidades falsas avisou que, se ele não se apresentasse até o dia 30, eles declarariam o julgamento nulo e iniciariam novamente o processo, com a diferença de que, sabendo que ele estaria preso, a polícia que naquele momento o havia beneficiado poderia mudar a sua versão. As algemas se apertavam cada vez mais. Rafael, então, lucrou pela última vez com esse processo: ele negociou com vários meios de comunicação para vender ao vivo a sua apresentação às autoridades policiais. Finalmente o Canal 9 comprou a transmissão do evento com exclusividade por um valor que alguns dizem ser em torno de 50 mil dólares. Na quarta-feira, Di Zeo fez um churrasco para todas as pessoas mais próximas na casa em que ele estava escondido. No outro dia ele se entregaria. Com ele iriam Topadora Kruger e Diego Rodríguez. Apenas Juan Castro decidiu viver como fugitivo.

Na quinta-feira, 29, Rafael se levantou cedo, tomou banho, se barbeou e comeu os seus últimos *croissants* em liberdade. Junto com seu advogado Marcelo Rochetti, viajou quarenta minutos em um carro com vidros fumê até o autódromo da cidade de Buenos Aires. Ali ele se encontrou com o pessoal da van do Canal 9, que o acompanharia até a Superintendência de Investigações da Capital Federal, em Lugano, lugar definido para sua apresentação. Foi seu último ato de impunidade: em vez de ir ao tribunal, onde eles provavelmente o prenderiam com uma simpática foto, ele se dirigiu a uma unidade da polícia com garagem interna para o caminhão penitenciário. Não houve registro de Rafael algemado. Com sua imagem na mídia ou não, seus dias como chefe da La Doce haviam terminado.

5
A SUCESSÃO

Uma característica dos integrantes de barras bravas do novo século é que seu compromisso e sua fidelidade ao líder são de intensidade similar à que os barões dos subúrbios mostram ao presidente do momento: enquanto este está no poder, eles o apoiam. Quando apenas sentem o cheiro de sua caída, rapidamente buscam abrigo no novo chefe – e a La Doce refletiu de forma muito clara esse fenômeno. Logo que a Câmara decidiu contra Rafael, Mauro Martín percebeu que sua chance de tomar o lugar vago era iminente. Com o seu número dois, Maximiliano Mazzaro (o verdadeiro cérebro do grupo), eles se apresentaram ao comissário Eduardo Meta, chefe da 24ª Delegacia de Polícia, para informá-lo de que eles dois manejariam a barra a partir daquele momento, com a permissão de Santiago Lancry, o verdadeiro homem político que a La Doce tinha desde o surgimento de el Abuelo. Eles não contavam com algo: Meta tinha como advogado Juan Cerolini, o ex-advogado de Rafael e o atual de Alejandro Falcigno e Tyson Ibáñez. Quando haviam acabado de sair da delegacia, a velha guarda da La Doce já estava ciente dos movimentos dos *Mauro Boys*.

Ainda assim, deixaram que Martín liderasse a caravana até La Plata para o primeiro jogo do Boca sem Rafael na popular. Isso aconteceu em 11 de março, com vitória por 3 X 1 para o time então liderado por Miguel Ángel Russo. Ninguém queria perturbar o chefe na clandestinidade e apoiavam a chance cogitada pelo próprio Di Zeo: que a Corte Suprema julgaria a seu favor. Mas depois que o julgamento foi contra ele e Rafael terminou na prisão, uma reunião foi realizada para determinar a sucessão. A La Doce, que sob a asa de Di Zeo escondia suas diferenças, tinha quatro grupos bem identificados: o de Mauro e Maxi, com o apoio de toda a zona Oeste da Capital Federal e da Grande Buenos Aires; o do Sul da Grande Buenos Aires, com Héctor Vaca Alarcón como líder; o de el Uruguayo Richard, que era dono da zona Sul da Capital Federal; e o de Alejandro Falcigno e Ibáñez, que tinham poder sobre o pessoal de San Martín e da zona Norte. Nessa reunião, eles fizeram o que Rafael tinha deixado claro: suas pessoas mais leais mandariam na barra enquanto ele tentaria manter toda a sua influência da prisão. Desse modo, foi composta uma fórmula como uma mesa com quatro pés: Hugo Rodríguez, Alejandro Falcigno, Tyson Ibáñez e Guillermo Seisdedos. Hugo era o confidente de Rafael, o homem em quem ele mais confiava, que havia mantido um perfil baixo até a queda do chefe. Falcigno e Ibáñez eram históricos na La Doce e contavam com um prontuário importante: foram condenados a três anos de prisão em regime aberto pela briga contra Chacarita em 1999, e estavam sendo processados pelo crime de associação ilícita na causa aberta contra a barra depois dos novos incidentes com os do Chaca em 2003 no La Bombonera. Falcigno também tinha outra pena de prisão por roubo e estava marcado pela Justiça Contravencional pelos incidentes na entrada do jogo Boca-Toluca pela Copa Libertadores, jogado em Vélez apenas uma semana antes. Por fim, Seisdedos era o homem que Fernando Di Zeo pôs para cuidar dos seus negócios. Com esse esquema, Rafael decidiu consolidar a barra com seus homens mais leais, deixando de lado os outros grupos. Mas em apenas três meses a sua jogada desapareceria.

Em 1º de abril, no jogo contra o Chicago em casa, três dias depois da rendição de Rafael, a nova liderança foi estreada. Mas eles haviam perdido legitimidade entre os torcedores do Boca e também força no núcleo interno. Assim, enquanto Falcigno e Tyson movimentavam a arquibancada ao grito de "O que não salta é um dedo-duro" e "Por que será que as leis foram feitas para o Boca e ninguém mais?", o restante do estádio vibrava com a equipe que terminaria ganhando por 2 X 0 contra o Torito de Mataderos. Na verdade, desde o próprio coração da La Doce, o pessoal de el Uruguayo, de Vaca Alarcón e de Mauro acompanhava com neutralidade. Todos agachados, esperando por sua chance. Uma prova disso veio dois dias mais tarde nos tribunais. Rafael deveria escutar a alegação do promotor no caso dos dólares falsos e identidades falsas.

O julgamento havia começado quando ele estava em liberdade e nas audiências sempre compareciam uns trinta integrantes da barra, que o acompanhavam. Na terça-feira o grupo se reduziu a cinco, entre eles os quatro homens designados para gerenciar a La Doce. A solidão da queda era palpável. No final, Rafael se safou desse processo: o promotor o absolveu por falta de provas. "A Polícia Federal me fez de idiota. Ops, casualidade... O policial que fez a requisição está nos Estados Unidos, sem localização, e o comissário responsável não pôde vir declarar porque estava no Brasil. Eu procurei a verdade, mas a Polícia Federal se juntou a Di Zeo e me deixou sem provas. E sem provas eu não poderia acusá-lo, por mais que o que Di Zeo representa seja repugnante", disse Nardiello.

O resultado era apenas um pequeno respiro para Rafael, que via como o pacote deixado com laço e tudo no La Bombonera começava a desmoronar: a Justiça estava contra Falcigno, seu novo chefe, estudando unir as duas penas em regime aberto para que fosse apenas uma única pena de prisão efetiva, e avisava Juan Castro, o último dos fugitivos, que se ele não se entregasse iriam prendê-lo em breve. O ultimato surtiu efeito: na quarta-feira, 4 de abril, Castro se apresentou ao tribunal e foi direto para o presídio de Ezeiza.

O restante dos grupos da barra que conspiravam contra o sucessor de Rafael leu corretamente a mensagem: havia chegado o fim da impunidade para Di Zeo e seu grupo. A briga interna parecia estar a ponto de explodir, mas, diante da ausência de espaço para tomar a La Doce de forma violenta, utilizaram a estratégia de criar causas judiciais para Falcigno e companhia; um verdadeiro "desgaste efetivo".

Naquela mesma semana, o Boca deveria jogar em Amalfitani contra o Vélez. O estádio estava sob a jurisdição da 44ª Delegacia de Polícia, também no comando de toda a região da Villa Luro comandada por Mauro Martín.

Às três da tarde do domingo, 8 de abril, os ônibus com a La Doce seguiam pela rodovia Perito Moreno rumo ao estádio. Atrás, como sempre, vinha a Trafic branca em que viajavam os chefes, com os tambores e as bandeiras. A polícia, alertada sobre onde estavam as armas por alguém do próprio ninho da La Doce, deixou os ônibus passarem e, na esquina da Barragán com os trilhos do Ferrocarril Sarmiento, parou a van. Eles encontraram três pistolas calibre .380 carregadas. A La Doce de Falcigno precisou pagar muito dinheiro para que a perícia policial indicasse que as armas não estavam em condições de serem usadas, motivo pelo qual o processo se arrastou e somente um ano mais tarde foi declarada a inocência por falta de provas de Roberto Giménez, o motorista da Trafic. Mas a guerra política estava declarada. Di Zeo, que sabia como lidar com as coisas, entendeu que deveria fazer um movimento rápido para neutralizar a conspiração e bancar seus seguidores. Ele montou uma jogada que, por um tempo, daria fôlego a seus rapazes.

A viagem para lugar nenhum

– Querem que lhes tragamos umas bolas, também?
– Para quê? Para jogar um cabeça a cabeça?

A resposta à ideia de Diego Rodríguez fez rir a todos os presentes. Palermo, Palacio e Migliore de um lado, e Rafael e Fernando Di Zeo, Oso Pereyra, Topadora Kruger e Juan Castro, do outro. Porque essa foi a jogada de Rafael: em 11 de abril de 2007, a quatro dias do superclássico e depois da apreensão da Polícia Federal contra o seu pessoal, ele fez com que os atacantes do time do Boca e o goleiro substituto fossem visitá-los na prisão. Não houve maior gesto de apoio que esse e o fizeram mesmo que isso prejudicasse o Boca no jogo contra o River. A visita durou cerca de quarenta minutos e os jogadores chegaram com alimentos de todos os tipos para que Di Zeo os entregasse aos outros detentos da prisão. Na verdade, o grupo visitante deveria ter sido completado com outro visitante, Guillermo Barros Schelotto, que recusou a proposta. E mais, Mellizo Schelotto aconselhou Palacio a não ir, mas o atacante acreditava que era preciso apoio da barra para compensar alguma má fase no futebol e ele foi.

A notícia causou alvoroço, não só pela forma da visita, mas também pelo dia: os réus de Ezeiza só podem receber visitas às terças-feiras e aos sábados, e a visita deles aconteceu em uma quarta-feira. Isso custou a cabeça do responsável pelo Módulo Um do Serviço Penitenciário. A jogada também teve efeitos colaterais indesejados por Rafael: o Boca teve de aplicar o direito de admissão a Falcigno e Tyson para esse superclássico, para não serem acusados de estar apoiando o acontecido, ainda mais que o governo utilizava a conivência da equipe e da barra como cunha para atingir Mauricio Macri, presidente do clube e candidato a chefe de governo argentino na próximas eleições. A política já havia sido lançada e traria outras consequências: para continuar enfraquecendo Macri, que em sua campanha política enfatizava a insegurança em que o país vivia, o governo fez um pacto com o pessoal de Lomas de Zamora para gerar incidentes menores na entrada para todos os jogos do Boca a partir daquele momento.

As táticas usadas com bons resultados em 2003, quando Macri perdeu no segundo turno para Aníbal Ibarra, agora tinham um contrapeso: a própria barra do Boca não queria que o pessoal de Marcelo Aravena cobrasse um poder cada vez maior. Assim, enquanto o promotor Martín Lapadú, com jurisdição em La Boca, pedia que o La Bombonera fosse fechado pelas constantes confusões, o pessoal de Mauro e o de el Uruguayo se aliaram a Falcigno para impedir que os de Lomas tomassem o poder. O primeiro confronto aconteceu em 20 de maio. O Boca jogaria contra o Quilmes pelo Torneio Clausura, e como sempre fazia quando ia ao sul, a caravana dos ônibus da La Doce pegou a rodovia Buenos Aires-La Plata. Vários torcedores do grupo de Lomas se esconderam na vila Monte El Matadero, localizada no quilômetro 19,5 da rodovia e começaram a atirar quando os boquenses passaram. A resposta logo apareceu, quando dos ônibus saíram tiros contra a vila. Como sempre acontece quando se briga com a La Doce, houve vítimas inocentes. Daniel Arévalo, que passeava pela região com seu carro, recebeu um tiro na perna. As coisas estavam ficando cada vez mais perigosas e deveriam ter um fim, que chegou em 27 de maio, depois de um jogo contra o Gimnasia de Jujuy no La Bombonera. Na área das churrasqueiras, o grupo oficial da La Doce avistou uma Kombi com torcedores do grupo oposto; tombaram o veículo e bateram com paus em todos aqueles que vieram dentro dele. A principal vítima foi Oscar Suárez, conhecido como Bigote, homem de Aravena. Por causa disso, se mantém aberto um processo judicial que, ao longo de dois anos, teve apenas um acusado e que ainda não foi a julgamento.

Três dias depois, a La Doce unida festejou a vitória com uma viagem para cinquenta integrantes da barra com tudo incluso para Cúcuta. Seria o último gesto de poder dos seguidores de Rafael na gestão dos negócios, porque, no retorno, Mauro, Richard e Vaca Alarcón ficaram sabendo que o dobro de pessoas poderia ter viajado para a Colômbia e que alguém tinha ficado com o dinheiro. Alejandro Falcigno terminou na mira com explicações pouco convincentes. Tentando impor suas próprias normas, el Gordo Ale não percebeu que estava a anos-luz de distância de ser uma cria de Di Zeo. Para a primeira final da Copa Libertadores contra o Grêmio, em casa, das quinhentas entradas que ele recebeu, pôs apenas duzentas à disposição da barra. As outras trezentas foram encaminhadas para revenda. Quando a batalha parecia iminente, magicamente apareceram 150 ingressos extras. Mas não foram suficientes para todos, e Falcigno e Tyson privilegiaram os combatentes do seu setor. Vários de Mauro ficaram de fora. Martín estava prestes a desencadear a guerra ali mesmo, mas um chamado o parou: prometeram a ele cinquenta entradas de bônus para o seu pessoal. Estas apareceram aos 15 minutos do primeiro tempo, mas o resultado já estava escrito. Na verdade, como não era feito desde a época de el Abuelo, a facção de Martín entrou no estádio pela arquibancada inferior, enquanto a de Falcigno ficou na do meio. Qualquer pessoa que conhecesse os códigos da La Doce sabia que algo ruim estava para acontecer.

A ideia era que tudo se resolveria uma vez que a Copa Libertadores tivesse acabado. A revanche no Brasil parecia ser um negócio lucrativo para todos. O Grêmio só tinha enviado 2.700 entradas e o negócio de revendas funcionaria como nunca antes. Mas os integrantes da barra, além de revender, queriam entrar. Se Di Zeo em outra época conseguia tíquetes para ambos os fins, Falcigno decidiu que a maioria deles iria para revenda, para encher seus próprios cofres. Assim, em vez dos quinhentos lugares prometidos para a barra, ele terminou negociando 250. Do restante, cem seriam vendidos em um pacote com viagem de avião inclusa, e os outros 150 disponibilizados em um pacote para ir junto com a barra em um ônibus, no valor de seiscentos pesos por cabeça. Para não perder poder, repartiu as entradas gratuitas em partes iguais para cada grupo. Ele teria somente trinta fiéis; o restante já não respondia a ele.

A caravana contava com nove ônibus, quatro da barra e cinco de torcedores que haviam comprado o pacote. Ao contrário da época de Rafael, quando os veículos para as viagens longas eram consistentes com o trajeto, Falcigno economizou gastos sabendo que todo o excedente seria seu. Assim, em 19 de junho, às seis da tarde, saíram os ônibus caindo aos pedaços e começou a viagem que terminaria com o seu breve mandato.

No trajeto foram aumentando os inconvenientes e aquilo se transformaria em uma viagem grotesca para lugar nenhum. O primeiro obstáculo apareceu em Concepción del Uruguay: o ônibus em que viajavam os chefes quebrou. O que fizeram então? Entraram em um dos ônibus de torcedores que haviam comprado o pacote e os distribuíram, em pé, em outros ônibus. Antes de chegarem a Paso de los Libres, outro ônibus quebrou e eles utilizaram o mesmo método. Mas o pior aconteceu na fronteira: a vistoria durou cerca de três horas e supostamente estava tudo pronto para passar sem problemas. Como se fosse pouco, e para amenizar a espera, a distribuição de entradas aconteceu ali mesmo. A surpresa foi grande quando mais da metade comprovou que, em vez de um ingresso autêntico, eles tinham em mãos uma cópia grosseira. Com a panela a ponto de explodir, Falcigno tentava tranquilizar as feras dizendo que todos entrariam. Os inconvenientes, no entanto, não terminaram ali.

Uma vez em solo brasileiro, a quarenta quilômetros da fronteira, foram parados pela Polícia Rodoviária. Como havia muita gente em pé, a polícia brasileira foi inflexível: seguiriam somente os que estavam sentados ou voltariam todos. Houve uma discussão entre Facilgno e Tyson por um lado, que exigiam seguir e ter o seu pessoal sentado, e os homens de Mauro e Richard, cientes de que deixar os membros da sua força do lado de fora era um atestado de óbito. O assunto foi resolvido olhando para o relógio: o jogo era às nove da noite, eram três da tarde, e ainda faltava percorrer setecentos quilômetros, que os ônibus inadequados não conseguiriam fazer em menos de nove horas.

Eles resolveram voltar. Na viagem de volta, el Uruguayo Richard pediu a devolução de parte do dinheiro pago pelos torcedores que haviam comprado o pacote e que se repartisse o restante entre os chefes. Falcigno recusou o pedido sob o curioso argumento de "quando se perde, se perde". Ele não teve tempo de terminar sua peculiar explicação: Richard e seu parceiro, Horacio Enrique, o jogaram no chão no meio do ônibus. A caravana parou e, em plena Rota 14, em jurisdição da província de Entre Ríos, houve uma briga à mão armada. O pessoal do Richard, Mauro e Vaca Alarcón atacou Falcigno, Tyson e companhia. Ambos foram feridos por facas. Mas isso seria o saldo menor para eles. Ali mesmo, longe do La Bombonera, no quilômetro 630 da Rota 14, eles haviam perdido para sempre o controle da barra.

A dupla do poder

De volta a Buenos Aires, houve uma reunião entre Mauro Martín, Maxi Mazzaro, Richard William Laluz Fernández, conhecido como el Uruguayo, seu ajudante Cabezón Acosta e Héctor Vaca Alarcón para definir a nova estrutura do poder na La Doce. Laluz queria afirmar seu poder de fogo e sua ativa participação na batalha que havia terminado com Falcigno e Tyson fora da La Doce. Mas faltavam duas coisas para ele ser o rosto visível da barra: uma relação boa com a diretoria – que o temia – e um histórico criminal limpo. Até então Richard tinha um mandado de prisão por roubo no 49º Tribunal Criminal, era procurado por outro crime cometido no centro da cidade que envolvia reféns, e também tinha um processo pendente no Uruguai. A proteção policial estava funcionando plenamente e ele seguia vivendo como se seu histórico fosse igual ao de um menino de 11 anos, mas aparecer como o chefe da La Doce poderia fazer com que alguém notasse isso e fizesse estalar o poder oficial.

O seu caso era curioso: preso em Devoto, ele conheceu Di Zeo quando este levava jogadores do Boca para conversar com os integrantes da barra que cumpriam penas nessa prisão. Rafael, em geral muito inteligente, às vezes organizava jogos no pátio de que participavam os violentos do Boca, os jogadores e os capangas de cada pavilhão. El Uruguayo era um deles e havia liderado uma histórica rebelião de 14 horas em 23 de abril de 1996, que percorreu as manchetes dos jornais do mundo todo. Nesse vai e vem, Rafael e el Uruguayo se tornaram amigos e, quando Richard saiu de Devoto, ele entrou na La Doce. Outro dos que frequentavam esse grupo era Conejo Alvarenga, um dos presos mais famosos por seus golpes a caminhões blindados e que também ingressou na La Doce quando saiu da prisão, mas com um perfil baixo. No entanto, o distintivo que Richard ostentava no mundo dos delinquentes jogaria contra ele na tentativa de ser o único chefe da barra.

Vaca Alarcón tampouco poderia ascender a essa posição, já que a Comissão de Diretores o conhecia desde sempre e jamais o havia visto como um líder. Assim, os únicos em condições de ter todo o poder eram Mauro Martín e Maximiliano Mazzaro. Eles contavam com a influência de Santiago Lancry e Mazzaro tinha uma habilidade pouco comum nesse meio: negociar cada centímetro do poder com os dirigentes sem jamais abrir mão de sua personalidade. Maxi era, também, o homem da La Doce em Conurbano, o que poderia lidar com a polícia e gerar acordos com grupos piqueteiros. Nascido e criado no distrito de La Matanza, era próximo dos peronistas daquela região, como Jorge Lampa, e também de Luis D'Elía, que muitas vezes pediu seus serviços na hora de juntar pessoas para gerar protestos.

Na barra e por esses contatos, Maxi havia sido um filho mimado pelos Di Zeo. A tal ponto que em 2004, quando antes do superclássico contra o River os grupos de Moreno, liderados por Juan Castro, e o de Lomas del Mirador, liderado por Mazzaro, se enfrentaram, Maxi foi esfaqueado e Fernando Di Zeo o carregou nos braços para levá-lo imediatamente ao hospital Argerich, salvando sua vida. Naquele dia, por atacar alguém do seu meio, a cabeça de Castro rolou.

Então, com Mazzaro como cérebro e Mauro como músculo, a dupla assumiu o lugar vago de Rafael Di Zeo, enquanto el Uruguayo Richard compartilhava dos benefícios, mas sem ser visto. Esse acordo permitiria à barra ganhar um pouco de paz durante um ano e adiar a feroz briga interna que aconteceria no segundo semestre de 2008.

Depois de formar a pirâmide do poder, Mauro e Maxi sentaram-se primeiro com a Polícia Federal e depois com a diretoria. Com os uniformizados eles não tiveram grandes problemas, como demonstra o fato de que a La Doce continuava gerenciando o estacionamento na rua, o *merchandising* fraudulento, a venda de substâncias de diferentes cores, e outras questões. Diferentemente do que havia acontecido meses antes, quando o comissário da 24ª Delegacia de Polícia, Meta, preferiu Falcigno e Tyson como interlocutores, agora todos já sabiam que havia um novo chefe de verdade. Mais ainda quando as notícias do acordo com o clube se espalharam como fogo: Maxi arrancou da Comissão de Diretores trezentas novas vagas de sócios para trazer sangue novo, que responderia a ele sem dificuldade na arquibancada. A surpresa do acordo é que o Boca havia suspendido a inscrição de novos sócios já fazia dois anos. Mas era mais barato e útil entregar os cartões de sócios com data de ingresso de 2004 do que entradas. Porque, além disso, eram votos seguros para as eleições programadas para o fim do ano. Para Mauro e para Maxi o negócio era vantajoso. Mesmo que o pacote de ingressos que eles recebiam fosse menor que o de Di Zeo, havia agora quatrocentos ingressos que poderiam permanecer intactos para revenda: os de seu grupo entravam com o cartão de sócio. Própria tropa na arquibancada e dinheiro para gerar benefícios. Benefícios sem problema algum.

No entanto, alguém tinha ficado de fora da pequena mesa de negociação. Rafael, que estava preso em Ezeiza, estava ciente da situação. Embora tanto o clube como a barra seguissem repassando religiosamente o dinheiro arrecadado a ele, para Rafael o fato de a nova liderança não ter sequer pedido sua opinião mostrava sinal de fraqueza. Então ele começou a trabalhar contra. Primeiro mandou uma mensagem por meio do tribunal para os meios de comunicação: ele contratou Mariano Cúneo Libarona como seu novo advogado, teve uma reunião com Hugo Anzorreguy (ex-chefe da Side) para ver como ele podia operar no Ministério de Segurança Interna, e começou a espalhar a versão de que a Corte Suprema poderia acolher novo recurso para encurtar sua sentença. Por outro lado, entrou em contato com pessoas ligadas a Paquinco, um antigo homem do grupo de La Boca da barra, para que eles gerassem caos na arquibancada, com roubos parecidos com os que parte do grupo de Barracas, que era liderado por Richard, fazia.

Em 5 de agosto – a estreia do Boca no Torneio Apertura 2007 contra o Central, que marcava também a estreia de Mauro como chefe da La Doce – o clima na arquibancada do segundo andar do La Bombonera era uma confusão de assaltos. A reação veio no dia seguinte. As paredes do La Bombonera apareceram pintadas com a legenda "Di Zeo dedo-duro" e "Di Zeo traidor", e para o jogo contra o Argentinos Juniors no bairro La Paternal, Mauro e Maxi fizeram sua jogada mais forte: contrataram oito ônibus e levaram quase quinhentos integrantes da barra do seu próprio meio, trazendo gente nova de Budge, La Matanza, Almirante Brown e Caseros. Ali, quando eles se sentiram confiantes, estenderam três bandeiras. A primeira dizia: "A La Doce está unida". Na segunda, como mensagem mafiosa, estavam escritos os nomes de todos os que estavam presos pelo ataque aos Chacarita em 1999, com a frase: "O Jogador Número 12 está com vocês". A terceira era amarela, com letras azuis, e apenas uma palavra no meio: "Leopardi", o clube de Martín. Dessas três bandeiras, apenas uma nunca mais seria estendida na arquibancada: a do apoio aos membros da barra presos. Para bom entendedor...

Para terminar de fechar a brecha, no final de agosto os novos chefes se reuniram com Di Zeo em Ezeiza. Ali, negociaram os números com um leve aumento para o chefe caído em desgraça. Todos pareciam manter a calma, porque Rafael não tinha muita vantagem para negociar: na primeira semana de setembro a Justiça estava aplicando outro golpe em cima dele, confirmando que iria a julgamento por associação ilícita no mesmo tribunal que o condenara por coerção grave.

Mas Martín não havia soltado, nas conversas, a informação de certas rendas, como uma matéria no jornal *Marca*, da Espanha, pela qual ganhou muitos dólares; como o novo acordo com a diretoria do Boca para fazer funcionar o negócio também no basquete, para o qual o clube xeneize atraía pessoas e tinha uma equipe com aspirações; como os novos pontos de venda que dominavam o *merchandising* falso nas feiras de expositores, como a La Salada. Então, os pequenos incidentes reapareceram.

Em meados de setembro os fóruns da internet do Boca, com mensagens contra os *Mauro boys*, falavam que a arquibancada tinha se tornado terra de ninguém com o aumento de assaltos, gerando preocupação na liderança. No dia 16 desse mês, no estádio do Banfield, muitos rostos novos que jamais haviam pisado na barra se fizeram presentes na entrada da La Doce, tentando ficar perto e começar uma briga interna brutal na qual Mauro teve de colocar o corpo e as mãos na liderança de sua facção para que o poder não fosse tirado dele.

Na quarta-feira, 26, enquanto Martín via no Brasil o Boca jogar pela Sul-Americana contra o São Paulo, ele ficou sabendo que a Justiça de Buenos Aires o levaria a julgamento pelos incidentes do jogo Vélez-Boca pelo Torneio Clausura 2006 – jogo em que ele havia trancado as catracas para que a barra entrasse de graça –, e os procuradores Gustavo Galante e Aníbal Brunet pediram a pena de um ano de proibição de entrada nos estádios. Para piorar a situação, na quinta-feira, 27, ao voltar do Brasil com a eliminação do Boca contra o São Paulo nas costas, a bolsa de viagem com as bandeiras da La Doce não apareceu na esteira do aeroporto de Ezeiza. Mauro, como todos os outros no mundo da barra, sabia que na Intercargo, a empresa responsável por essa tarefa, trabalhavam pessoas ligadas à barra do Banfield, que sempre teve boa relação com a La Doce de Di Zeo. Ele juntou os pedaços e começou a convocar a segunda linha da barra para Ezeiza. Quando a segurança viu que a situação estava fora de controle, três horas depois que o avião havia chegado, alguém ordenou que a bolsa de viagem aparecesse.

O último elo dessa cadeia de pequenos infortúnios surgiria três dias depois. O Boca ia enfrentar o Newell's em Rosario e, como sempre, a barra já tinha se reunido cedo no La Bombonerita para se dividir em vários ônibus até o Parque Independencia. Mas no pedágio de General Lagos, na estrada Buenos Aires-Rosario, a 15 quilômetros da cidade de Santa Fe, o inesperado aconteceu. A Polícia Federal, como sempre, também começou a revistar os ônibus. Mas dessa vez de forma muito violenta. Ficou claro que a atitude da polícia procurava alguma resposta para gerar repressão. Mauro Martín, o novo líder, não podia aceitar isso passivamente, já que estavam maltratando todos aqueles que estavam sob as suas asas. Então ele reagiu e houve repressão. A barra apanhou feio. Mauro, que recebeu três balas de borracha, acabou preso com outro integrante de sua facção, Abel Abregu, e o restante conseguiu continuar a viagem para o estádio do Newell's, chegando na metade do primeiro tempo.

A promessa era de que pegariam os dados de Mauro e o deixariam sair. Supunha-se que, no segundo tempo, ele estaria liderando a arquibancada. Uma vez que a polícia teve a La Doce dentro do estádio do Newell's, mudaram a história: Martín, acusado de agressão, atentado e resistência à autoridade, ficaria detido por pelo menos um dia, até que chegasse de Buenos Aires o certificado oficial de antecedentes, algo que um juiz de plantão com boa vontade conseguiria em um instante.

Inteirada pelo celular, a La Doce começou a tumultuar no estádio e, se Palermo, numa conversa pelo alambrado, não tivesse convencido Maxi a permitir que a partida terminasse em paz, o jogo teria sido suspenso. Naquela noite, o Boca perdeu por 1 X 0 e a La Doce voltou a Buenos Aires sem o seu líder e sem os seis membros mais importantes da primeira linha, que permaneceram na espera para saber do destino do chefe. Não aconteceu o previsto: eles o liberaram apenas na quarta-feira à tarde, depois de ter passado 48 horas em uma pequena cela na prisão de Alcaidía de Rosario e ter pago 2.500 pesos de fiança imposta pelo juiz Juan José Alarcón. Martín levou para Buenos Aires também um processo por lesões leves e resistência à autoridade.

Com semelhante cenário, Mauro sabia que seu breve reinado estava em perigo. Muitos tropeços juntos não eram obra do acaso; no domingo seguinte o superclássico seria jogado no estádio do River e ele corria o risco de ser incluído no direito de admissão, pelos incidentes em Rosario na semana anterior. Naquele momento sabia que tinha de dar um golpe de efeito. Ele se reuniu com as autoridades máximas da Comissão de Diretores do Boca e com duas referências do time para esclarecer as coisas. Ele explicou que se eles o quisessem fora, ele sairia, mas haveria batalha, e então listou os nomes de seus possíveis sucessores. O Boca também consultou as agências de segurança e todos disseram que se Martín caísse e subisse el Uruguayo Richard, Vaca Alarcón, ou se o grupo de Lomas retornasse, a situação seria ainda pior.

Assim, eles deram a Mauro tudo o que era necessário para que ele pudesse demonstrar o seu poder. A primeira condição foi uma piada para todos os torcedores: a lista de direito de admissão somente incluía os seis barras presos em Ezeiza e Falcigno e Tyson Ibáñez, os dois homens de Rafael que haviam perdido o comando para Mauro. O segundo gesto se mostrou obsceno: eles permitiram que Mauro usasse o ônibus sem teto, com o qual o time festejava cada título, para liderar a caravana até Núñez. Um escândalo. Em qualquer país sério, as autoridades máximas de segurança no futebol e da diretoria do clube seriam forçadas a renunciar. Na Argentina, onde a aliança com os membros das barras é uma ferramenta de poder, o Boca apenas emitiu um comunicado pedindo explicações à empresa Flecha Bus.

Mais forte que nunca

A vitória de Mauro ficou explícita depois da derrota do Boca contra o River por 2 X 0. Na entrada do superclássico foram registrados incidentes com barras da terceira linha sem ingressos, mas a maioria entrou mesmo assim, e os detidos foram liberados em pouco tempo, graças aos bons trâmites da La Doce. Na segunda-feira, 8 de outubro, pela primeira vez seriam vistos em público o ex-chefe Rafael Di Zeo, Alejandro Falcigno, o homem que Mauro havia derrubado, e o próprio Mauro Martín. Os três foram chamados para ir a julgamento pelos acontecimentos no estádio do Vélez, naquele jogo do Torneio Clausura 2006. Mas Falcigno não foi: horas antes decidiu admitir sua culpa e fez um acordo com os promotores Gustavo Galante e Aníbal Brunet, no qual ele se comprometia a não ir ao estádio durante seis meses e cumprir quatro jornadas de trabalho comunitário. Ele preferia isso a sair em uma foto com toda a barra insultando-o na porta do tribunal. Rafael e Mauro foram, mas não houve julgamento. O primeiro também admitiu sua culpa e concordou em pagar mil pesos a um instituto da cidade, além das 16 horas de trabalho comunitário no presídio de Ezeiza, enquanto Mauro levou a pior parte: quatro meses de proibição de entrar nos estádios e vinte dias de prisão efetiva. Ele burlaria essa pena mais tarde.

A verdade é que, no segundo andar do edifício da Tacuarí, 138, sede do Tribunal de Justiça de Buenos Aires, Mauro e Rafael se cumprimentaram por um instante com um curto abraço. Mas ao sair a situação deixou clara a lenda que diz: "rei morto, rei posto". Os trinta membros mais ilustres da barra trataram Di Zeo com indiferença, e até mesmo com sarcasmo, enquanto Martín saiu ao ritmo de "Mauro, querido, a La Doce está contigo".

"Quem gerencia a La Doce sou eu. Eu sou amigo do Rafael, mas a barra agora está sob o meu comando. Mas muitas pessoas querem me derrubar. Tive de aceitar um acordo com o promotor porque, se eu fosse a julgamento, eles iriam me acusar de assassinato, porque claramente alguém está tentando me prejudicar. Mas sou forte, consigo lidar com essa gente. Aqueles que perderam a barra foram os que fizeram coisas más, os que traíram os torcedores. Eu, ao contrário, promovo festa", disse Mauro, que estava muito feliz para alguém que tinha acabado de assinar um acordo proibindo-o de ir ao estádio durante quatro meses, algo como uma certidão de óbito para o chefe de uma barra. Nem todas as cartas estavam na mesa: seu advogado, Horacio Rivero, havia feito alguns contatos, certo de que mudaria o resultado.

Como se as palavras tivessem sido levadas pelo vento, logo após a homologação do acordo pelo juiz Ladislao Endre, o advogado de Mauro se apresentou para solicitar que eles diminuíssem a proibição de ir ao estádio para um mês e que a pena de prisão passasse a regime aberto. O seu argumento tinha pouco crédito: "Esse acordo é desproporcional e eu o assinei apenas para evitar um circo na mídia".

Endre optou por uma solução salomônica: permitiu que Mauro ficasse em liberdade desde que não fosse ao estádio no prazo determinado. Mauro sabia que na Argentina uma coisa é a letra fria da lei e outra o calor da realidade. A tabela marcava uma visita ao estádio de Avellaneda em 4 de novembro, o primeiro jogo depois da ratificação do acordo. Além disso, o Racing era um rival de toda a vida e trazia um significado simbólico especial: fazia um ano desde o primeiro jogo ao qual Di Zeo não pôde comparecer, marcando o início do fim de sua carreira. Mauro, então, se fez presente. Ele chegou à porta com o seu advogado, Horacio Rivero, e ali foi informado de que tinha a entrada proibida. Ele deu uma pequena volta, disse que estava indo embora, e aos 25 minutos do primeiro tempo, camuflado com um moletom azul, foi para a arquibancada principal. O Coprosede, que suspeitava da jogada, colocou câmeras no estádio e o pegou. Eles pensaram que isso o faria cair. Mas Mauro já entendia como o poder funcionava nas sombras. Seu advogado entrou com um recurso no Juizado de Paz de Avellaneda, que decidiu que como o crime não era convencional, e o juiz Endre omitiu que a sentença era válida para todo o território nacional, a pena só deveria ser cumprida na Capital Federal. Com esse aval, Mauro também pôde assistir a todos os jogos restantes do Boca na província: Tigre e Arsenal. O juiz Endre somente determinou que sua sentença era válida em toda a Argentina quando o Torneio Apertura chegou ao fim. A impunidade ganhava novamente.

O Boca de Miguel Ángel Russo tinha um último desafio em 2007: o Mundial de Clubes no Japão. Pela primeira vez o xeneize iria buscar o título máximo de equipes com outro membro da barra, que não era Di Zeo, como líder. Mauro sabia também que era uma oportunidade de estender os seus domínios. Mas isso teve consequências: ele conseguiu 15 pacotes com tudo incluso para a primeira linha da barra, mais ingressos gratuitos e acomodação para outros 25 torcedores, que somente tinham de fazer alguns serviços durante a semana para pagar a passagem para o Japão, com escalas na África do Sul e na Malásia. Nesse voo eles levaram uma bandeira gigante – que foi bancada pelo Maradona – com o lema: "Podem nos imitar, mas jamais nos igualar" e outra bandeira que tinha a assinatura da Nike, a marca esportiva que patrocinava o clube. Como se as relações com o clube não fossem suficientemente explícitas, a La Doce se acomodou no hotel Keio Plaza, o mesmo em que a equipe estava, e de lá iam em ônibus fretado para a ocasião com toda a parafernália nas costas. Apesar de o Boca ter perdido na final contra o Milan (4 X 2 para a equipe italiana), Mauro sabia que ele havia sido campeão. No final de 2007, ele se sentiu como o verdadeiro novo rei da La Doce.

Traição se escreve em azul e dourado

Mauro Martín nunca esteve mais certo de que a vida estava sorrindo para ele do que no começo de 2008. A eliminação da condenação judicial pelos incidentes no estádio do Vélez era crucial para demonstrar na barra como funcionava a sua nova rede de contatos, a chave para se manter no topo da La Doce. Na verdade, ele também saiu ileso do último grande escândalo da barra, provocado em dezembro, quando os cantores espanhóis Joan Manuel Serrat e Joaquín Sabina, para encerrar sua turnê, fizeram shows enormes no La Bombonera em 13, 14, 16 e 18 de dezembro de 2007. A barra revendia os ingressos (no campo, pela entrada que custava cem pesos a La Doce cobrava 150, e desse modo 200 mil ingressos saíram de suas mãos), deixava entrar pessoas sem ingressos por cem pesos, graças à utilização de dez credenciais cedidas pela organização, e era responsável por 80% do estacionamento nas imediações, tendo de deixar os outros 20% para as forças de segurança. Mas algo aconteceu: no primeiro dos shows, que começaria às nove da noite, três horas antes a La Doce foi até a Casa Amarilla para resolver tudo. Nos amplos terrenos ao redor do estádio, que funcionavam como um grande estacionamento, os funcionários da prefeitura jogavam uma pelada. A La Doce, como se fosse dona de um lugar público, quis expulsá-los. Dada a agressão verbal, todos os tipos de armas foram sacados. A confusão foi tão grande que a polícia teve de intervir e um prefeito foi ferido por uma bala calibre .22. De um dos detidos, Santiago Lancry, confiscaram uma pistola calibre .635 e foi aberto um processo, que ainda segue na Justiça.

A impunidade ficou refletida nesse mesmo dia: uma hora depois do tumulto, a barra tomou posse da área como se nada tivesse acontecido e começou a acomodar os carros, cobrando vinte pesos por vaga. A La Doce levantou naquelas noites, apenas com o estacionamento, e após a dedução dos gastos, 35 mil pesos. Impressionante.

O verão trouxe outro negócio lucrativo. Pela primeira vez a revenda do superclássico de Mar del Plata estaria sob o comando de Mauro. O líder e seu círculo íntimo se acomodaram no Balneário 12, em Punta Mogotes, fazendo contas enquanto se bronzeavam ao sol. O dinheiro estava fluindo e não parecia haver nada para se preocupar.

De fato, até as próprias administrações da cidade e da província deixavam clara a relação que sempre tiveram com a La Doce: Macri, a pedido do deputado Cristian Ritondo, e com históricas relações com a barra de Nueva Chicago e a facção de Lugano do Boca Juniors, nomeou como novo chefe de Segurança do Legislativo de Buenos Aires Marcelo Rochetti, ex-advogado de Rafael Di Zeo e Alan Schlenker (líder do Los Borrachos del Tablón). O governador de Buenos Aires Daniel Scioli, a pedido de seu ministro de Segurança

Carlos Stornelli, nomeou como assessora de gabinete Soledad Spinetto, a mulher de Rafael.

Nesse contexto, Mauro e Maxi acumulavam dinheiro e poder. O primeiro acrescentou um 4 X 4 ao seu Mini Cooper e fez um par de importantes transações imobiliárias. O segundo, além dos tijolos, montou com o dinheiro produzido pela barra uma empresa de importação de têxteis e eletrônicos. Os novos donos da La Doce conseguiram por meio de seus contatos no Boca fazer amizade com o pessoal da organização de campeonatos em Mar del Plata e Mendoza e herdar um negócio lucrativo: obter 3 mil ingressos destinados diretamente para revenda. Cada entrada popular que valia 15 pesos no estádio era negociada a noventa pesos na bilheteria da barra e logo elas se esgotavam.

Tanto dinheiro começou a fazer brilhar os olhos da ganância de grupos que acompanhavam Mauro. Enquanto Martín e Maxi produziam uma quantidade generosa de ingressos para não terminar como Falcigno e Tyson, el Uruguayo Richard e Paquinco queriam uma porção maior da torta. Mas eles não tinham nenhum contato para fazê-los cair.

Tramaram assim uma traição que, em pouco tempo, se viraria contra eles. Começaram a adoçar os ouvidos do povo de Lomas de Zamora, de fora da barra. Propuseram gerar confusão para que eles, de dentro, divulgassem que Mauro não podia controlar o problema. Tramaram uma política de atrito para dar o golpe final. Quando o Torneio Clausura começou, a estratégia foi lançada.

Na primeira rodada, o Boca viajaria para Rosario para jogar contra o Central; quando a caravana passou pela rodovia Panamericana, três tiros foram lançados ao ar e um caiu no ônibus em que viajava parte da primeira linha. Mauro parou os ônibus, seus homens desceram e revistaram a área atrás da Faculdade de Engenharia, sem sucesso. A viagem seguiu adiante para ver o empate de 1 X 1 em Rosario, mas a inquietude estava instalada. A ideia era sempre atacá-los quando fossem visitantes, já que Mauro era muito forte na área de La Boca e tinha uma conexão poderosa com a Polícia Federal.

O segundo ataque aconteceu um mês depois, quando o Boca saía de seu refúgio para jogar contra o Lobo platense. Na ida, quando viajavam para acompanhar a equipe de Carlos Ischia na vitória por 4 X 0, na altura de Berazategui, vários tiros fizeram mais de quinhentos torcedores se abaixarem nos ônibus para se proteger.

Naquele 2 de março, depois do jogo e na volta para o La Bombonerita, em uma reunião em que todos juraram fidelidade a Mauro, ele implementou uma tática para que fosse aplicado o direito de admissão ao pessoal de Lomas em Buenos Aires e também criar causas judiciais para tirá-los da área. Richard sabia que com os contatos de Mauro isso realmente poderia acontecer; a ideia era então atacar antes, e de surpresa. Quando o Boca jogava em casa, com a operação imponente da polícia, seria impossível. Eles então marcaram com lápis vermelho o domingo 16 de março. O xeneize jogava contra o Huracán pela sexta rodada do campeonato no estádio do Argentinos Juniors e, como sempre, a La Doce se juntaria três horas antes na Casa Amarilla. A ação policial para esses eventos era mínima. Três dias antes a emboscada foi firmada: os de Lomas chegariam de surpresa, gerariam um caos e haveria uma morte. Mesmo que pareça inacreditável, eles queriam que alguém da própria tropa caísse, criariam um mártir. Qualquer pessoa no mundo dos violentos sabe que nenhum chefe de barra sai ileso de um confronto a poucos metros do estádio que termina com um cadáver na rua.

Às quatro horas da tarde daquele domingo tudo aconteceu como planejado: uns vinte torcedores da barra de Lomas, que respondiam ao comando de Marcelo Aravena, chegaram em uma van Sprinter, um Fiat Fiorino, outro utilitário e um Dodge 1.500, disparando para o ar. A reação foi rápida. No confronto, os de Mauro, que também lançaram fogo aos veículos, deixaram ferido Raúl Sánchez com uma facada. O ataque não foi mais certeiro por causa da Providência: alguns minutos antes a polícia havia prendido quatro pessoas na estrada 9 de Julho Sul porque eles "levavam um arsenal". Todos vestiam a camisa do Boca. Dois eram de Lomas e dois de Engenheiro Budge.

"Eles começaram a brigar entre si e houve disparos de arma de fogo. Nós apreendemos uma arma calibre .635, com apenas um ferido, que está fora de perigo. A polícia montou uma barreira para que todos os que estavam na área pudessem ser presos e avaliar a responsabilidade penal que pertence a cada um neste assunto", disse naquele momento Eduardo Meta, o comissário da 24ª Delegacia de Polícia, que, imediatamente, se encarregou pessoalmente de declarar que "Mauro Martín não estava no local quando ocorreram os fatos", como se alguém pudesse acreditar nele.

Um ano depois, e sob juramento, el Uruguayo Richard declarava à Justiça a relação entre a La Doce oficial e a Polícia Federal. "A barra tem um acordo com o homem da Polícia Federal encarregado do Boca. Seu nome é Esteban Pérez Méndez e é da divisão de Eventos Esportivos. Era ele quem nos monitorava com um *walkie-talkie* quando outras repartições nos buscavam, quem nos dava as armas, e quem nos fazia a papelada. Muitas vezes ele era acompanhado por outros policiais daquela divisão, mas era sempre ele quem cobrava pela proteção", admitiu.

Graças a essa proteção do Estado, no dia dos incidentes Mauro apareceu no estádio três horas mais tarde, liderando os que tinham escapado de ser presos. Foram 150 presos, mesmo que 24 horas depois o 4º Tribunal de Menores (a causa caiu ali porque nove eram menores de idade) ordenou a liberdade de todos porque não tinham antecedentes. O processo não teve julgamento e está prestes a ser extinto por efeito de prescrição.

As perguntas, após os acontecimentos, eram óbvias: por que o grupo de Lomas foi ao ataque sabendo que seriam superados em armas e pessoas? E por que eles apareceram disparando para o ar, quando poderiam ter atirado para matar? A resposta a elas chegou graças a um policial da divisão de Eventos Esportivos da Polícia Federal que decifrou a estratégia ao rastrear as comunicações de celulares dos chefes de Lomas. Ele encontrou chamadas sugestivas no celular que el Uruguayo usava. Os novos chefes da La Doce entenderam tudo e, em consequência, passaram a agir.

No domingo seguinte, o Boca jogava em casa contra o Colón de Santa Fe. Como sempre, a La Doce oficial se reuniu no La Bombonerita e distribuiu os ingressos. Em geral, os chefes entravam primeiro, todos juntos. Mas Mauro e Maxi, dessa vez, mudaram a tática. Eles pediram a alguns dos seus mais fiéis seguidores que ficassem entre eles e Richard e Paquinco, e que, a uma distância segura, gerassem algum caos para que a polícia interviesse. Obviamente, essa jogada estava combinada com a Polícia Federal, bem consciente de quem deveriam prender. Cada um dos envolvidos seguiu o plano ao pé da letra e quando a La Doce fazia fila para entrar pela porta 14 do La Bombonera, houve um tumulto que deixou 25 detidos. Todos eles pertenciam ao grupo de Caminito, comandado por Paquinco, e ao de Barracas, comandado por Richard. Os dois líderes foram presos sob o crime de "atentado e resistência à autoridade". El Uruguayo estava nervoso: com um mandado de prisão desde 2006 por causa de um roubo, se fosse fichado, seu destino inexorável seria Devoto. Mauro mandou uma pessoa à delegacia com uma mala que, dizem, tinha milhares de pesos, e a Polícia Federal negou que o preso era el Uruguayo, como foi informado no primeiro momento, mas sim seu filho. A essa hora o pessoal de Mauro já tinha informado aos de Richard e Paquinco qual o destino que aguardava aqueles que conspiravam contra o chefe.

"Naquele dia me prenderam junto com vários outros e me levaram em uma van até a 24ª Delegacia de Polícia. Logo quando chegamos um cara disse 'este é o problema', apontando e mostrando um documento que mostrava o meu mandado de prisão. Naquele momento, Maxi [de Mazzaro, o número dois de Mauro] me disse para que eu não me preocupasse, que eles tinham tudo resolvido. Ele pagou 10 mil pesos aos policiais, a entrega foi feita perto do cassino de Puerto Madero, e então a polícia, em vez de colocar o meu nome, colocou o do meu filho", disse Richard no tribunal, sem corar.

O processo continua em aberto, e há três processados por suborno aguardando julgamento: Mazzaro, o oficial da polícia Esteban Pérez Méndez, e o ex-comissário da 24ª Delegacia de Polícia, acusado de ter sido a pessoa que recebeu o dinheiro.

Assim, com os chefes livres, os líderes de todos os setores se reuniram na Casa Amarilla à noite. Mauro havia provado que seus contatos funcionavam e ninguém poderia tirar sua liderança. Richard e Paquinco negaram as acusações sobre sua participação na emboscada, mas foram vencidos: a partir de então, teriam de se submeter ao poder de Martín ou ser expulsos da barra. Durante quatro meses esse frágil acordo de paz funcionaria.

Com a divisão sufocada, Mauro Martín foi responsável por planejar o que seria a grande fonte de renda da La Doce para aquele semestre: a Copa Libertadores. O campeonato local já dava sinais desencorajadores e a barra parecia estar sob seu controle exclusivo. Mas uma semana após Richard e Paquinco entenderem quem mandava, outro evento reforçou ainda mais o apoio a Martín por parte da diretoria: na viagem a Bahía Blanca para jogar contra o Olimpo pela oitava rodada do Torneio Clausura (jogo que terminaria em 1 X 1), enquanto a maior parte da barra foi em caravana com os ônibus sem provocar nenhum incidente, Richard viajou com três de seus amigos íntimos em uma Toyota Hilux. Eles nunca chegaram ao destino. A cerca de vinte quilômetros de Bahía Blanca, a Toyota bateu em alta velocidade em um Ford Escort em que viajava uma mulher, Mónica Christiansen, com seu filho, matando-a. El Uruguayo e dois dos torcedores da barra que o acompanhavam escaparam, mas quem supostamente dirigia, Luis Oscar González López, conhecido como Mono, também uruguaio, 38 anos, e um mandado de prisão por roubo na capital, foi preso sob a acusação de homicídio culposo. No veículo foi encontrada uma pistola 9 mm e outra .635, pela qual o processo também acrescentou a posse de arma de guerra.

"As armas eram dos meus companheiros ocasionais. Eu os conheci no La Bombonerita uma hora antes de sair para Bahía Blanca, e como eles também iam ao jogo, eu ofereci a eles uma carona", foi a explicação incrível que Mono deu, a quem a Justiça condenou a 12 meses, e mais tarde à pena de quatro anos de prisão. A essa altura, Mauro espalhou a versão de que os protagonistas do acidente estavam na La Doce e a direção do clube sabia que entre as duas facções em guerra eles haviam tomado a decisão correta de apoiar incondicionalmente a de Martín. Isso seria refletido na jornada para a Copa Libertadores.

Em 6 de abril, em Guadalajara, Mauro estava presente com trinta membros da La Doce. Naquela viagem ele abriu espaço para todos os grupos, demonstrando que ele era o chefe, mas não havia rancor. Paquinco ficaria para sempre neste lado do balcão. Vaca Alarcón também. Richard, como seria visto mais tarde, não. Nas oitavas de final houve uma parada em Belo Horizonte, para onde viajaram cinquenta integrantes da barra; e nas quartas de final, outra vez no México, a mesma quantidade de violentos. O Boca, relegado no Torneio Clausura que seria vencido pelo River, necessitava de uma história com final feliz. Mas houve um inconveniente. No jogo de ida para as oitavas contra o Cruzeiro, o qual o Boca venceu por 2 X 1, um cubo de gelo que veio de um dos assentos VIP caiu em cheio no juiz auxiliar Pablo Fandiño, causando um corte no couro cabeludo e a suspensão do La Bombonera (por duas rodadas) por parte da Conmebol. Já tinha sido demonstrado contra o Atlas do México que uma coisa era a pressão do time em casa, outra era no local do Vélez. A diretoria pensou que, entregando o culpado do ato, conseguiria reduzir a pena. Mas o Boca não poderia conceder à Justiça um dos seus homens mais influentes, com interferência também na concessão de postos de venda de alimentos no estádio. Por essa razão, a La Doce ofereceu um de seus membros, um homem que precisava de um ato de redenção para poder voltar para o rebanho: Hernán Cicarelli.

Quem era Cicarelli? Além de uma espécie de secretário administrativo de Maradona entre 1996 e os primeiros anos do novo milênio, ele também foi importante na segunda linha da La Doce. No caso de associação ilícita contra a barra iniciado pelo ex-juiz Mariano Bergés, após os incidentes de Boca-Chacarita no Torneio Apertura 2003, Cicarelli foi um personagem importante. Em 12 de outubro de 2003, ele foi preso na arquibancada do La Bombonera quando armava, com outros integrantes da barra, um lugar para protestar pela situação da La Doce. O processo era por resistência à autoridade, mas depois Bergés o acusou de ser o chefe da segunda linha. Além disso, Cicarelli testemunhou contra os chefes.

"Os ingressos são vendidos no La Bombonerita e não dizem ser entradas, mas sim tíquetes. O clube os dá à cúpula, Lancry, Rafael ou Alejandro. Há catracas especiais para passar. A Polícia Federal está ciente do que acontece", afirmou. Logo suas ações na La Doce o baixaram a zero. Consequentemente, quando Bergés deixou a Justiça, Cicarelli disse que havia mentido sob pressão judicial. A jogada permitiu-lhe voltar para a La Doce, mas não para a arquibancada que costumava frequentar. A sua entrega por causa do cubo de gelo era uma oferta para ele ser aceito como membro pleno, novamente, da irmandade – porque é assim que acontecem as coisas na La Doce. Mas a jogada não teve efeito, a Conmebol não tirou a proibição e o Boca, no estádio do Vélez, somente empatou com o Fluminense e foi derrotado no jogo de volta no Brasil.

Assim, o time de Ischia não chegou à final da Copa Libertadores. O sacrifício de Cicarelli não passou de uma anedota, sem espaço para que ele recuperasse o seu lugar, pois na La Doce, além de gestos, se pedem resultados. Se você perder, não há como voltar atrás.

Moldando novos membros

Com o Boca fora de tudo, Mauro Martín ainda tinha um desafio. Apesar das intermináveis causas judiciais permanecerem adiadas, ele sabia que algum dia deveria cumprir a sanção que a Justiça de Buenos Aires havia imposto por ele ter travado as catracas no jogo Vélez-Boca no Torneio Clausura 2006: quatro meses de proibição de ir aos estádios e vinte dias de prisão em regime aberto. Como ele violou a primeira parte, a prisão era efetiva. Mas a promotoria havia pedido que, além disso, a proibição fosse mantida e estendida para 12 meses. O juiz Endre determinou que ele deveria apenas cumprir os vinte dias e Mauro, junto com seu advogado Horacio Rivero, buscou a data exata para cumpri-los: com o Boca fora da final da Copa Libertadores, ele deveria se apresentar o quanto antes para resolver a questão e poder comparecer a todos os estádios no segundo semestre do ano. Embora ele pudesse entrar com um recurso na Corte Suprema pela suposta inconstitucionalidade da pena, em 17 de junho Mauro se apresentou para cumprir seu tempo na prisão e foi transferido para a Unidade 18 do Serviço Penitenciário Federal, uma vez que o Cárcere de Contraventores estava fechado por problemas nos edifícios.

O Boca só tinha mais um jogo no Torneio Clausura, em casa, contra o Tigre, no domingo, 22. No segundo dia na prisão, Mauro ouviu a versão de que, na sua ausência, Richard tentaria aparecer como chefe. Seu advogado voltou então a mostrar seu poder de fogo: entrou com um apelo dizendo que na Unidade 18, Martín – que só havia cometido um crime menor – estava preso com dois criminosos comuns, algo expressamente proibido por lei. Com uma velocidade incomum, a Justiça concordou com ele. Depois de cumprir quatro dias na prisão, Mauro Martín voltou às ruas na sexta-feira, 20 de junho. Dois dias depois, na arquibancada principal do La Bombonera, ele liderava a La Doce na vitória contra o Tigre por 6 X 2. Logo após o término do jogo, o time parou sob a arquibancada para oferecer a ele o triunfo. Mauro olhou para eles com o sorriso de um campeão. Enquanto isso, Richard permanecia ao seu lado, sabendo que não havia nenhum jeito de tirá-lo do poder.

No entanto, foi um pacto frágil de convivência, que só duraria um mês. Mas poucos, naquele momento, o pressentiam. A La Doce se sentia tão forte que não acreditava que seria necessário ir a uma reunião de chefes de todas as barras do país organizada pela Associação Civil Novo Horizonte para o Mundo, que tentava institucionalizar aos violentos uma ideia tão delirante quanto economicamente sedutora: serem os encarregados da segurança nas arquibancadas, como seguranças particulares. "Nós não precisamos. Eles querem cobrar uma nota para que a barra tenha proteção, quando nós a conseguimos por conta própria", disse um chefe da La Doce para argumentar a ausência do grupo em um almoço no Club Atlético Platense, ao qual foram cem integrantes de barras de 27 clubes. Para piorar a situação, em 24 de junho, Fernando Di Zeo começava o seu regime semiaberto de prisão, sem a proibição de ir ao estádio. Se a nova liderança da La Doce temia algum Di Zeo, era justamente Fernando, e não Rafael, porque o irmão mais novo era um homem de ação direta. Mas Fernando mandou uma mensagem tranquilizadora: sigam mandando a minha parte e não piso no estádio. Ele estava muito consciente do que fazia: uma foto sua no La Bombonera poderia complicar a sua liberdade definitiva e também o processo por associação ilícita ainda pendente.

Com esse problema resolvido, a La Doce tinha outras questões. Eles se davam perfeitamente bem com vários jogadores, mas um era claramente da barra: Pablo Migliore. O goleiro tinha um passado na arquibancada do La Bombonera, como um de seus irmãos. E naquela época o clube o culpava pela eliminação do Boca na Copa Libertadores, pois ele tinha deixado passar um gol inacreditável na semifinal contra o Fluminense. A diretoria avaliava se renovaria o contrato dele ou se ele sairia. Mas, estranhamente, Migliore não só renovou com o Boca, mas também teve um aumento de 20%. A barra tinha trabalhado novamente.

Em 11 de julho, o time foi para os Estados Unidos para a pré-temporada. Dois dias antes, em feriado nacional, a La Doce organizou um almoço de despedida para o time. Nunca era demais lembrar aos jogadores quem mandava na popular, além de insinuar que aceitariam com prazer presentes eletrônicos dos Estados Unidos. As mesas foram postas ao lado do estacionamento e trinta integrantes da barra tiveram uma conversa dura e longa com Palermo, Ibarra e, claro, Migliore. Mas, em determinado momento, Richard começou a discutir com o goleiro. Logo a briga se tornou uma troca de socos e um dente de Migliore voou pelo ar. Assim, o almoço terminou abruptamente – e a paz da La Doce também. O fato ricocheteou em todas as paredes de La Boca e a diretoria não teve outra escolha senão oferecer a cabeça do goleiro, sempre disposta, para não se comprometer com uma posição adjacente ao crime: um ato de violência em um evento da barra no prédio da instituição, que poderia violar o artigo 5º da lei de Eventos Esportivos, com pena de até cinco anos de prisão ao diretor que facilitasse de alguma forma a ação de uma barra. A desculpa de um jogo de mãos entre os dois não funcionou. Assim, eles o emprestaram para o Racing. Mas também exigiram de Mauro um gesto similar: ele deveria entregar el Uruguayo. Assim, Richard acabou fora da barra. Conhecendo o seu histórico, ninguém pensava que ele ficaria de braços cruzados. Junto com seus trinta homens planejou a vingança e, desde julho de 2008, a briga interna no Boca abriu limites inesperados e ainda permanece assim.

Guerra de guerrilhas

El Uruguayo sabia que não poderia contar com pessoas que lhe dessem uma luta honesta a céu aberto com Mauro. Martín controlava a La Doce com seus contatos na diretoria e nos grupos de Paquinco e Vaca Alarcón, que no momento mantinham os pés no prato do chefe. Então Richard planejou uma guerra de guerrilhas, de desgaste constante da figura do líder da La Doce, acreditando que isso daria frutos e obrigaria Martín a negociar de novo com ele. O plano foi lançado em 10 de agosto. Começava o Torneio Apertura e o Boca recebia em sua casa o Gimnasia de Jujuy. Apesar da vitória por 4 X 0, na saída houve poucas razões para festejar: enquanto Mauro organizava as bandeiras, os de Richard atacaram acreditando que a barra já havia se dispersado. Importante erro de cálculo: 150 homens de Martín ainda estavam no local e os de el Uruguayo levaram a pior parte.

Três dias mais tarde, o Boca jogava a final da Recopa contra o Arsenal, no estádio do Racing. A mudança de local causou algum ressentimento na La Doce. Na Capital Federal eles se sentiam protegidos e, embora na província tivessem contato com o pessoal da Segurança Esportiva, esta era uma área onde Richard se movia à vontade (ele mora em Villa Domínico, Avellaneda), devido aos seus contatos políticos. Mauro reforçou sua guarda pessoal e organizou uma caravana de trezentos homens, que saiu do clube Leopardi. Em Cordero e nos trilhos de trem Roca, atrás do estádio da Academia, o pessoal de Richard esperava escondido. Mas eles não sabiam que Mauro já tinha feito um acordo com a polícia para que estivessem cercados. O movimento foi duplo. Quando o pessoal de Mauro chegou à área, os de Richard – que pensavam em atacar de surpresa – se viram ameaçados de um lado pela polícia, e do outro eram superados em número. Depois de uma breve briga, tiveram de fugir.

De qualquer maneira, o objetivo de plantar a semente da maldade estava cumprido e por La Boca reinava a confusão. Aproveitando as águas turbulentas, Di Zeo jogou as suas cartas da prisão. Ele mandou Roberto Tyson Ibáñez atiçar o vespeiro no clube. Na terça-feira, 19 de agosto, com três homens da velha guarda, Tyson se apresentou no Boca dizendo que estava de volta para comandar a barra. Foi para a lanchonete da instituição e começou a dar ordens pelo *walkie-talkie*. Ninguém podia acreditar no que estava acontecendo e um diretor resolveu ligar para Mauro para inteirar-se da situação. Menos de uma hora mais tarde, Mauro entrava na lanchonete com um grupo de vinte homens e começou a bater em Tyson. Tudo aquilo ante os olhos dos sócios. O Boca era um barril de pólvora. Para apagar o pavio, o chefe da barra e a diretoria traçaram um plano juntos. Mauro daria dinheiro a Di Zeo e a Comissão de Diretores avisaria da situação à 24ª Delegacia de Polícia, que sempre atendia à *gauchada*.

Na quarta-feira, 20, Mauro foi à prisão de Ezeiza, onde Rafael estava preso. Ali houve uma visita que, de acordo com os registros do Serviço Penitenciário, durou cinco longas horas. Entre chás e faturas, o atual e o ex-chefe do Boca chegaram a um acordo: Rafael não poria seu pessoal para fazer barulho e aumentariam sua fatia de bolo. Ele sabia como ninguém que havia deixado a barra com uma renda de 180 mil pesos mensais e a cifra, naquele agosto de 2008, já superava os 200 mil. A paz custava mais 30 mil pesos, e Mauro concordou. Primeiro assunto resolvido. Assim, a diretoria executou o segundo passo. Com declarações do gerente de segurança do clube, Jorge Gómez, e do estádio, Pedro Santaeugenia, um processo foi aberto por investigação de ação ilegal na 24ª Delegacia de Polícia, dando voz à procuradoria de La Boca. Susana Calleja, titular da delegacia, chamou Pedro Pompilio como testemunha, que confirmou as declarações dos funcionários da segurança sobre as confusões no clube, mas deixou Mauro fora dos problemas.

Assim, a Justiça – influenciada pela própria polícia e pela diretoria – pôs na mira os rivais de Martín, que a partir daquele momento foram proibidos de entrar nos estádios de futebol. Mauro festejou por um lado e Pompilio do outro. Ambos acreditavam ter vencido o cabo de guerra e que sua sociedade, que estava pegando fogo um tempo antes, poderia reinar sem problemas. Mas el Uruguayo estava longe, muito longe de desistir.

Em 24 de julho de 2008, a Argentina assistia envergonhada a um crime mafioso com selo do narcotráfico: dois colombianos foram assassinados no estacionamento do shopping Unicenter, em Martínez, e outro, que havia se safado por pouco, poderia se complicar com o processo de tráfico de efedrina que até então sacudia o país. Por intermédio de um contato no Ministério de Segurança de Buenos Aires, no qual trabalhavam pessoas ligadas a Di Zeo, em meados de setembro chegou à promotoria que investigava o caso a notícia de que alguns membros da barra do Boca estavam envolvidos no incidente. Apesar da ausência de dados concretos, os rivais na barra moveram seus contatos e a imagem de Mauro foi associada ao crime do Unicenter na imprensa. Martín se colocou à disposição da promotoria, mas ele foi informado de que sua presença não era necessária, pois na investigação judicial não havia dados que o comprometessem. O dano público, claro, já era irreversível. "Isso é uma loucura, me trataram como um bandido. Qualquer coisa que acontece com o Boca eles me colocam no meio, porque estão cegos e porque algumas pessoas estão planejando algo", exclamava Mauro, sabendo de onde vinha o tiro.

Nove meses depois, o promotor Diego Grau invadia a casa de el Uruguayo Richard e de seus comparsas Víctor Hugo Ovejero Olmedo e Zurdo Moreira, sob a hipótese de ser o contato local dos criminosos das drogas. A La Doce oficial se livrava da suspeita. A tal ponto que Grau chamou os chefes da barra como testemunhas de identidade reservada para que testemunhassem contra el Uruguayo. Mas os membros da barra, fiéis aos seus códigos de silêncio, não abriram a boca.

Isso, claro, só aconteceu em julho de 2009. Antes, naquele setembro de 2008, com a jogada clara para minar sua imagem e seu poder, Mauro sabia que tudo poderia acontecer. Primeiro apareceram bandeiras contra ele em todos os estádios. Em Lanús-Huracán, no meio da arquibancada principal, a inscrição numa delas o chamava de ladrão. O mesmo aconteceu em Racing-Central, mas dessa vez na arquibancada da popular visitante, com uma faixa que dizia diretamente "Mauro Martín, chefe da Polícia Federal". Nunca antes outros integrantes da barra haviam se metido em uma briga interna de outra barra, e muito menos na da La Doce.

Com esse clima a ponto de explodir, em 7 de outubro um acordo entre el Uruguayo e uma divisão da Polícia Federal aumentou a temperatura e Mauro esteve a ponto de pegar fogo. O Boca recebia o Estudiantes pela nona rodada do Torneio Apertura. Com as coisas tão complicadas, a La Doce estava mudando constantemente os carros que transportavam as armas. No final do jogo, que foi uma derrota por 2 X 1, centenas de carros deixavam o estacionamento do La Bombonera. Curiosamente, a Divisão de Condutas Criminosas da Polícia Federal somente parou um: um Volkswagen Vento, conduzido por Oscar Otazú, Cacho, braço direito de Mauro, o carro em que normalmente o chefe da La Doce andava. Por coisas do destino, Mauro estava no clube em negociações com a diretoria sobre a inclusão da La Doce no basquete. Nos assentos traseiros do Vento estavam outros membros da barra, Marcelo Fernández e Darío Martínez, mas não ele. Durante a revista a polícia encontrou três armas. Poucos tinham informação precisa de como encontrá-las. Era uma mensagem claríssima para o coração do poder da barra. Naquela mesma noite as paredes do La Bombonerita apareceram pintadas com as palavras "Mauro delator", "Andam armados e não acontece nada" e "Há balas para todos".

Mauro entendeu a mensagem e a usou como escudo protetor para todos os seus contatos. Primeiro, se fez valer de sua influência na Polícia Federal. As três armas apreendidas foram parar na 24ª Delegacia de Polícia, encarregada da operação de segurança dos jogos no La Bombonera. Quando o juiz Sergio Pinto, encarregado do processo, ficou ciente disso, não podia acreditar no que estava vendo: segundo a 24ª Delegacia de Polícia, as armas não tinham percutor, por isso não eram adequadas para uso; legalmente não poderiam ser consideradas como tais. Muito estranho, considerando-se que uma possuía um silenciador e outros policiais as tinham considerado adequadas. Novamente a La Doce usava a mesma estratégia. Por outro lado, Mauro alertava que não bastava ter uma ótima relação com a Delegacia de Polícia e a divisão de Eventos Esportivos. Deveria ampliar suas relações na Delegacia de Condutas Criminosas, que por milhares de razões havia se dado bem com el Uruguayo naquele 7 de outubro. Assim, Martín ofereceu a eles mais benefícios e pediu duas coisas: que dos poderosos no Ministério de Segurança não viesse outra sacanagem e que no processo contra Cacho fossem declaradas muitas contradições para que seu braço direito pudesse se safar. Duas semanas após esse fato, Cacho recuperou sua liberdade e Mauro respirou novamente.

Além disso, Martín também precisava dar uma demonstração de poder para a La Doce e a diretoria. Ele usou o seu escudo protetor: o time. Na noite daquela mesma segunda-feira, apenas 24 horas depois do ocorrido, ele chamou Palermo, Gracián e Chávez para um evento em Benavídez, uma espécie de negócio *delivery* de ídolos, que consiste em levar os jogadores a um jantar nos subúrbios ou no interior e cobrar uma taxa de entrada mais a foto com o ídolo, além de sortear camisas, bolas e outros produtos. Dessa vez, Mauro lucrou cerca de 30 mil pesos, que foram transformados em contatos com o pessoal do Ministério de Segurança e usados para acalmar a segunda linha. Mas, o mais importante, para demonstrar ao mundo do Boca a quem os jogadores obedeciam. E cobrir todas as brechas existentes.

A barra do Topo Gigio

Essa estratégia teve um elo de ouro: Juan Román Riquelme. O ídolo maior do Boca jamais havia aparecido publicamente para uso da barra. Nem sequer nos tempos em que Rafael Di Zeo era o homem mais poderoso do mundo dos violentos. Mas dessa vez Mauro queria dar um último golpe para mostrar o seu poder: Román era o objeto adequado. Amado pelos fiéis xeneizes como nenhum outro, e a dias do triangular final que consagraria o Boca como campeão do Torneio Apertura, Mauro esboçou a ideia: graças à sua boa relação com Chanchi, irmão mais novo de Román, sequestrado em 2002, ele convenceu o ídolo a ir a Luján em um megajantar e show no Centro Esportivo do Grêmio de Trabalhadores Municipais, um galpão enorme com capacidade para quinhentas pessoas. A organização local ficou por conta de Petete Ruano, homem da La Doce na área de Basílica.

Às dez da noite da terça-feira, 16 de dezembro, os quarenta carros da barra e o de Riquelme chegaram ao prédio, localizado a trinta quarteirões do centro da cidade. À espera estava uma multidão que tinha pago cinquenta pesos para ter um *choripán*, um refrigerante e um autógrafo do ídolo. A foto era faturada à parte, ao custo de vinte pesos. Entre os participantes estavam deputados da província e vereadores da Frente pela Vitória e Coalizão Cívica. Porque não há distinções políticas na hora de estar junto à barra e aos ídolos.

No outro dia, quando a notícia e o escândalo estouraram, Riquelme justificou sua presença garantindo que eles o haviam chamado para um evento com crianças carentes de duas escolas, a fim de arrecadar fundos para comprar uma cadeira de rodas para uma das crianças da área. Com o dinheiro arrecadado eles poderiam ter comprado a fábrica de cadeiras de rodas. Mesmo assim, a censura da mídia em relação à sua atitude não feriu o Dez do Boca: dias depois ele jogaria uma partida de futebol com a barra no clube Leopardi, o de Mauro Martín, selando assim com letras maiúsculas uma relação tão perigosa quanto impensada.

Enquanto Mauro se lambuzava no mel de seu sucesso, os homens de el Uruguayo Richard cuspiam veneno. Um título do Boca, como aquele que estava por vir, gerava lucros dos quais eles ficariam totalmente de fora. O primeiro jogo do Boca da fase final foi disputado no sábado, 20, contra o San Lorenzo, e como sempre trezentos homens fiéis a Martín saíram cedo do Leopardi para se reunir no La Bombonerita com os outros grupos e partir em caravana ao estádio do Racing. Exatamente quando o árbitro Héctor Baldassi marcou o fim do primeiro tempo, cinco integrantes da barra do grupo de Richard entraram armados no Leopardi, onde naquele momento só havia um grupo de aposentados e algumas famílias vizinhas. Eles fizeram todo mundo se deitar no chão, quebraram os pratos das estantes, puseram fogo nas mesas de sinuca e, para o horror de todos, encharcaram com gasolina uma das funcionárias da lanchonete e ameaçaram atear fogo nela se a mãe de Mauro, que se escondia na cozinha, não aparecesse. Quando ela apareceu, eles puseram um revólver calibre .22 em sua cabeça e disseram: "Isso é para o seu filho. Ou ele sai da barra ou dispararemos na próxima vez". Antes de deixar o local, roubaram todos os pertences das pessoas presentes e cortaram as linhas telefônicas, o que foi o final de um ataque planejado e mafioso.

Mauro ficou sabendo do que aconteceu aos dez minutos do segundo tempo e mandou seu irmão Gabriel ao clube Leopardi, enquanto ele seguia à frente da arquibancada. Nesse mundo de barras bravas, nada, nem mesmo uma mãe em risco de morte, pode fazê-los abandonar a arquibancada. À noite, já com a vitória do Boca por 3 X 1, eles começaram a ter pistas de quem eram os agressores. Richard certamente não estava entre eles, porque a polícia havia mandado uma escolta até sua casa para impedir que ele saísse durante o jogo, o que representava um feito paradoxal demais, pois el Uruguayo tinha ordem de prisão desde 2004 por roubo, mas a polícia, em vez de prendê-lo, simplesmente o vigiava para que não fosse ao estádio, expondo sua impunidade. Posteriormente eles puderam confirmar que os homens eram do grupo de Richard e suspeitaram que o ataque teve duplo propósito: por um lado, a briga pelo poder da La Doce, e, do outro, uma vingança recente, já que ao redor do estádio do Racing os homens de Mauro, após uma briga com quatro membros da barra rival que andavam pela área, deixaram um deles ferido, Claudio (segunda linha de Richard), com graves facadas. Um processo foi aberto no Gabinete 37 da Promotoria, mas sem consequências efetivas. Isso, dizia Mauro, seria resolvido do lado de fora, com os códigos das barras. Dois meses depois, ele cumpriria a sua promessa.

Com o título do Torneio Apertura 2008 no bolso, a La Doce passou o Natal e o Ano-Novo desfrutando dos ganhos econômicos, mas inquieta por uma guerra que previa mais e piores brigas. Para agravar a situação, Fernando Di Zeo passaria a ter liberdade condicional em novembro. Mauro enviou um intermediário e convidou Fernando ao La Bombonerita para uma conversa. Algo interessante de cor parda apareceu, com papéis retangulares amarrados dentro dele, como boas-vindas ao mais novo dos Di Zeo. Ele contou, riu e prometeu não pisar no estádio até que todos os processos abertos nos tribunais fossem encerrados. Ele apenas passaria uma vez por mês para buscar novos envelopes de papel pardo.

Com esse assunto resolvido, Mauro pensou que poderia ir a Mar del Plata para se bronzear, como todo ano. Mas nem teve tempo de arrumar a mala e outro problema surgiu: Rafael montou uma operação na mídia para anunciar que voltaria para as arquibancadas quando conseguisse suas saídas temporárias. Mesmo que isso fosse estimado para março, o agito que essa notícia ruim causou foi importante. O careca Maxi, verdadeiro cérebro da La Doce pós-Rafael, estava ciente das operações que tentavam fazê-los cair. Ele pediu a Mauro que reorganizasse as condições com Di Zeo. Eles já tinham duas guerras, uma com Richard e outra com o grupo de Lomas de Zamora; uma terceira seria demais.

Assim, na quarta-feira, 16 de janeiro, Mauro Martín entrava pela primeira vez no ano de 2009 no presídio de Ezeiza para se reunir com Rafael. O encontro durou duas horas, segundo os registros do Serviço Penitenciário Federal. Como testemunhas da reunião estavam Topadora Kruger e Diego Rodríguez – outros dois membros da barra presos pelo ataque aos torcedores do Chacarita em 1999 e que dividiam o pavilhão com Rafael –, além de Gaby, o irmão de Mauro; e Horacio Rivero, histórico advogado da La Doce, como garantia do que fosse negociado. Nessa reunião, Rafael tranquilizou Mauro no sentido de que não planejava começar nenhum movimento contra ele e que, ao contrário do que havia sido publicado na imprensa, ele não pretendia voltar para a arquibancada até que tivesse a liberdade definitiva.

"Qualquer coisa que acontecer, ainda mais em um ano de eleições, vão jogar para cima de mim e vou ter de cumprir toda a pena na prisão", garantiu Rafael, sabendo do que estava falando. Ele também sugeriu que o seu futuro, uma vez limpo de todos os processos, estava mais no gerenciamento dos negócios que nas arquibancadas, se bem que ele deu a ideia de que fizessem um jogo de despedida em sua homenagem, pois Rafael, mesmo em declínio, nunca deixou de se sentir como Maradona.

Havia ainda uma conta a saldar: o ataque do grupo de Richard ao seu clube, que havia incluído um calibre .22 na cabeça de sua mãe, com ameaça de dispará-lo. Por outro lado, em número, Richard não lhe fazia sombra, mas na La Doce já estava se falando em voz baixa de uma aliança temível: el Uruguayo foi associado a trabalhos com o grupo Los Gardelitos, um dos mais temidos do submundo de Buenos Aires, cuja base de operações é em José León Suárez, no bairro de San Martín. Nativo de Tucumán, Los Gardelitos foi criado por três irmãos que ramificaram seus contatos até ter como conexão Daniel Pelado Hidalgo, um membro histórico do grupo do Gordo Valor. Em sua ficha havia assaltos a bancos, roubos a carros-fortes e homicídios. De acordo com a polícia de Buenos Aires, Los Gardelitos não perguntam, disparam. Nesse panorama, o pessoal de Mauro também buscou associar a seu grupo de choque criminosos pesados. Assim se juntaram à La Doce vários membros de La Chocolatada, um grupo que, ao contrário do que indica seu nome, tem pouco a ver com comida, e sim com roubar e assassinar. A sua área é na região de Mataderos, Soldati, Lugano e Villa Madero, âmbito de influência da La Doce. Nos anos 1980, era o local de Manzanita Santoro. Nos anos 1990, de Rafael Di Zeo. No novo século, o chefe da barra era Mauro Martín.

Notícias de um sequestro

Em 8 de fevereiro de 2009 teve início o Torneio Clausura. O Boca começou com um trabalhoso triunfo em Jujuy, na vitória por 2 X 1 sobre o Gimnasia. A barra estava tensa. Na semana seguinte, no sábado, 14, o Boca estreava em casa contra o Newell's. No meio da derrota por 2 X 0, a segunda linha da La Doce notou movimentos estranhos em duas arquibancadas do La Bombonera: a primeira que dá para a Casa Amarilla, de sócios, e a segunda que tem a vista do rio Riachuelo. Chegaram informações de que na área ao redor do estádio estavam vários integrantes do grupo de Richard planejando algo. Assim, dizem alguns, a decisão foi tomada. Outros afirmam que o que aconteceu três dias depois não estava relacionado à barra, e sim a uma ação de outros grupos contra el Uruguayo. A verdade é que, na noite do sábado 14, o sequestro de Richard William Laluz Ferreiro, filho de el Uruguayo, foi planejado para a segunda-feira seguinte. Como indica o processo que foi aberto pela procuradora federal de Quilmes, Silvia Cavallo, Laluz Ferreiro recebeu um telefonema em seu celular às 21:30 horas. Era alguém com quem ele compartilhava os domingos no estádio. Ele imediatamente foi até a rua para esperá-lo. Mas o seu conhecido não apareceu. Um Renault 19 de cor vinho se aproximou, com três pessoas vestidas com coletes da Polícia Federal, e o levaram imediatamente. Desde cedo, na terça-feira, começaram as ligações extorsivas a el Uruguayo. Eles exigiam 200 mil pesos. El Uruguayo sentiu que tudo aquilo vinha do lado da barra; ele mandou sua mulher fazer uma denúncia no tribunal de Quilmes e moveu seus contatos políticos e da polícia. Em questão de horas, o esquadrão antissequestros também estava envolvido no esclarecimento dos fatos. Mas nada dos sequestradores e do filho. Naquela terça-feira, o Boca jogava contra o Deportivo Cuenca em casa, na sua estreia na Copa Libertadores. O jogo começou às 22:00 horas e terminou às 00:10 horas. Exatamente naquele minuto, Laluz Ferreiro foi libertado sem o pagamento do resgate. No mundo das barras não existem coincidências.

Enquanto el Uruguayo clamava vingança aos quatro ventos, o setor de Mauro não assumiu a responsabilidade pelo fato, mas recordava, claro, que o rival não tinha muitos motivos para se queixar: eles haviam mexido com sua família como ele havia feito com a de Martín anteriormente. De acordo com a visão mafiosa, a partida estava 1 X 1. Um mês depois, a promotora Cavallo indiciou quatro pessoas como autores do sequestro: os irmãos Claudio e Gustavo Romero, Roberto Melgarejo e Matías Mendoza; e dava como fugitivo um quinto participante: Claudio Corzo. Dois nomes se destacaram: o de Mendoza, conhecido na barra como Mate Cocido – com presença interrompida aos domingos, mas relacionado com os membros de La Chocolatada –, e o de Corzo. Por quê? Porque seu pai, Ignacio, foi um dos membros mais coerentes do grupo de La Boca na barra, e também quem testemunhou contra Di Zeo no julgamento do processo aberto em agosto de 2003 por associação ilícita. Assim, ninguém duvidava de que a vida valia dois pesos na barra do Boca.

A partir daquele momento, cada movimento dos grupos em guerra, mas também da polícia, era visto como um tabuleiro de xadrez. A atmosfera de guerra voltaria a existir. O gatilho foi uma jogada da Polícia Federal no domingo, 8 de março. O Boca jogava em Huracán contra o Independiente pela quinta rodada do campeonato. A La Doce saiu cedo para o estádio e na esquina de Amancio Alcorta com Colonia eles encontraram a primeira revista. Acostumados a passar sem problemas, surpreenderam-se com o rigor da operação policial. Tanto que eles não tiveram tempo de esconder duas pistolas de grosso calibre, as facas e as munições. A polícia prendeu os que carregavam o pequeno arsenal e ali a barra foi ao resgate de seus homens: houve uma intensa briga que terminou com 57 presos, entre eles Paquinco, e com Mauro escapando do bloqueio policial por um fio.

Mesmo que em 24 horas todos estivessem liberados, Mauro entendeu que aquilo era uma conspiração. Ele sabia que o governo preparava, com o consentimento da AFA, um acordo para transferir a autoridade de exercer o direito de admissão dos clubes nos estádios da Capital Federal para a Subsecretaria de Segurança de Eventos Futebolísticos. Ele também sabia que a ideia do Estado era começar do zero, contando apenas os incidentes provocados a partir de 2009, o que deixava aberta a possibilidade da volta de seus rivais; além disso, foi aplicado o direito de admissão aos 57 homens, o que reduzia sua capacidade de choque para as batalhas futuras. Para piorar a situação, Rafael Di Zeo tinha a chance de receber o benefício do regime semiaberto a partir de 17 de março e o Serviço Penitenciário já havia comunicado ao juiz Sergio Delgado que a conduta do preso mais famoso era perfeita: eles o avaliaram com um 9, fazendo com que ele pudesse voltar a pisar na rua e, claramente, regressar ao estádio.

A batalha do McDonald's

Para o que aconteceu a partir daí, com um dos combates internos mais ressonantes na memória recente como resultado, há duas leituras diferentes. O grupo de Mauro Martín testemunha o planejamento de Di Zeo e Richard de gerar uma briga dentro do estádio que envolveria Mauro para deixá-lo fora da barra para sempre. Os seus rivais, entretanto, sugerem que o próprio

Martín provocou a briga com o propósito de gerar uma batalha em que os únicos que estavam na mira eram Richard e sua gente, para impedir sua volta ao estádio e para servir como mensagem a Rafael, caso pensasse em voltar a pisar no La Bombonera.

O fato deveria contar com violência suficiente para abalar a sociedade. Por qualquer motivo, o certo é que na terça-feira, 10 de março, o plano começou a funcionar. Segundo relatou o próprio Richard, Néstor Gago (um dos homens da segurança do Boca) ligou para Horacio Enrique, el Ninja, um membro histórico da La Doce que ajudou Rafael por muitos anos e agora fazia o mesmo com el Uruguayo. Gago tinha oferecido ingressos gratuitos para ele reaparecer no estádio, garantindo a ausência de problemas. Na sexta-feira, el Ninja pegou oitenta ingressos para que todo o seu grupo fosse para a popular assistir ao jogo contra o Argentinos Juniors e marcou a entrega para as três da tarde do domingo, 15, no Parque Lezama. Uma hora antes, Richard, seu filho, seu meio-irmão José Luis Rinaldi, el Ninja e outros seis amigos estavam estacionados no McDonald's do local para esperar a hora marcada. Um ônibus do grupo da área de Quilmes e outro da Villa Corea, no bairro de San Martín, onde Los Gardelitos têm influência, iriam se encontrar com eles. Mas el Uruguayo e seus rapazes não teriam muito tempo para digerir os seus Big Macs, porque o grupo dominante da La Doce, com a informação na mão e com o aval de uma área liberada, se anteciparia para produzir um ataque muito violento.

Eram duas da tarde quando Richard entrou no McDonald's e um ônibus com gente de Villa Corea chegou ao Retiro. A informação foi passada à La Doce oficial, que estava no La Bombonerita. Aquele ônibus estava acompanhado por três veículos da polícia e um veículo da Guarda de Infantaria. Incrivelmente, ninguém anotou a placa, como se fosse para ignorar qualquer evidência que a Justiça pudesse exigir. Foi só o ônibus chegar a seu destino final que os policiais desapareceram e a La Doce de Mauro se organizou para cumprir a tarefa. Tiros e mais tiros sobre o micro e sobre o estabelecimento cheio de famílias. Quando os de Richard começaram a fugir, sofreram uma surra terrível, a tal ponto que José Luis Rinaldi, o meio-irmão de el Uruguayo, teve de ser internado na UTI do hospital Argerich com traumatismo craniano. Uma mulher, presente no restaurante, recebeu um tiro na perna. Ela estava sentada bem na frente de um carrinho de bebê. Um verdadeiro milagre.

"Isso foi armado pelo Mauro e ele foi um dos que atiraram. Eu ganhei a barra e eles me traíram e me mandaram para a polícia. Eles liberaram toda a área, têm um grupo da Polícia Federal e da diretoria, mas eu vou voltar. Algum dia vamos nos encontrar, a uns trezentos ou quinhentos quilômetros, e eu vou arrancar os olhos dele", ameaçou el Uruguayo minutos depois do tiroteio. A ameaça ficaria apenas nisso; a sua causa estava perdida. Quatro horas mais tarde, Mauro entrava no La Bombonera como o líder da La Doce, e a proteção estendida a Richard desde 2004 era jogada para o ar: a Justiça havia tornado público que el Uruguayo tinha um mandado de prisão pelo roubo de uma casa, pondo-o diante da opção preferencial nesses casos, a fuga. Para piorar a situação, o juiz Delgado freou o regime semiaberto de Rafael para investigar sua participação na luta armada no Parque Lezama. Di Zeo seguiria preso, Richard na clandestinidade, e os de Lomas impedidos de entrar no estádio. Sim, Mauro havia vencido.

Como se a jogada não tivesse deixado benefícios suficientes, Mauro recebeu outra boa notícia na terça-feira seguinte: houve uma briga televisionada para todo o país no Sindicato da Carne. As imagens não deixavam dúvidas: quem liderava o grupo que defendia a sede do grêmio era Horacio Enrique, el Ninja, e Hugo Rodríguez, el Huguito. O primeiro era o braço direito de el Uruguayo e quem havia recebido os ingressos da diretoria antes dos eventos no parque. O segundo era um histórico membro do grupo de Rafael. A imagem de ambos brigando ombro a ombro alimentou ainda mais a hipótese de um planejamento cuidadoso no domingo. Naquela terça-feira eles defendiam José Fantini, secretário do Sindicato da Carne e homem próximo a Hugo Moyano. Do outro lado estavam as pessoas do grupo Azul e Branco do Sindicato, que era liderado por Luis Barrionuevo, com vários torcedores da barra do Chacarita na sua tropa de choque. A política misturada com os violentos do futebol, um clássico nacional. Que ficaria mais exposto nos vinte dias seguintes.

Mesmo que fosse considerado o vencedor, Mauro estava preocupado com sua ligação no confronto armado no McDonald's. A Justiça abriu dois processos, um para rastrear os agressores e outro por conivência policial, e no primeiro sua situação começou a se complicar. Porque, quando se recuperou, Roberto Rinaldi, irmão de Richard, diante da promotora Susana Calleja, envolveu Mauro diretamente no incidente. "Nós nos reunimos no Shell para ir ao estádio. Os ingressos foram dados a el Ninja por um homem da segurança do clube. Mas nós tínhamos acabado de nos encontrar e, como havia uma ordem, o pessoal do outro setor veio em nossa direção com pedras e armas. Mauro os liderava, correndo ao lado e gritava que eles tinham de nos matar. Havia um grupo grande comandado por el Gordo Lulú. Eu mal consegui reagir quando recebi uma coronhada de espingarda na nuca, outra na testa, e já no chão eles me bateram com uma pedra. Aí eles me pegaram e eu desmaiei", afirmou Roberto Rinaldi em seu depoimento judicial.

Em outro movimento para cercá-lo, a Justiça ativou a condenação pendente de Mauro por travar as catracas naquele jogo contra o Vélez no Torneio Clausura 2006 e o mandou cumprir os 16 dias restantes na cadeia. Uma jogada para os espectadores. Com todos os seus rivais presos, era evidente a proteção a Martín. A ordem judicial desses 16 dias permitiria que saísse pouco antes do superclássico e, como mencionado anteriormente, no mundo das barras não existem coincidências.

Assim, na quarta-feira, 25 de março, Mauro entrou na prisão de infratores da cidade, próxima ao estádio de Atlanta, para pagar a sua dívida. Ele não ficou tão mal. Ele fez amizade com os integrantes da barra Bohemios, que lhe levavam comida e passavam o chá conversando sobre futebol e violência. Da mesma forma, com o seu celular podia continuar gerenciando tudo o que acontecia lá fora. Ele ficou sabendo que a facção adepta da La Doce não era a única contatada para apoiar a estreia de Diego Maradona como técnico da Seleção. A ele tinha sido enviado, por intermédio de um parceiro da comissão técnica, um pacote com duzentos ingressos, além da promessa firme de tornar a La Doce a barra oficial da Copa do Mundo da África do Sul.

Mas algumas pessoas próximas a Bilardo tiveram outra ideia. Supersticiosos como poucos, e com vários favores por pagar, eles chegaram a um acordo com os torcedores da barra de Lomas de Zamora, historicamente com el Abuelo na frente da La Doce nas Copas do Mundo de 1986 e 1990, quando a seleção foi conduzida por Bilardo ao primeiro e ao segundo lugar. Os amigos do Doutor Bilardo entregaram a esse grupo trezentos ingressos que vieram diretamente da AFA, sem passar por nenhuma bilheteria. Em 29 de março, a barra de Marcelo Aravena esteve no Monumental com cânticos e bandeiras desafiantes contra Mauro, que ordenou a seu povo que não comparecesse. Qualquer incidente o deixaria fora da carreira.

Com este novo marco que incluía os seus rivais internos ganhando força, e o processo pela briga no McDonald's pisando em seus calcanhares, a margem de ação de Mauro era limitada. Mas o governo, contando com a transferência dos direitos que a AFA tinha feito dez dias antes, anunciou que aplicaria o direito de admissão ao Boca-River no domingo, 19, e que Mauro Martín estava na lista dos indesejáveis, mas Rafael e Aravena não estavam. Uma operação para domá-lo, porque a La Doce gerenciava alguns trabalhos discretos de juntar pessoas para o justicialismo dissidente e a Casa Rosada via isso como uma afronta.

Com toda essa bateria de medidas, eles propuseram a Mauro que mudasse de lado diante da iminência das eleições legislativas de 28 de junho. Tentaram induzi-lo a jogar para o partido Frente pela Vitória. A aposta era arriscada: o governo estava enfrentando o Grupo Clarín e a mãe de todas as batalhas era o projeto de lei de radiodifusão, pelo qual o kirchnerismo queria limitar o poder do maior grupo de mídia da Argentina. Esse esquema afetava diretamente o negócio do futebol na TV, um dos negócios mais lucrativos do grupo. Eles tinham planejado travar essa batalha no superclássico, mostrando enormes faixas pedindo futebol gratuito para todos. Essa oferta/ultimato foi recebida na terça-feira, 14, cinco dias antes do jogo. Mauro consultou o seu pessoal e todos recomendaram que não enfrentasse o Clarín.

Nenhum presidente resiste a uma série de tapas contra o jornal que define a agenda da mídia na Argentina, e muito menos um chefe da barra poderia resistir. Com esse conselho debaixo do braço, Mauro levantou o seu partido: ele entrou com um recurso na Justiça para se safar do direito de admissão. O lance era uma declaração de guerra com alcance inesperado:,se ele perdesse, teria de fazer malabarismos para retomar a rédea. Se ganhasse, poria a Subsecretaria de Eventos Futebolísticos diante do dilema da inconstitucionalidade de sua única arma para apertar as barras bravas.

Na quinta-feira, 16, houve rumores nos tribunais de que Mauro conseguiria uma medida cautelar provisória a seu favor, o que permitiria que liderasse a La Doce no superclássico das arquibancadas. Naquela mesma noite ele recebeu um telefonema de um alto funcionário do governo. Ele foi avisado de que, naquelas circunstâncias, ou ele retirava o recurso ou eles conseguiriam uma série de testemunhos falsos no processo do McDonald's, além de criar outros processos judiciais à parte. Naquela noite Mauro não conseguiu dormir. Na manhã da sexta-feira, dia 17, ligou para seu advogado, Horacio Rivero, que graças aos seus contatos já estava quase conseguindo um parecer favorável para levá-lo ao estádio. Ele pediu para retirar o recurso, suspeitando não ter espaço para manobra. Naquela mesma sexta-feira, às três da tarde, Mauro entrava na Casa Rosada. Em um escritório adjacente, era esperado pelos funcionários da Secretaria de Comunicação, comandada por Enrique Albistur e pelos diretores da La Cámpora, o grupo de jovens peronistas liderados por Máximo Kirchner, o filho da presidenta. Também foram mencionados outros políticos que haviam trabalhado na estratégia, entre eles Carlos

Kunkel, deputado ultraoficialista e de forte influência em Florencio Varela, o financiador de Héctor Vaca Alarcón, que se destacava na barra de Mauro. Kunkel era acusado de financiar a bandeira com o escudo justicialista que a La Doce vinha mostrando desde maio de 2008.

Por outro lado, também participaram da reunião membros do Ministério de Segurança e pessoas do secretário do Comércio Interior, Guillermo Moreno. Nesse caso, houve um acordo semelhante com a barra do River: Joe, o chefe dos Los Borrachos del Tablón, tinha feito sua militância justicialista na unidade básica de Las Cañitas, no 17º Distrito, na equipe de Facundo Saravia, filho de Matilde Menéndez, ex-diretora do Programa de Atención Médica Integral (Pami) nos anos 1990. Nessa mesma seção eleitoral Guillermo Moreno mostrou suas primeiras armas na política. Fechava-se o círculo.

A reunião chegou a um acordo econômico e político. Na primeira categoria, cada barra receberia 100 mil pesos, uma bandeira contra o Clarín pedindo futebol gratuito e a barra do Boca teria também um negócio adicional: em troca de duzentos pesos por cabeça, eles poriam quarenta de seus membros da segunda linha para distribuir folhetos contra o grupo e a favor da lei de radiodifusão. A logística desse movimento por parte do governo havia sido designada ao vereador kirchnerista Juan Cabandié. No plano político, o acordo também foi substancial: os do River estariam isentos a partir de então do direito de admissão, fato que foi comprovado no domingo no La Bombonera. Os do Boca também obtiveram esse benefício, mas Mauro não pôde entrar no La Bombonera contra o River, e sim a partir da rodada seguinte. Mauro também conseguiu um benefício extra, o qual o preocupava mais: eles atuariam no processo do McDonald's, oferecendo colaboração nula à promotoria no que diz respeito a encontrar digitais sobre seu possível envolvimento no incidente. Isso conspirou contra o resultado da investigação, que além disso teve alguns tropeços próprios da dinâmica estranha dos tribunais. A promotoria de La Boca tem Susana Calleja como responsável, que se define como uma oficial judicial independente. Mas a sua independência não agilizou as ações em tempo hábil para o 47º Tribunal de Instrução e a juíza Mónica Berdión de Crudo decidiu recusar o acompanhamento do caso, porque tardiamente tomou conhecimento do caso. O processo foi passado para o 18º Tribunal, que tem um juiz substituto, Marcelo Conlazo Zavalía, e ali não houve grandes desenvolvimentos até agora.

No final do superclássico, Mauro havia vencido mais uma vez: tinha dinheiro fresco para continuar comprando apoio (a La Doce pôs mais de cem turistas a cem dólares cada um na arquibancada, o que dava outra cifra extraordinária) e sua situação judicial estava aliviada porque, como se fosse pouco, o juiz Enrique Turano indeferiu a acusação pelo ataque a Bigote de Lomas em 27 de maio de 2007. Nesta causa, Turano processou o ex-líder, Alejandro Falcigno, que também teve de fugir nessa época porque a Justiça unificou a pena de quatro anos e meio de prisão efetiva e as penas de três anos em regime aberto que ele tinha por roubo e pelo ataque aos do Chacarita em 1999. Mas ele caiu: eles o capturaram em 11 de julho em Martín Coronado e, dois dias depois, Falcigno acompanharia Di Zeo na cadeia. Assim, Mauro olhava tudo com mais tranquilidade. Seu único medo, então, eram as mensagens de vingança que el Uruguayo espalhava por todos os bairros. Mas esse problema também chegaria a seu fim pouco tempo depois.

Ao mesmo tempo em que a investigação sobre Mauro no incidente do McDonald's era atrasada, a situação de el Uruguayo Richard ia se complicando. Fugitivo em uma vila do bairro de San Martín, ele soube que o 18º Tribunal, no qual estava o processo, não permitiria que seu irmão se apresentasse como queixoso. Ou seja, ele não era considerado simplesmente um sobrevivente, mas sim um provável iniciante do incidente. Assim, Richard também teria essa classificação. De vítima a agressor era apenas um passo que a Justiça parecia estar disposta a dar. Além disso, o 11º Tribunal de Instrução, sob o comando do juiz Luis Rodríguez, havia preparado para ele uma surpresa. Nessa sede judicial levava-se adiante a investigação de um crime que toda a sociedade repudiava: o de Gonzalo Acro, um torcedor da barra do River morto a tiros em 7 de agosto de 2007. Por esse processo estavam presos alguns dos chefes do alto escalão do Los Borrachos del Tablón. Mas alguém, em abril de 2009, deu uma informação sugestiva: no dia do crime, o suposto autor, Ariel Colorado Lunda, tinha duas chamadas vindas de um telefone que el Uruguayo Richard usava. A confidencialidade da informação é fundamental para o trabalho judicial, a não ser que não haja provas importantes e o que se busca é complicar uma pessoa na mídia. Pois bem, a informação das chamadas entre Richard e Colo se tornou pública. Além disso, como parte do processo, o juiz Rodríguez aceitou a teoria de el Uruguayo como um possível participante do crime de Acro, a tal ponto que ele mandou pedir todas as armas apreendidas nos incidentes de que a La Doce tinha participado para confrontá-las com a bala que matou Acro. Dos outros tribunais se espalhava a notícia de que el Uruguayo estava também sendo investigado por crimes contra uma propriedade no centro da cidade. Incluindo um processo pendente de resolução no Uruguai. Se Richard pensava em se vingar de Mauro, deveria deixar para outro momento. No final de abril ele passava a ser o objetivo número um da Polícia Federal. Richard não tinha outra opção senão morder sua raiva, enquanto Mauro festejava.

O esconderijo, no entanto, não foi muito eficaz. Guardado pelos Los Gardelitos na área de San Martín, Richard tinha de pagar pedágio a um grupo de policiais com quem tinha contato nos tempos dos estádios para evitar denúncias. De qualquer forma, algo deu errado. Em 15 de maio era o aniversário de Richard. Ele montou uma festa em um conhecido restaurante de José León Suárez para celebrar com cinquenta amigos e familiares. Como se o seu status de fugitivo não importasse, decorou o restaurante com as cores do Boca em uma noite de sexta-feira, quando no local se reuniam quinhentas pessoas. Alguém o vendeu. Alguns dizem que foram pessoas ao seu redor, alguém de Los Gardelitos o havia traído. Outros afirmam que a informação foi obtida pelo pessoal de Martín e ele passou para a polícia. A verdade é que, além da informação, os contatos de el Uruguayo eram conhecidos por algumas divisões da Polícia Federal. Por isso eles não enviaram os policiais que eram encarregados das barras bravas nem os de Roubos e Furtos; como se tratasse de Osama Bin Laden, a polícia convocou a Unidade Antiterrorista. Logo após o fim da festa, a polícia prendeu todos os convidados e Richard tentou se safar com uma identidade falsa. Agora, além de todos os processos por roubo que estavam em vários tribunais, outro processo foi aberto por falsificação de documentos públicos, que foi para um Tribunal Federal em San Martín. Graças aos seus antecedentes (ele havia cumprido uma pena por assalto), a chance de liberação se tornou utopia. Na manhã de 16 de maio de 2009, justamente quando ele havia feito 47 anos, el Uruguayo caiu de vez.

6
TUDO VOLTA

Vendo o terreno livre de adversários, Mauro começou a planejar o futuro da barra. O Boca estava em uma crise no futebol. Como não jogava nas Copas, as viagens ao exterior já não aconteciam e o clube precisava de um golpe de efeito para voltar aos velhos tempos de glória e da La Doce para fazer dinheiro. Nesse contexto, Alfio Basile disse sim e voltou para a comissão técnica xeneize. Em sua época anterior como técnico, era Rafael Di Zeo quem mandava na arquibancada. Mauro sabia que deveria impor suas credenciais já na entrada. Naquela manhã de 15 de julho de 2009, o La Bombonera havia se vestido com as melhores roupas para o primeiro treinamento do Coco Basile em seu retorno. Todos os meios de comunicação estavam ali para cobrir o evento. Eles não eram os únicos. Como se tivessem saído do inferno, vinte integrantes da La Doce, comandados por Mauro Martín, Maximiliano Mazzaro e Sergio Caccialupi, interromperam o treino. Eles se moveram com liberdade e, no dia seguinte, as manchetes dos jornais refletiam o rosto dos membros da barra, não o de Basile. A jogada havia sido perfeita: o terreno estava marcado e os que estavam à volta de Coco já sabiam com quem deveriam negociar se quisessem passar uma temporada tranquila no Boca.

O que Mauro não sabia a essa altura era que logo viria outra tormenta. A partir de agosto Rafael Di Zeo teria saídas de trabalho, o benefício que se dá a um preso para ir trabalhar e voltar para a prisão apenas para passar a noite. Para isso, Rafael precisava que alguém o contratasse. Quem fez isso foi Marcelo D'Angelo, um criminoso com muitos contatos na polícia e que trabalhava com Marcelo Rochetti, o homem que Mauricio Macri havia posto como chefe de Segurança no Legislativo de Buenos Aires. Era um aval, justo quando Mauro Martín trabalhava para o lado Kirchner. Logo após ter o benefício, Rafael começou a ter reuniões. Mauro ouviu o boato de que uma das reuniões havia sido com Martín Palermo. Então ele planejou o contra-ataque: dez dias após o conclave, vários barras apareceram no treino do Boca e repreenderam o atacante ao grito de "nem el Flaco (por Di Zeo) vai salvá-lo". No meio dos insultos, Palermo se deu conta de que estranhamente o pessoal da segurança do Boca não estava vigiando o campo. Era claramente uma área liberada para que ele entendesse que o único chefe era Mauro e que este contava com o aval da diretoria. A jogada teve bom efeito: no processo judicial aberto pelo incidente, Palermo declarou que foi apenas uma troca de opiniões sem ameaças e o processo terminou sem nenhum suspeito. Todos já sabiam que, mesmo que Rafael caminhasse por Buenos Aires, La Boca era terreno único e exclusivo de Mauro Martín e sua gente.

Depois de resolver o confronto interno, o chefe da barra começou a negociar o externo. Em um ano haveria a Copa do Mundo na África do Sul e o grupo de Lomas de Zamora, liderado por Marcelo Aravena, tinha levado vantagem nessa área. Por isso, houve uma reunião para marcar as linhas nos níveis esportivo e político. Para essa última categoria ele encarregou Héctor Alarcón, el Vaca, líder do grupo da barra com sede em Florencio Varela e conhecido no ambiente do deputado Carlos Kunkel, que desprezava qualquer apoio do governo Kirchner ao grupo de Lomas e se voltaria para a denominada La Doce oficial.

A reunião aconteceu em uma sexta-feira ao meio-dia. Na noite da terça-feira seguinte houve um incêndio enorme em uma quadra de Florencio Varela em que havia quatro ônibus estacionados. Todos pertenciam a Alarcón, que graças aos seus contatos políticos havia montado um lucrativo negócio de fazer viagens entre Florencio Varela e a Capital Federal. A mensagem foi inequívoca: a luta pela Copa do Mundo seria uma guerra com resultado incerto. Nesse contexto, a La Doce decidiu consolidar suas forças em seu território e deixar a discussão sobre a Copa do Mundo para o próximo ano. Com o tempo, a decisão se mostraria bem-sucedida.

Tem de ganhar, porque senão...

O restante de 2009 foi um período para estabelecer definitivamente o poder de Martín à frente da La Doce. O governo cumpriu o acordo e o tirou da lista do direito de admissão para o superclássico do Torneio Apertura 2009, jogado no estádio do River, e o clube aumentou sua cota de sócios para que ele ampliasse seu grupo diante do boato de que Di Zeo sairia em liberdade condicional em dezembro e se aliaria ao grupo de Lomas de Zamora para tentar derrubá-lo. Mas o time não ajudava. Já com Abel Alves como treinador, no começo de 2010, o Boca perambulava pelo campo e os negócios relacionados aos jogos estavam despencando. Então, cansados de ver seus ingressos diminuírem, a La Doce decidiu agir. No domingo, 14 de março de 2010, houve nova derrota, dessa vez contra o Tigre, em Victoria. Na semana seguinte eles jogariam um superclássico, mas as contas não eram suficientes. O Boca estava fora da Libertadores e bem difícil era a entrada na Copa Sul-Americana. Pensando que uma vitória sobre o River impulsionaria a venda de *merchandising* e a vinda do público, Mauro Martín e sua primeira linha foram no domingo à noite ao hotel Madero, onde o Boca estava concentrado. Eles compraram o silêncio de dois funcionários e chamaram por celular os jogadores para que fossem ao estacionamento do segundo subsolo. Aos poucos, os jogadores foram chegando. Todos menos um: Palermo, o único que a barra não convocou. Já se sabia o porquê.

"Isto é uma empresa, aqui se fatura com os resultados. Por causa de vocês estamos deixando de lucrar. Terminem com a briga interna e ganhem dos Las Gallinas porque senão vamos voltar e as coisas vão piorar", essa foi a mensagem que passaram. Eles também se meteram em questões do futebol. "Aqui se tem de correr e deixar a putaria de lado. Se querem ou não pouco importa, mas têm de passar a bola e mantê-la no chão. Quem está faltando nesta reunião? Palermo. Porque ele é o único que entende o que está acontecendo. Então, por favor, ponham suas baterias e parem de foder de uma vez."

A reunião durou meia hora. A maioria escutou de cabeça baixa a repreensão que, como se fossem os chefes da instituição, os membros da barra dispararam. No final um deles disse: "Nós estamos pagando quarenta pacotes para a Copa do Mundo e isso custa dinheiro. Por enquanto não estamos pedindo nada, mas se vocês seguirem assim, terão de usar os seus bolsos. Até agora paramos a confusão, os gritos, os insultos, tudo. Vocês são os penúltimos, mas nós os tratamos como se estivessem por cima. Bem, isso acabou. Entenderam, não?".

Eles entenderam. Naquele domingo, 21 de março, o Boca atropelou o River: ganharam por 2 X 0, com gols do chileno Gary Medel, e a celebração estava no rosto da La Doce. Mas o romance durou apenas um suspiro. O Boca teve outras três derrotas consecutivas e os resultados custaram a cabeça do treinador. No meio disso havia uma disputa no time entre um grupo liderado por Palermo e outro por Riquelme. Isso era mostrado no campo. A barra decidiu, então, voltar a atuar. No sábado, 10 de abril, eles apareceram novamente na concentração. A reunião foi ainda mais tensa do que a de um mês antes. Em determinado momento Riquelme tentou falar e eles o cortaram: "Você é o menos indicado para falar algo porque não corre nem põe ovo. Terminem com as diferenças e passem a bola a Palermo para ganhar". O goleiro Javier García interrompeu para defender o amigo e levou a pior: o acusaram de boicotar Alves e o desafiaram a uma briga. A ameaça foi clara: "Se vocês não ganharem amanhã, tudo vai apodrecer".

No outro dia o Boca enfrentou o Arsenal. Naquela tarde o time foi uma máquina. Eles marcaram quatro gols, mas todos se lembram do jogo por causa de uma imagem impactante. Faltava somente um gol para Martín Palermo se tornar o artilheiro histórico do clube, com 219 gols. Aos nove minutos do primeiro tempo, Riquelme montou uma jogada fantástica com Gaitán e ficou sozinho na frente do goleiro. A seu lado estava el Titán Palermo. Ele poderia marcar, mas, no que pareceu um gesto samaritano, cedeu a bola ao Nove para que ele marcasse o seu recorde. Não era generosidade. Foi só a bola tocar na rede que Román comemorou como se ele tivesse marcado o gol, fazendo o gesto de "falem agora" e nem sequer dedicou o gol ou comemorou com Palermo, que desconcertado viu o seu recorde minimizado pelo Dez. Já não havia retorno. "Eu festejei o gol assim porque antes do jogo com o Arsenal vivi uma situação desagradável", admitiu Riquelme, e Palermo contestou que "os torcedores vieram e cada um sabe o que aconteceu, mas que se fale sobre isso e não de como ele comemorou como justificativa do que foi visto claramente no campo". O conflito foi exposto e a La Doce mostrou em bandeiras quem era o seu homem naquele jogo: "Palermo, o único herói nessa confusão" foi a pintura que se exibiu na popular no jogo seguinte contra o Gimnasia em La Plata.

O safári que não aconteceu

Com o Boca fora do torneio prematuramente, todos se perguntavam quem iria para a Copa do Mundo na África do Sul. Mauro fez um sinal a Maradona no superclássico de abril, mas as pessoas ao redor de Diego seguiam negociando com Marcelo Aravena, o líder do grupo de Lomas. Para adicionar tempero extra, em 10 de maio daquele ano, depois de passar 1.111 dias na prisão, Rafael Di Zeo saiu em liberdade condicional. Uma semana depois a situação foi resolvida: a La Doce oficial não iria à Copa do Mundo. Embora quarenta membros do grupo de Mauro tenham pegado seus passaportes, a confirmação de que o aval da comissão técnica era para o pessoal de Lomas fez com que decidissem não viajar. Eles sabiam que na África do Sul teriam vários rivais da La Doce, mas também cerca de duzentos integrantes de barras de outros times que, debaixo do guarda-chuva do grupo ultrakirchnerista Compromiso K, viajariam para o torneio.

Ainda assim, ninguém pensava que o apoio da AFA seria tão explícito: em 28 de maio, o avião que transportava a Seleção levava os vinte mais importantes membros da barra de Lomas. Foi um escândalo com muitos apoiadores: a barra viajava com tambores financiados pela Unión Trabajadores de Entidades Deportivas y Civiles (Utedyc), ingressos que vinham de dentro da AFA, dois sacos com bandeiras despachadas com a carga oficial da Seleção e suporte econômico de Enrique Antequera, um forte homem do justicialismo de Buenos Aires e um dos proprietários da La Salada, a maior feira de compras de expositores na Argentina. As passagens, adquiridas pela agência Eurovip's, foram pagas em dinheiro para não deixar rastros de quem bancou. Tendo em conta que em um avião e no seguinte viajaram 43 membros da barra do Boca e que cada tíquete custava 1.500 dólares, o que foi pago em dinheiro foi o total de 65 mil dólares. Uma fortuna.

A viagem, no entanto, teria um final diferente do pensado. Porque o escândalo do *tour* da barra tomou uma dimensão tão grande que as autoridades da África do Sul tiveram mão firme e deportaram 48 torcedores, entre eles 18 do Boca. Os 25 restantes continuaram vendo a Copa do Mundo, mas a trégua com os integrantes das barras dos outros clubes explodiu quando a Argentina foi eliminada na Cidade do Cabo contra a Alemanha. Uma hora depois do jogo, um grupo do Independiente emboscou outro do Boca para pegar uma bandeira e a briga terminou com a morte de Luis Forlenza, do grupo de Lomas. Naquele dia, a história terminou para todos. Para Maradona, que seria deixado de lado como técnico da Seleção, e para o grupo de Lomas, que sem o Dez no banco já não seria mais a barra oficial. Mauro, sem ter viajado para a África do Sul, ganhou outra batalha.

A consolidação definitiva

Em julho de 2010, Mauro Martín começava o seu terceiro ano à frente da La Doce, mas dessa vez já consolidado como chefe único. A última bênção, como se fosse necessária, foi recebida na metade desse mesmo mês. O Boca tinha concordado com uma pré-temporada pela Oceania e, além da equipe técnica composta de Claudio Borghi, o time e os diretores, 32 integrantes da barra fizeram parte da viagem. O custo estava calculado em 100 mil dólares.

Uma semana antes de ir a Melbourne, a embaixada australiana na Argentina não liberou o visto de seis membros da barra, entres eles o do próprio Mauro Martín. Uma chamada do Ministério do Interior desativou o veto. Já não havia dúvidas de quem estava no comando de tudo.

O novo campeonato começava em agosto e, por isso, no último fim de semana de julho, houve uma reunião no Cocodrilo, o bar da rua Gallo, em frente ao Hospital de Niños, que era como a segunda casa de Rafael Di Zeo. Ali se reuniram cerca de oitenta integrantes da barra que, entre *strippers*, cantaram "É a barra do Rafael, a que retorna de férias, os traidores que chupem um ovo, vamos matá-los porque viemos de novo". Foi, na realidade, o grito de despedida. Ciente da situação, a diretoria do clube jogou mais forte ainda para Mauro Martín, e o mesmo fizeram as polícias federal e municipal. A mensagem aos dissidentes foi clara: um processo judicial será aberto para o primeiro que tentar derrubar o chefe. Como se Rafael não tivesse entendido tudo, encaminharam um processo por suposta violação da sua liberdade condicional em um caso que o misturava com Mario Segovia, o rei da efedrina. Assim, o Torneio Apertura 2010 foi o campeonato mais tranquilo para Mauro e sua gente. Mesmo que o Boca estivesse novamente ruim no campo, não houve um insulto ou uma ameaça contra o time e a comissão técnica. O apoio econômico e político que se recebia de cima era suficiente para comprar o silêncio.

Esse poder ficou evidente no verão de 2011. A barra armou, com o consentimento das autoridades do Partido de la Costa, na província de Buenos Aires, um novo e lucrativo negócio. O Pizza 12 consistia em tomar as praias e espalhar carrinhos vendendo pizzas em cones. Foi uma jogada de dois lados. Por um lado, o lucro foi grande (na segunda quinzena de janeiro eles chegaram a vender setecentas pizzas por dia, a sessenta pesos cada uma), e, pelo outro, aproximaram a terceira linha da barra dando-lhes trabalho, salário e férias. Já não havia obstáculos para a consolidação de Mauro.

Com essa perspectiva, Di Zeo buscou refúgio na política e se juntou a um novo grupo kirchnerista sob os guarda-chuvas dos diretores Rudy Ulloa e Marcelo Mallo, os mesmos que haviam negociado com os membros de barras de outros times o apoio para ir à Copa do Mundo em troca de trabalhos nas ruas. O seu sonho de voltar ao La Bombonera foi quebrado. Se faltava algo para confirmar essa quebra, o incidente seguinte o fez. Na última semana de janeiro, Richard William Laluz Fernández deixava a prisão de Ezeiza depois de cumprir sua pena. Durante um mês e meio ele tentou entrar novamente no grupo do crime que os membros da barra gerenciam.

Mas isso lhe foi negado de todos os lados. Então, ele foi derramar as lágrimas no Cocodrilo. Na madrugada de 11 de março, junto com três amigos, ele entrou no bar. Dentro, em uma mesa no fundo da sala, os integrantes da barra de Di Zeo festejavam o aniversário de um de seus membros, Diego Rodríguez. El Uruguayo os encarou, mas não conseguiu sequer dar três passos: da mesa partiram quatro tiros que o feriram gravemente. Mais uma vez Richard estava fora. O mesmo com Di Zeo, que com dois processos judiciais pendentes tinha um novo escândalo que o envolvia e levava os meios político e esportivo a soltar a sua mão. A vários quarteirões de distância, Mauro Martín festejava. O outono de 2011 chegava a Buenos Aires e o seu reinado, agora sim, parecia que ia durar para sempre.

ESTA HISTÓRIA CONTINUARÁ...

Mesmo com el Uruguayo Richard na cadeira de rodas e fora de atuação; com o grupo de Lomas de Zamora com o direito de admissão mas cercado pela polícia; com a barra de Di Zeo em liberdade condicional, à espera do julgamento por associação ilícita que será realizado em 2012; e com as ameaças de retorno de Di Zeo, Mauro Martín continuará sendo o chefe e o dono dos violentos da La Doce. Ou não: pois a história da La Doce, a barra brava mais famosa da Argentina e do mundo é, para dizê-lo civilizadamente, muito dinâmica. A verdade é que não importa quem caia, quem vá preso, quem termine com um tiro ou quem saia desse submundo por causa do peso da idade. Aconteça o que acontecer, a La Doce nunca vai acabar. Porque como Di Zeo diagnosticou com precisão cirúrgica, a La Doce "É herança, herança e herança". Sob essa promessa, o reino do La Bombonera seguirá sendo governado.

AGRADECIMENTOS

Quando eu era criança, o plano de ir ao estádio era muito mais que ir a um jogo de futebol. Era um lugar de conexão para pais e filhos, para amigos do bairro, um mundo cheio de sensações confortáveis que excediam, e muito, o que acontecia no gramado. Esse mundo foi quebrado a partir da violência das barras bravas. A La Doce é o símbolo mais generalizado dessa violência. Talvez aqueles que lutam contra ela, do lado de fora, apenas busquem recuperar esse universo para se sentirem plenos novamente. Por isso, este livro não poderia ser desse modo sem os trabalhos anteriores de quem tem investigado profundamente o assunto, como Amílcar Romero e Gustavo Veiga, e sem os ensinamentos de vida e de profissão passados por Mariano Hamilton e Juan Zuanich. Também não teria sido feito sem o impulso constante de um professor de jornalismo como Ezequiel Fernández Moores, nem sem o apoio de dois quixotes como Marcos González Cézer e Julio Boccalatte, irmãos da profissão e de utopias compartilhadas. Além disso, não seria possível sem a inestimável contribuição de todos os entrevistados. Por fim, não seria como é, claro, sem essa paixão pelo futebol e por aquele mundo ideal que meu pai construiu, há tanto tempo, e que desejo prolongar por muitos séculos.

REFERÊNCIAS BIBLIOGRÁFICAS

Livros

BARNADE, Oscar & IGLESIAS, Waldemar. *Mitos y creencias del fútbol argentino*. Buenos Aires: Editorial El Arco, 2007.
CALDEIRA, José. *Hinchas argentinos, tablón, show y sangre*. Buenos Aires: Dunken, 2005.
CAPARRÓS, Martín. *Boquita*. Buenos Aires: Editorial Planeta, 2005.
CARNOTA, Fernando & TALPONE, Esteban. *El palacio de la corrupción*. Buenos Aires: Editorial Sudamericana, 1995.
GALLO, Darío & ÁLVAREZ GUERRERO, Gonzalo. *El Coti*. Buenos Aires: Editorial Sudamericana, 2005.
MARADONA, Diego, CHERQUIS BIALO, Ernesto & ARCUCCI, Daniel. *Yo soy el Diego de la gente*. Buenos Aires: Editorial Planeta, 2000.
PARRILLI, Marcelo. *Barra brava de Boca: el juicio*. Buenos Aires: Ediciones La Montaña, 1997.
ROMERO, Amílcar. *Deporte, violencia y política*. Buenos Aires: Centro Editor de América Latina, 1985.
_____. *Muerte en la cancha 1958-1985*. Buenos Aires: Editorial Nueva América, 1986.
SCHER, Ariel & PALOMINO, Héctor. *Fútbol, pasión de multitudes y de elites*. Buenos Aires: Editorial Cisea, 1988.
VEIGA, Gustavo. *Donde manda la patota*. Buenos Aires: Grupo Editorial Agora, 1998.

Revistas

El Gráfico
Gente
"Historia de la mitad más uno", José Speroni, *Todo es historia*, nº 4, 1967.

Jornais

Clarín
Olé
La Nación
Diario Popular
Página/12
Crónica
Perfil

Websites

http://lavaca.org
www.efdeportes.com
www.weblog.com.ar ("Violencia en el fútbol, una larga historia", Pedro Fermanelli)
www.barra-bravas.com.ar
www.la12pte.com.ar
www.lamitadmas1.com.ar
www.periodismo.net (Pedro Fermanelli)
www.sosperiodista.com.ar

Filme

Puerta 12, el documental, Pablo Tesoriere, 2007